Resonanzräume

Medienkulturen des Akustischen

d|u|p

Bibliografische Information der Deutschen Nationalbibliothek
Die Deutsche Nationalbibliothek verzeichnet diese Publikation in der Deutschen Nationalbibliografie; detaillierte bibliografische Daten sind im Internet über http://dnb.dnb.de abrufbar.

Wir danken für die freundliche Unterstützung bei der Realisierung dieser Publikation:

Gesellschaft von Freunden und Förderern der Heinrich-Heine-Universität Düsseldorf e.V.

ANTON-BETZ-STIFTUNG
DER RHEINISCHEN POST EV.
GEMEINNÜTZIGER VEREIN ZUR FÖRDERUNG
VON WISSENSCHAFT UND FORSCHUNG
DÜSSELDORF

RESONANZ RÄUME

http://www.dupress.de

Redaktion: Kathrin Dreckmann M. A., Annika Olbrisch M. A., Jan Ossowicz M. A.
Lektorat: Christoph Roolf M. A.
Umschlaggestaltung: Phillip Schulze
Satz: Marius Obiegala
Herstellung: docupoint GmbH, Barleben
ISBN 978-3-943460-61-2

acoustic studies düsseldorf
Band 1

Resonanzräume

Medienkulturen des Akustischen

herausgegeben von
Dirk Matejovski

d|u|p

Inhalt

Metaphysik, Musik und Wahrnehmung

Popsounds

Dirk Matejovski
Einführung

Innerhalb der Kultur- und Medienwissenschaft hat sich ein Forschungsfeld etabliert, das unter den Bezeichnungen „Acoustic Studies“ oder „Sound Studies“ firmiert. Dieser Trend reagiert auf die Bedeutung der akustischen Dimensionen für die unterschiedlichsten kulturellen Ordnungen; und den hierbei zu beobachtenden Forschungsstrategien ist gemein, dass sie den Versuch unternehmen, aus intermedialer Perspektive eine Geschichte und Theorie akustischer Interventionen zu formulieren.

Daher nehmen in Parallel- und Gegenführung zur dominierenden Erforschung von Bildkulturen die unterschiedlichsten geisteswissenschaftlichen Disziplinen nun verstärkt die Wechselbeziehungen zwischen Stimme, Geräusch, Musik und den Möglichkeiten akustischer Speicherung in den Blick. Es gibt deshalb zurzeit einen lebendigen, interdisziplinären Diskurs innerhalb der Kulturwissenschaften, der die Grenzen der Musikwissenschaft und der Kognitionswissenschaften deutlich überschreitet. Ein wichtiges terminologisches und systematisches Kraftfeld bildet dabei der Begriff der **Resonanz.**

Die Resonanz steht programmatisch für einen Zugang zu akustischen Phänomenen, der – in Abgrenzung von den konventionellen Fragestellungen innerhalb der Musikwissenschaft und der Wahrnehmungspsychologie – im Grenzbereich zwischen mathematisch-naturwissenschaftlichen Gesetzmäßigkeiten und künstlerischer Ästhetik verortet werden kann.

Um dieses neue Forschungsfeld erfahrbar zu machen, versammelte das Institut für Medien- und Kulturwissenschaft der Heinrich-Heine-Universität Düsseldorf im Rahmen des Projekts „Resonanzräume“ Wissenschaftler und Künstler zu Vorträgen, Lecture Performances und Klangkunst-Kompositionen. Einige der Beiträge der vorliegenden Publikation sind aus dieser fruchtbaren Verschränkung von Theorie und künstlerischer Praxis hervorgegangen. Die vielschichtigen Phänomene und Forschungsfragen, die unter dem Begriff

„Resonanzraum" subsumiert werden können, gliedern sich in die Oberthemen „Klangräume", „Epistemologie des Akustischen und die Anthropologie des Hörens", „Metaphysik, Musik und Wahrnehmung" sowie „Popsounds" und sollen im Folgenden kurz vorgestellt werden.

Der erste thematische Abschnitt dieses Bandes setzt sich mit dem Begriff und der Phänomenologie des **Klangraumes** auseinander. Am Beispiel Ibizas wird im ersten Beitrag dieses Bandes von *Dirk Matejovski* beschrieben, von welchem kulturellen Koordinatensystem her die durch elektronische Musik sonifizierten öffentlichen und nicht-öffentlichen Räume der Insel zu verstehen sind. Ein durch die Verschränkung von Sound, Körper- und Extasepraktiken gekennzeichnetes Ensemble von Klangräumen tritt hierbei als Spezifikum aktueller Formen elektronischer Musik hervor.

In dem Beitrag von *Helga de la Motte-Haber* wird darauf eingegangen, dass sich Raum und Klang nie trennen lassen. Aus wahrnehmungspsychologischer Sicht werden Phänomene erörtert, die schon immer im Bereich der Kunst eine Rolle gespielt haben, aber heute sowohl in der Musik als auch in der Klangkunst von großer Bedeutung sind. Wozu wird der klingende Raum als Medium genutzt, wie wird er dabei so in Szene gesetzt, dass beim Hören aufgemerkt oder regelrecht in den Raum eingetaucht wird? Wie wird der Raum als geradezu mitspielendes Instrument für die künstlerische Praxis genutzt? Raumsimulationen sind darüber hinaus ein künstlerisches Forschungsfeld, das dem Rezipienten ein Bewusstsein dafür vermitteln soll, dass das Erleben von Raumsituationen mehr Dimensionen besitzt, als es in unseren automatisierten Alltagsroutinen normalerweise erfahren wird. Mit der Behandlung dieser Themen verbindet sich die Hoffnung, dass sie eine Resonanz erzeugen, die zu weiteren Fragen führt.

Diedrich Diederichsen widmet sich im Anschluss dem Klangraum Museum und gibt eine zusammenfassende Reflexion über die Ausstellungsgeschichte des Akustischen. Er zeichnet anhand von Ausstellungskatalogen von Fluxus, über die Wiederentdeckung des Gesamtkunstwerks und der Synästhesie bis hin zur Ära des Popmusikvideos einen oft unterbrochenen, verschlungenen

Mahlstrom der Diskurse nach, der sich erst im letzten Jahrzehnt langsam zur gegenwärtigen Akzeptanz von Sound im Museum verdichtet hat.

Unter der Rubrik der **Epistemologie des Akustischen** befasst sich der Beitrag von *Wolfgang Ernst*, ausgehend von der Definition eines medientechnisch augmentierten Begriffs von Klangerkenntnis, exemplarisch mit der Methode der Medienarchäologie des Akustischen. Beide Felder finden bei Ernst schließlich im Begriff von Zeitweisen und Zeitwesen des Sonischen zueinander: Resonanzräume bilden ihm zufolge Alternativen zum Begriff der historischen Zeit. Im Anschluss an McLuhans Begriff des „acoustic space" verfolgt er die Vermutung einer privilegierten Nähe „musikalischer" Ereignisse und hochtechnischer Medienprozesse im gemeinsamen Nenner komplexer Zeitfiguren als die Versöhnung von analogem und digitalem Synthesizer.

Auf die **anthropologische Dimension des Hörens** geht *Holger Schulze* in seinem Beitrag ein. Schulze fasst Klänge als auditive Artikulationen auf: Für ihn sind sie nicht abstrakt, absolut, ortlos oder anonym, sondern nur zu verstehen aus dem räumlich-situativen Zusammenhang ihrer Entstehung und den Akteuren, Apparaturen und Aktanten, die an ihrer Aufführung beteiligt sind. Die Erforschung konkreter „sound practices" (Altman) und „auditiver Dispositive" (Großmann) verlangt laut Schulze eine sensorisch dichte und ethnographisch wie historisch reflektierte Erkundung einer spezifischen Situation, in der sich Klänge ereignen. Welche „audile techniques" (Sterne) beherrschen diesen Ort? Welche Materien und welcher „corpus" (Nancy) bereiten hier den Ort zur Klangausbreitung? Welche „aural architectures" (Blesser / Ruth-Salter) werden durch Schallausbreitung aktiviert?

Kathrin Dreckmann reflektiert vor dem Hintergrund der aktuellen NSA-Skandale die akustische Dimension von Überwachungsstrategien an Beispielen der Frühgeschichte medientechnologischer Apparaturen. Eine archäologische Epistemologie des Akustischen zu entwerfen, setzt auch immer eine phänomenologische Analyse der Frühformen akustischer Aufnahmeprozedere voraus, die sie als ein Abhören fremder Kulturen identifiziert. Dreckmann zeichnet diese theoretische Voraussetzung unter Berücksichtigung kultureller Archiv- und Gedächtniskonzeptionen nach, innerhalb derer die ersten Schallarchive um 1900 einen Sonderstatus einnehmen.

Innerhalb des Spannungsfeldes von **Metaphysik, Musik und Wahrnehmung** bewegen sich die Aufsätze von *Sigrid Weigel, Raphael Smarzoch* und *Annika Olbrisch.*

Angeregt durch die Inszenierung der Götterdämmerung von Achim Freyer und James Conlon in Los Angeles, geht der Beitrag *Sigrid Weigels* von Aspekten der Klage im Musikdrama aus. Während Wagners Opern zumeist in die Nachgeschichte von Mythos und Tragödie eingeordnet werden, bilden Walter Benjamins Überlegungen zum Trauerspiel, zur Oper und zur Musik für Weigel den Hintergrund für eine ganz andere Lesart. Es ist der Abgrund zwischen Bedeutung und Klang, der bei Benjamin im Trauerspielbuch zu Erörterungen über Oper und Musik überleitet und an seine früheren Ausführungen über die Entstehung der Musik aus der Klage anschließt.

Raphael Smarzoch geht in seinem Beitrag von dem Okkulten aus, das schon immer ein essentieller Bestandteil unserer Kulturgeschichte war, obwohl der Schein des Unerklärlichen häufig von der Ratio wissenschaftlicher Entzauberungsmechanismen begleitet wurde. Seit dem 20. Jahrhundert, so Smarzoch, sei die Faszination durch das Paranormale nicht mehr aus Kunst, Musik, Film und Literatur wegzudenken. An zahlreichen Beispielen verdeutlicht er, wie Blockbuster und Popsongs die Vorstellungen von dem Okkulten prägen. In der Musik kokettieren Genres wie Hypnagogic Pop oder Witch House mit dem Übersinnlichen. Im Hypnagogic Pop sind es die Geister der Kindheit, die akustisch reanimiert werden, während Witch House als Produkt einer global vernetzten Internet Community die Frage stellt, inwieweit technische Medien Schlupflöcher und Nahtstellen für gespenstische Übertragungen sind.

Der Beitrag von *Annika Olbrisch* knüpft an diese Schilderungen des Okkulten in der Popkultur an und unternimmt den Versuch, die technikbasierte Jenseitskommunikation, wie sie seit den 1960er Jahren von „modernen“ Spiritisten in aller Welt betrieben wird, als Gegenstand medien- und kulturwissenschaftlicher Forschung zu rehabilitieren. Denn jenseits einer Diskussion um den Wahrheitsgehalt dieser Phänomene verspricht eine Analyse dieser aus dem medialen Rauschen geborenen Geisterstimmen nicht nur Erkenntnisse über die Funktionsweise von Medienkommunikation, sondern auch über die Macht der akusmatischen Stimme, die scheinbar nur durch den kreativen Missbrauch von Medientechnik gebändigt werden kann.

Unter dem Rubrum **Popsounds** soll in diesem Band die intermediale und popkulturelle Dimension akustischer Resonanzen subsumiert werden.

Christoph Jacke denkt bei dem Begriff „Easy Listening“ zunächst an funktionale Musik in Hotelfahrstühlen, Schwimmbädern, Supermärkten oder Umkleidekabinen der nächsten Modekette. In diesen Alltagssituationen, so Jacke, ebenso wie in der medialen Werbung und an anderen populären Orten würde nicht nur die eigens dafür produzierte Musik („Muzak“) genutzt, sondern häufig auch auf ursprünglich für andere Zwecke produzierte bekannte und unbekannte Popmusik gesetzt. Jacke fragt: Inwiefern wird unser nicht nur akustischer Alltag durch diese Popmusik geprägt? Und inwiefern werden akustische Situationen und Orte, also letztlich Hör-Situationen und Hör-Orte, durch die jeweilige medienkulturelle Rahmung beeinflusst: Ist also jegliches Wahrnehmen von Pop immer „easy“? Wieso interessieren sich dann Werbe- und Konsumindustrie für solche Musik?

Inwieweit das „Rauschen“ als ästhetisches Stilmittel in die Popmusik Einzug gehalten hat, behandelt *Jan Ossowicz* in seinem, den vorliegenden Band abschließenden Beitrag. Ausgehend von der Idee, dass Popmusik die Musik genialer Illiteraten ist, belegt er, wie sie in ihrer Klangsprache Geschichten und Geschichte erzählt und in mythischer Struktur einen Soundtrack des Lebens bildet. Dieser Soundtrack erhält seine besondere Charakteristik nicht immer durch den oft mit der Popmusik in Verbindung gebrachten technischen Fortschritt, sondern gerade eben durch seine Unvollkommenheit, die sich im Rauschen ästhetisiert.

Dirk Matejovski

Allen Autoren sei an dieser Stelle herzlich für ihren Beitrag zu dem vorliegenden Buch gedankt. Mein Dank geht darüber hinaus an die *Anton-Betz-Stiftung der Rheinischen Post e. V.* sowie an die *Gesellschaft von Freunden und Förderern der Heinrich-Heine-Universität Düsseldorf e. V.* für die großzügige Unterstützung, die diese Publikation erst ermöglicht haben. Mein persönlicher Dank gilt zudem Kathrin Dreckmann, Annika Olbrisch und Jan Ossowicz für die Koordination des Projekts „Resonanzräume" und für die inhaltliche und redaktionelle Mitarbeit an der vorliegenden Publikation. Schließlich danke ich der *düsseldorf university press* dafür, dass sie den vorliegenden Band in ihr Verlagsprogramm aufgenommen hat.

Dirk Matejovski

Heterotopien des Hedonismus: Zur Geschichte und Typologie elektronischer Klangräume auf Ibiza

Balearic Beats

Aktuelle Popdiskurse scheinen in jene Dämmerungsphase einzutreten, in der bekanntlich die Eule der Minerva am liebsten ihren Flug entfaltet. Archivierung, Rückschau und Mikrotrend-Analysen bestimmen zurzeit die Arbeitsfelder und Debatten innerhalb der Auseinandersetzung mit Popkultur. Zugleich tritt solchen um den Leitbegriff von „Retromania" gekennzeichneten Gesten der Bilanzierung und Resignation eine Haltung von Popkultur-Heroen wie David Bowie oder Kraftwerk an die Seite, die im Herbst ihres Schaffens an mal mehr, mal weniger subtilen Strategien der Selbstmusealisierung arbeiten.[1]

Hinzu kommt, dass auch dem wohlmeinenden Betrachter an jener Stelle innerhalb der akademischen Diskurse, an denen der Populärkultur mit dem Sezierbesteck der „Cultural Studies" zu Leibe gerückt wird, einerseits gelegentlich der Verdacht einer gewissen intellektuellen Mechanik und analytischen Vorhersehbarkeit beschleicht. Andererseits erfahren viele nun dann doch banale, subtext- und referenzlose Produkte der Populärkultur bei ihrem Eintritt in die Welt akademischer Analysen und Qualifikationsarbeiten häufig eine Art alchemistischer Transformation, innerhalb derer sie zu komplexen Emanationen des Weltgeistes werden.

Diese Schatten, die häufig auf die akademische Positionierung popkultureller Inhalte fallen, hängen nicht zuletzt damit zusammen, dass viele Annäherungen an den Kosmos Pop darunter leiden, dass sie essentielle Bauelemente

1 Vgl. Reynolds, Simon (2011). *Retromania: Pop Culture's Addiction to Its Own Past.* London.

des Systems Pop, nämlich Musik, Körperpraktiken, Modeinszenierungen und Hedonismus-Produktionen, aus dem Blick treten lassen. So lässt sich trefflich über Stars und Subkulturen, Inszenierungen und Popkonstruktionen reden, ohne die solchen medialen Repräsentationen vorausgehenden popkulturellen Praktiken hinlänglich zu thematisieren oder sie gar nominalistisch ernst zu nehmen.

Hier ergibt sich aus der Perspektive der sich gerade akademisch etablierenden „Sound Studies" oder „Acoustic Studies"[2] die Notwendigkeit, gleichsam mikrologisch auf die Zusammenhänge zwischen popkulturellen Praktiken und Soundstrukturen einzugehen, um verengte methodologische Zugänge zu erweitern.

Daher soll im Folgenden ein popkulturelles Paradigma in den Blick genommen werden, das, sieht man von freizeitsoziologischen Annäherungen ab, bisher noch keine ausführlichere Analyse erfahren hat – nämlich der historische und systematische Zusammenhang zwischen Sound, Körperpraktiken und Clubtopographie auf der Baleareninsel Ibiza. Die hierbei zu beobachtenden popkulturellen Praktiken sind deshalb von grundsätzlicher Bedeutung, weil sie sich im Gegensatz zu gewissen Erschöpfungstendenzen der globalen Popkultur als ebenso vital, innovationsoffen und traditionsbewusst erweisen. Über das popkulturelle Kraftfeld Ibiza zu reden, bedeutet zugleich auch, mehr als fünfzig Jahren einer ebenso spezifischen wie exemplarischen Form von Soundkultur nachzugehen.

Eine erste Annäherung an dieses Phänomen lässt sich durch eine leicht zu imaginierende Reise über die sogenannte „Weiße Insel" nachvollziehen. Wer in den Sommermonaten der ibizenkischen Hochsaison in Ibiza landet, der bemerkt schon innerhalb des Flughafengebäudes einige signifikante Auffälligkeiten. Nicht nur, dass es hier eine Reihe von Plattenläden gibt, die als Erweiterungen der Duty-Free-Zone insbesondere dem Abreisenden aktuelle Zusammenstellungen der großen Inselclubs anbieten, natürlich zusammen

2 Zur Bedeutung der akustischen Dimension in den Kulturwissenschaften vgl. Meyer, Petra Maria (Hrsg.) (2008). *Acoustic turn.* München. Zur Theorie und Praxis der „Sound Studies" vgl. Schulze, Holger (2008). *Sound Studies: Traditionen – Methoden – Desiderate. Eine Einführung.* Bielefeld.

mit vielen überteuerten Clubdevotionalien vom Schlüsselanhänger über das T-Shirt bis zur Kaffeetasse mit „Pacha"-Logo. Ibiza ist dabei aber auch der wahrscheinlich einzige Flughafen der Welt, der einem einzigen DJ eine eigene, gerade auch in visueller Hinsicht spezifische Lounge gewidmet hat, nämlich die „David-Guetta-Lounge". Beim Verlassen des Gebäudes wird der Anreisende in Haupt- und Nebenräumen des Gebäudes zahlreiche kleine Stände vorfinden, an denen ihm freundliche Damen kleine Tüten überreichen, in denen sich Flyer, Aufkleber und Kartenmaterial befinden, wobei man mit diesen Gaben zum Besuch etwa des „Amnesia" oder des „Space" verlocken will. Im Regelfall wird man im Taxi, das einen zur jeweiligen Unterkunft bringt, schon den inselspezifischen House-Sound aus automobilen Boxen dröhnen hören, ausgestrahlt von den lokalen Radiostationen. Dem Reisenden wird zunächst die ubiquitäre Präsenz von Großplakaten auffallen, die für Clubs, DJs und Partyreihen werben. Nicht unwahrscheinlich ist, dass beim Einchecken ins Hotel entspannende Ambient- und Lounge-Musik zu vernehmen ist, womit wieder einmal deutlich wird, wie sehr der öffentliche Raum auf Ibiza sonifiziert ist.

Wer etwa von der Inselhauptstadt mit der Fähre zum nächstgelegenen Strand, dem Playa d'en Bossa fährt, macht dabei eine merkwürdige akustisch-intermediale Erfahrung. Der „Aquabus", so der Name der Fähre, die am nächsten Punkt des Strandes anlegt, trifft an zahlreichen Nachmittagen in den Sommermonaten auf ein anderes, etwas größeres Schiff, das früher Glasbodenexkursionen diente. Dieses Ausflugsschiff wurde mittlerweile umfunktioniert, und vor riesigen Boxen, die dröhnende Tech-House-Rhythmen an Strand und Meer pumpen, stehen improvisierte Bartische, auf denen alkoholische Mixgetränke auf Abnehmer warten. Am Kai stehen Hunderte von Teenagern und „Twenty-somethings", um mit dem Clubboot in See zu stechen und in den nächsten Stunden zu tanzen und zu trinken. Geht man vom Strand nun in Richtung Süden, begleitet einen das dumpfe Dröhnen der Bässe sehr lange, bis es in der Mitte des Strandes wieder die üblichen Strandklänge zu hören gibt: Meeresrauschen, Gesprächsfetzen, Kindergeschrei. Ungefähr in der Mitte des Strandes wird das Meeresrauschen übertönt von heftigen Bassrhythmen, lauter noch, als sie am Anlegeplatz vom Boot zu hören waren. Drei Beachclubs, der größte und bekannteste von ihnen das „Bora Bora", beschallen am Nachmittag die Zone zum Strand und das umliegende Areal bis in die Hotelbauten hinein. Sonnenschirme, Bali-Betten, Strandtücher, Alkohol und Drogen bilden die Kulisse für eine Feier Hunderter, Tausender touristischer Raver. Abends wird das „Bora Bora" zur geschlossenen Club-Zone, in der man solange bleibt, bis das „reguläre" Clubbing beginnt. Selbst in den eher auf englische Mittelklasse-Touristen ausgelegten Strandbars wird man zum Frühstück eher geschmackvollen Chill-House oder Lounge-Klänge hören, während in den gehobenen Hotels in Strandnähe vom Frühstück bis zum Abend in den verschiedenen Hotelarealen ebenfalls differenzierte Soundstrategien zu beobachten sind. Nimmt man noch andere musikalische Rezeptionsweisen qua MP3-Player, Straßenmusik oder portablen CD-Playern etc. hinzu, dann zeigt sich schnell, dass der Ibiza-Reisende in ein höchst differenziertes System teils offener, teils geschlossener Klangräume eintritt.

Im vorliegenden Beitrag soll daher die diskursive Aufladung und Kontextualisierung eben dieser Klangräume und deren Bedeutung für die Beschreibung des dritten Raumes der Kultur, des Akustischen, des Sonischen, untersucht werden.

Glamouröser Rousseauismus: Soundtopographien einer Insel

Es wäre freilich eine verkürzte Sicht der Dinge, Ibiza gleichsam als einen chaotischen Soundraum mit sich überlappenden Klangzonen wahrzunehmen. Die oben beschriebene Ubiquität und Vielzahl der Klangzonen ist zwar ein wichtiges Kennzeichen des Resonanzraums Ibiza; ein entscheidendes und in dieser Form singuläres Kennzeichen der Insel ist jedoch ihre historisch gewachsene Hedonismus-Topographie. Das für die Außenwirkung so bestimmende Label „Partyinsel" rekurriert ja auf die in dieser Form wohl einmalige Vielfalt von Clubs, Partykonzepten, Bars und von den bei oberflächlicher Betrachtung weniger sichtbaren Strategien des musikalischen „Undergrounds". Namen wie „Pacha", „Space", „Privilege", „Amnesia", „KM15" und neuerdings „Ushuaïa" stehen für eine historisch gewachsene Vielfalt von Clubs und Superclubs, die eben gerade diese Insel aus der großen Anzahl klassischer Urlaubsorte herausheben. Natürlich haben populäre Urlaubsziele wie Mallorca, Phuket, die

Kykladen oder die Cote d'Azur ein ebenso reichhaltiges Angebot in Sachen Nachtleben vorzuweisen. Doch die Clubszene der Baleareninsel ist eben nicht nur das Beiwerk für klassische Urlaubsaktivitäten, sondern bildet vielmehr das Programm, die Idee der Insel. Oder anders gesagt: Klassische Urlaubsziele werden um ihrer selbst willen aufgesucht, und vielleicht besucht der vergnügungswillige Tourist dort dann auch eine der üblichen lokalen Urlaubsdiskotheken. Für Ibiza ist aber charakteristisch, dass die Mehrzahl derjenigen, die nicht einen klassischen Familien-Pauschalurlaub absolvieren wollen, eben wegen der Club- und Partyszene auf die Insel reist. Damit hängt ein zweites singuläres Phänomen zusammen, nämlich jenes, dass eben besagte Clubs mittlerweile zu globalen Marken avanciert sind. „Pacha", „Space", „Amnesia" und sicherlich mittlerweile auch das „Ushuaïa" sind durchaus mehr als lokal gebundene Cluborte: Sie stehen für ein weltumspannendes Konzept, das sich auf Musik, Mode, Merchandising und Franchise-Systeme erstreckt. Diese Globalisierung lokaler Clubaktivitäten war natürlich nur deshalb möglich und so erfolgreich, weil Ibiza noch ein drittes Distinktionsmerkmal aufweist, das es von anderen klassischen Urlaubszielen unterscheidet. Ibiza gehört zu jener kleinen Gruppe von Inseln, neben Kuba und Jamaika, die ein eigenes musikalisches Genre geschaffen haben. Wer sich in die letzten verbliebenen, besser sortierten Plattenläden begibt, wird dort in der Abteilung für elektronische Musik im Regelfall eine eigene Untergruppe finden, die den Titel „Ibiza" oder „Balearic Beats" trägt. Mit dieser Bezeichnung sind mehrere verschiedene Spielarten und Subgenres elektronischer Musik erfasst. Zum einen meint dies generell eine eher hedonistisch, partyfunktional ausgerichtete Spielart von House, während die Genrebezeichnung Ibiza zweitens den Oberbegriff für die große Anzahl der clubspezifischen Kompilationen und DJ-Sets bildet. Drittens zielt der Verweis auf den spezifischen Ibiza-Sound natürlich auf das große und erfolgreiche Genre der Chill-out- und Lounge-Musik, für die das berühmte chimärische „Cafe del Mar" mit seinem globalen Siegeszug steht.

In diesem Zusammenhang ist ein ebenso wichtiges wie oft übersehenes Phänomen festzuhalten: Ibiza, und davon wird später noch zu reden sein, ist die Insel unterschiedlichster Spielarten von House und primär elektronischem

Chill-out. Damit ist natürlich ein höchst erklärungsbedürftiger Gegenstand bezeichnet: Denn in der Tat gibt es keinen anderen Ort der Welt, der so eindeutig seit nunmehr fast dreißig Jahren von einer bestimmten Sound-Spielart dominiert wird und der jedes Jahr von Mai bis Ende September nahezu alle relevanten Protagonisten der elektronischen Musik, also die großen DJ-Namen, versammelt und damit ein internationales Publikum anzieht. Dieses Phänomen ist umso faszinierender, als auf Ibiza, im Gegensatz etwa zu reißbrettartigen Konstruktionen wie Phuket in Thailand, eben keine höhere Planungsinstanz auf diese spezifische Konstruktion hingewirkt hat, sondern es sich um eine über Jahrzehnte gewachsene und mittlerweile sehr genau rekonstruierte Entwicklung handelt.

Da sich die heute vorliegende Club- und Hedonismus-Struktur der Insel im Wesentlichen seit den achtziger Jahren herausgebildet hat und noch vor dem Millennium ihre höchste internationale Ausstrahlungskraft entfaltete, sind die kultur- und soundhistorischen Entwicklungsphasen der Insel mittlerweile so detailliert erforscht und dokumentiert, dass sich die Hauptlinien der insularen Soundgeschichte sehr gut nachzeichnen lassen.[3]

Die bereits in sehr früher Zeit besiedelte Baleareninsel Ibiza war über Jahrhunderte Anziehungspunkt für die unterschiedlichsten Kulturen und blickt auf eine äußerst wechselvolle Geschichte zurück. Karthager, Griechen, Römer, Mauren, Ritter der Reconquista, Piraten und Exilanten aus aufgegebenen spanischen Kolonien drückten der Insel ihren Stempel auf, bis sie endgültig Teil des neuzeitlichen Spaniens wurde. Die Insel, deren kulturelles und ökonomisches Zentrum die durch eine eindrucksvolle Festungsanlage geschützte Hauptstadt Eivissa ist, bildete einen allerdings nur sehr kümmerlichen Nährboden für die alteingesessene bäuerliche Bevölkerung.[4] Seit den zwanziger und dreißiger Jahren des 20. Jahrhunderts wurde die Insel zunehmend von einer sehr

3 Aus den zahlreichen Arbeiten zur Kultur- und Sozialgeschichte Ibizas seien hier folgende Studien genannt: Armstrong, Stephen (2005). *The White Island. Two thousand years of pleasure in Ibiza.* London; Schwetje, Wiltrud (Hrsg.) (2007). *Goodbye Tanit? Ibiza – zwischen Traum und Trauma.* Heidelberg; Michaud, Yves (2012). *Ibiza mon amour. Enquête sur l'industrialisation du plaisir.* Paris; Rozenberg, Danielle (2000). *Tourisme et utopie aux Baléares: Ibiza, une île pour une autre vie.* Paris.

4 Vgl. Serra, Vicent Marí. „Kindheits- und Jugenderinnerungen an das ländliche Ibiza", in: Schwetje 2007, S. 135–142.

speziellen Sorte von Reisenden entdeckt, nämlich von Intellektuellen und Künstlern. Erlauchte Namen der europäischen Geistes- und Kulturgeschichte wie Walter Benjamin, Tristan Tzara, Emil Cioran, Albert Camus, Drieu La Rochelle, Jacques Prévert oder der Dadaist Raoul Hausmann entdeckten die Insel als ein ebenso pittoreskes wie unentdecktes und daher günstiges Reise- und Urlaubsziel. Von 1950 an vollzogen sich zunächst noch schleichend all jene Veränderungen, die der bäuerlich kargen und infrastrukturell weitgehend unerschlossenen Insel ihr modernes Gepräge geben sollten. Schritt für Schritt wurde Ibiza für den sich in der Nachkriegszeit langsam entwickelnden modernen Massentourismus erschlossen, wobei die Anbindung an das Festland durch Fähre und Flughafen eine entscheidende Rolle spielte.[5] Doch im Gegensatz zu den Entwicklungslinien anderer großer, klassischer mediterraner Urlaubsziele wie Mallorca, Rimini oder später Nordafrika, die durch das rasante Aufkommen eines touristischen Massenbetriebs gekennzeichnet sind, zog Ibiza in den sechziger Jahren zunächst eine ganz andere Klientel als mitteleuropäische Pauschalreisende an. Ibiza wurde zum Faszinationsort für junge Vertreter der Gegenkultur, für jene, die man mit einem Sammelbegriff als Hippies oder Aussteiger bezeichnen kann, eine bunte Mischung aus Deserteuren der US-Armee, sonnensüchtigen amerikanischen College-Boys, Reisenden auf dem Weg nach Nordafrika oder Asien, Aussteigern aus den westlichen Wohlstandsgesellschaften, Esoterikern und Utopisten. Auf Ibiza ließ sich der Traum vom einfachen Leben billig und unkompliziert verwirklichen, zumal die alteingesessene Bevölkerung mit einer Mischung aus Geschäftssinn und urwüchsiger Toleranz den Hippies zunächst sehr offen begegnete. Unter diesen Vertretern der Gegenkultur fanden sich dann auch sehr schnell berühmte Protagonisten des internationalen Rock- und Popbusiness von Mick Jagger über Bob Dylan sowie Mitgliedern der Bands Pink Floyd und Queen. Paradoxerweise zog die Insel dann aber neben den, wenn man so will, klassischen und authentischen Vertretern einer Gegenkultur auch eine Gruppe internationaler Playboys und Vertreter des Jetsets an, und es war genau diese spezifische

5 Vgl. Michaud 2012, S. 235–270.

Mischung, die für die Binnenstrukturen und die Wahrnehmung der Insel in den siebziger Jahren charakteristisch werden sollte.[6] Auf diese Art und Weise entstand eine spezielle Atmosphäre und ein spezielles Image der Insel, das durch eine Verschränkung von rousseauistisch-gegenkulturellen Ansätzen mit einem Element von hedonistischem Jetset-Glamour geprägt ist, wobei spirituell-esoterische und hedonistisch-psychedelische Motive eine weitere Rolle spielten. Dabei verschwammen bereits sehr früh, nämlich in den siebziger Jahren des letzten Jahrhunderts, die Trennlinien zwischen popkulturellem Pathos, hedonistischem Konsumismus und den Resten autochthoner Authentizität. Ibiza entzog sich schon sehr bald einem binären Schema, das kommerzielle Konsumkultur in Opposition zu Ansätzen der Gegenkultur sieht, wobei jener diskursive Zwischenraum der frühen Jahre auf einem Foto abzulesen ist, das im Jahre 1976 entstand. Auf diesem Foto sieht man, arrangiert wie auf einem barocken Gemälde, ein Kind, das einen französischen Edelchampagner in die Kamera hält, während im Vordergrund ein archetypischer Hippie mit Kamera von einer einheimischen Frau, die gerade Wasser vom Brunnen holt, halb skeptisch, halb interessiert angeschaut wird. Der Betrachter entdeckt auf dem Foto im Hintergrund einige sich amüsierende Frauen, deren sorgfältig arrangierte Kleidung folkloristische Motive in einer Weise zitiert, wie sie für den sogenannten „Ibiza-Look" der siebziger Jahre charakteristisch ist. Das Foto dokumentiert die Feier eines Düsseldorfer Edelaussteigers, und bei dem Hippie im Vordergrund handelt es sich um einen amerikanischen Fotografen, der zu dieser Zeit auf Ibiza ansässig war. Das Ambivalente von Ibiza wird auf diesem Foto in vielfacher Hinsicht deutlich, da die expressive Stilisierung des Hippie-Fotografen durchaus etwas Inszeniert-Theatralisches, etwas Zitathaftes hat, während der Edelchampagner, den der Junge präsentiert, darauf verweist, dass Ibiza mehr sein wird als die Insel der Hippies und Aussteiger.[7]

Und so war in den beginnenden achtziger Jahren, in denen der Massentourismus endgültig in großem Stile auf der Insel Fuß gefasst hatte, Ibiza eine Insel, die als eine Art glamouröse Großinszenierung wahrgenommen wurde.

6 Vgl. Armstrong 2005, S. 251–274.

7 Vgl. Pacha Magazine, Nr. 44 (2012), S. 58f.

Auf der Insel hatte sich an der Wende zu den achtziger Jahren der erste internationale Superclub „KU" angesiedelt, der mit seiner expressiven Theatralik und performativen Elementen die Nightlife-Praktiken des „Studio 54" aufgriff, überhöhte und ins Gigantische überführte. Clubs, wie das seit den siebziger Jahren existierende „Pacha" am Stadtrand von Ibiza-Stadt, der „Zoo" und das „Amnesia" waren als mondäne Laufsteg-Clubs mit Massencharakter Anziehungspunkte für eine internationale, aber immer noch überschaubare Party-Klientel. Musikalisch wurde in den Clubs zur damaligen Zeit im Wesentlichen das gespielt, was in allen Clubs auf der Welt gespielt wurde, also Rock- und Psychedelic-Klassiker von den Stones, Pink Floyd und anderen, dann seit den achtziger Jahren Postpunk, New Wave und englischer Synthie-Pop. Eine entscheidende Zäsur vollzog sich dann in der zweiten Hälfte der achtziger Jahre.[8]

Im Jahre 1987 bekam das mittlerweile deutliche Ermattungs- und Auszehrungserscheinungen zeigende Clubleben von Ibiza einen entscheidenden Impuls. In diesem Jahr nämlich besuchten vier junge englische DJs und Clubpromoter die Baleareninsel, darunter auch der später zu größerer Bekanntheit gelangende Paul Oakenfold. Der Urlaubstrip dieses Quartetts gehört zu den mythologischen, oft und variantenreich erzählten Urszenen sowohl der Inselgeschichte als auch der Historiographie der englischen Rave-Szene. Die vier wurden nämlich von einem befreundeten DJ in das schon seit den siebziger Jahren existierende „Amnesia" geführt, in dem der argentinische Exilant DJ Alfredo (Alfredo Fiorito) einen ebenso eklektischen wie hypnotischen Sound auflegte. Funk, New Wave, Synthie-Pop, Disco und Soul wurden von ihm mit dem damals noch brandneuen Chicago House kombiniert, und die Wirkung dieses unter offenem Himmel inszenierten Sounds, der später einmal „balearic" heißen sollte, wurde durch den sensibilisierenden Eindruck einer neuen Partydroge namens Ecstasy noch weiter gesteigert.[9]

Mythologisch ist dieses Erlebnis nicht nur aufgrund der narrativen und historiographischen Unschärfen, sondern weil die Vier etwas erlebten, was

---

8 Vgl. BREWSTER, Bill/BROUGHTON, Frank (2006). *Last night a DJ saved my life. The history of the disc jockey.* London, S. 375–377.

9 Vgl. ARMSTRONG 2005, S. 302–315.

dann zu einem Topos für zukünftige Ibiza-Besucher werden sollte: ein Konversionserlebnis. Sie beschlossen, den Sound und die Atmosphäre ihrer balearischen Clubnächte nach London zu verpflanzen, und nach ihrer Rückkehr in die englische Hauptstadt eröffneten sie dann tatsächlich eine Reihe von Clubs, in denen sie die balearischen Sommernächte akustisch und atmosphärisch zu reinszenieren versuchten. Dieser Soundtransfer war dann von Bedeutung, als im berühmten „Summer of Love" des Jahres 1988 Acid-House seinen Siegeszug begann. Im Zeichen von minimalistischem House, Ecstasy, Smileys, legalen und illegalen Partys bildete sich in England, dann in Europa und später weltweit eine Clubszene aus, die die Impulse aus Chicago, Detroit und New York bündelte und für die Popkultur der neunziger Jahre prägend werden sollte.[10] Bekanntermaßen sind genealogische und prosopographische Rekonstruktionen innerhalb der Popgeschichtsschreibung immer problematisch, aber wenn man den zu den „Balearic Beats" bekehrten DJ Daniel Rampling als Vater des Acid-House, oder zumindest als einen entscheidenden Multiplikator, sehen will, dann erhielt eben dieser Multiplikator seinen entscheidenden Impuls von dem ibizenkischen DJ Alfredo. In dem Maße, in dem elektronische Musik in all ihren Spielarten als House, Acid-House, Techno und Trance zu dem dominierenden Trend der späten achtziger und frühen neunziger Jahre wurde, führte dies zu bedeutsamen Umstrukturierungen innerhalb der Clubszene Ibizas. Englische Clubtouristen strömten in Massen auf die Insel und verließen ihr bis dahin eher an Rock orientiertes Ghetto in San Antonio. Dies führte dazu, dass die Clubs einerseits zunehmend auf rein elektronische Musik bzw. die balearische Spielart derselben umschwenkten und englische DJs und englisches Publikum von nun an das Clubleben auf der Insel prägten. Die Touristenzahlen auf der Insel stiegen während der Saison über die Jahre kontinuierlich an, und die stets mit einem feinen Gefühl für Trends ausgestatteten ibizenkischen Nachtclub-Impresarios sorgten schnell dafür, dass der Nachfrage nach Partys mit elektronischer Musik ein entsprechendes Angebot gegenüberstand. Ende der achtziger Jahre eröffnete am Playa d'en Bossa das „Space", und die

10 Vgl. Brewster 2006, S. 378–382.

schon bestehenden, alteingesessenen Clubs, das „Pacha“, das „Amnesia“ und das in „Privilege“ umbenannte ehemalige „Ku“, häuteten sich ebenso rasch und lautlos. Eine Dekade nach dem interkulturellen Erweckungserlebnis von Oakenfold und Co. hatte sich Ibiza in das globale Zentrum für elektronische Clubkultur verwandelt, wobei die besondere Anziehungskraft daher rührte, dass hier aufgrund der Vielzahl der Superclubs, DJs, Konzeptabende, Beachclubs und Freepartys eine Art Laborsituation für Clubkultur entstand. Schnell wurde deutlich, dass sich die großen, traditionellen Clubs in ihrer Markenidentität voneinander abheben mussten. Das „Pacha“ etablierte sich sehr früh als eine globale Marke für glamourösen Hedonismus und präsentierte eine spezifische Form von sehr tanzbarem House. Das „Space“ experimentierte sehr bald mit dem Konzept der „Afterhour“ und stellte auf seiner berühmten Terrasse die traditionelle Raum-Zeit-Orientierung des Nachtlebens auf den Prüfstand. Das „Amnesia“ adaptierte unterschiedliche musikalische Stile und sollte sich dann auch mit als erstes für Techno und Minimaltechno deutscher Provenienz öffnen. Das „Privilege“ war allein aufgrund seiner großen Kapazitäten gezwungen, schon sehr rasch im Bereich des Elektronischen ähnlich massenkompatible Strukturen zu schaffen, wie das beim Stadionrock der Fall war, und die Verpflichtung des englischen Manumission-Teams, das theatralische Darbietungen expliziter Sexualität zum Markenzeichen dieser Partyreihen machte, tat ein Übriges, um große Massen anzuziehen.[11]

Ibizas Clubpraktiken stehen und standen seit den achtziger Jahren im Zeichen elektronischer Musik, genauer gesagt, der dominierenden House-Variante, und die durchaus unscharfen Bezeichnungen „Balearic Beats“, „Balearic House“ oder „Balearic Trance“ sind in der Tat weniger als präzise Genrebeschreibungen zu verstehen, sondern vielmehr als Index für hedonistisch-körperorientierte Formen der Musikrezeption und -produktion.[12]

Dabei ist die Clubgeschichte Ibizas seit den achtziger Jahren keineswegs linear verlaufen. Zwar stiegen die Touristenzahlen kontinuierlich und haben

11 Vgl. ebd., S. 381, und Armstrong 2005, S. 302–326.

12 Vgl. Gilbert, Jeremy/Pearson, Ewan (1999). *Discographies. Dance music, culture and the politics of sound.* London/New York, S. 38–53, und Brewster 2006, S. 374–382, hier S. 375.

bis zur Gegenwart schwindelerregende Höhen erreicht. Aber die Tatsache, dass zentrale Elemente der Ökonomie der Insel clubbasiert sind, ist naturgemäß Fluch und Segen zugleich. Krisen des Sound- und Partysystems Ibizas gab es in den neunziger Jahren, nach dem 11. September 2001 und erst recht nach der globalen Finanzkrise im Jahre 2008.[13] Die Clubökonomie, die vom Taxifahrer bis zum DJ, vom Strandcafébetreiber bis zum Immobilienmogul der ökonomische Motor der Insel ist, hängt von drei klar definierten Faktoren ab: der Zahlungskraft und Zahlungsbereitschaft der Clubtouristen, der Funktionsfähigkeit und damit Attraktivität der Clubinfrastruktur und der Attraktivität und der Faszinationskraft der Musik und der DJs.

Die Clubbetreiber der Insel waren immer flexibel und offen genug, um auf globale Soundtrends schnell und effizient zu antworten. Als sich eine gewisse Erschöpfung des klassischen House- und Trancemodells zur Millenniumswende zeigte, integrierte man sehr bereitwillig eher aus dem Underground stammende DJs wie Luciano, Ricardo Villalobos oder Richard Hawtin. Ebenso freimütig öffnete man sich für Fusionen zwischen R'n'B, Hiphop und House, und dies durchaus mit Blick auf den prosperierenden amerikanischen EDM-Markt.[14] Dennoch wäre es falsch, Ibiza als eine Art Konglomerat von flexibel agierenden Clubbetreibern zu interpretieren. Charakteristisch gerade für die Insel, und das unterscheidet sie von nahezu allen anderen musikalischen Zentren, ist der Umstand, dass der Sound von Ibiza Teil eines Medienverbundes, eines medialen und kommunikativen Gesamtkunstwerkes ist. Schon vor dem Beginn der Saison kann man in internationalen Musik- und Clubmagazinen DJ- und Clubprogramme nachlesen, und ein Wechsel von einem zum anderen Club wird abgehandelt und diskutiert wie andernorts der Wechsel von Starspielern innerhalb der internationalen Fußballszene. Die großen Clubs wie „Space", „Pacha" und „Amnesia" produzieren während der Hochsaison aufwendig gestaltete Hochglanzmagazine, in denen ein unentwirrbares Konglomerat von Club-PR, Werbung für Restaurants, Immobilienmakler und

13 Zur ökonomischen Dimension des Rave-Tourismus vgl. Michaud 2012, S. 41–73.

14 EDM: Electronic Dance Music ist die Sammelbezeichnung für die US-amerikanische Variante aktueller elektronischer Musik.

Modelabels, Interviews und historischen Miniaturen präsentiert wird. Die Radiostationen der Insel spielen tagsüber die Musik, die in den Clubs gespielt wird, man kann Segelboote und Partyyachten mit Clubemblem mieten und Ausflüge in Speedbooten unternehmen. Renommierte DJs (wie etwa Carl Cox) betreiben gleichzeitig Restaurants und legen dort auf, Lifestyle-Magazine interviewen DJ-Heroen und „Celebrities“ mit Ibiza-Affinität. Von Mai bis Oktober findet eine Reihe von Veranstaltungen statt, wie das IMS (International Music Summit), spezielle Konzert- und Konzeptreihen bis hin zu Esoterikworkshops und -messen, die direkt an die spirituelle Tradition der Insel anknüpfen wollen. Kurz, Ibiza ist zum Gesamtkunstwerk und zum Markenartikel zugleich geworden, wobei charakteristisch ist, dass im Zentrum all dieser Aktivitäten eines steht: der Sound.

Clubökonomie und Kulturkritik

Für kulturkritische Analysen bildet Ibiza ein dankbares Objekt und eine Falle zugleich. Was ihre Funktionslogik angeht, verbirgt die Insel dem analytischen Auge nichts: Von Mai bis Oktober geht es auf der Insel im Wesentlichen um Musik, Feiern, Sex und Drogen, und fast nichts davon gibt es umsonst. Die Eintrittspreise der Clubs, obwohl von der Grundtendenz her eher fallend, sind immer noch üppig und die Getränkepreise legendär. Die Prinzipien eines kapitalistischen Hedonismus springen einem bei jeder Zeitungs- und Magazinlektüre ebenso ins Gesicht wie beim Passieren der großen Werbeplakate der Clubs. Es gibt für denjenigen unbegrenzten Spaß, der in der Lage ist, Geld eben in jene Form von Spaßdienstleistung zu konvertieren. Die Insel ist kein Paradies für mittellose Rucksacktouristen, und selbst die Reinszenierung von Hippie-Glückseligkeiten („Las Dalias“) erfolgt im Modus eines Disney-Themenparks. Doch gerade diese Evidenz des Funktionsprinzips verlockt natürlich manchen Interpreten, die kulturkritische Maschinerie in Gang zu setzen. Es liegt auf der Hand, in Ibiza ein Modell zu sehen, innerhalb dessen die hochgradig professionalisierte Vergnügungsdienstleistung zum Strukturprinzip des Spätkapitalismus gehört. Eine solche Analyse ist umso naheliegender, als sie an diskussionsleitende Fragestellungen innerhalb der Populärkulturanalyse anschließen kann, wie sie bei der Auseinandersetzung mit dem Phänomen Techno in den neunziger Jahren entwickelt wurden. Die mit elektronischer Musik verbundenen Subkulturen standen ja seit den neunziger Jahren eindeutig im Zeichen von ungehemmtem Hedonismus, Konsum und Selbstverschwendung, womit zugleich deutlich wurde, dass die traditionellen Konzepte von Gegenkultur obsolet geworden waren.[15] Kaum eine subkulturelle Positionierung hat so viel Kritik auf sich gezogen wie die Konfigurationen des zeitgenössischen Rave-Hedonismus. Warum das so ist, liegt auf der Hand: Entsprechend der Tradition der „Cultural Studies" und aller Formen von neomarxistischer Kulturkritik lässt sich so ziemlich jede Jugendkultur als Zeichensystem der Unterdrückten interpretieren, was beim von Ecstasy euphorisierten „Space"-Besucher aus dem Londoner Bankermilieu freilich etwas weniger gut funktioniert. In Bezug auf Ibiza haben solche kulturkritischen Positionierungen ihr Recht, und dennoch zielen sie an der Sache vorbei. Natürlich liegt es auf der Hand, dass die Ekstasen und Exzesse während der Feriensaison in gleichsam industrieller Form organisiert werden, und ebenso selbstverständlich ist es, dass einige wenige davon ausgesprochen gut profitieren. Hier verbirgt die Insel wenig: Wer sich für Korruption, Drogenökonomie, Immobiliengeschäfte in der Grauzone, Geldwäsche, Umweltzerstörung, dem manchmal laxen, dem manchmal rigiden, immer aber strategischen Einsatz von ordnungsrechtlichen Instrumenten im Rahmen politischer Hinterzimmergeschäfte interessiert, der wird auf Ibiza allein durch die Lektüre der Tageszeitungen mit ausreichend Material versorgt. Eine solche Form von Kulturkritik und Enthüllungsrecherche ist in gewisser Weise tautologisch, denn unter den distinkten Bedingungen einer Urlaubs- und Partyökonomie ist naturgemäß nichts anderes zu erwarten.[16] Eine rein kulturkritische Auseinandersetzung mit der Insel verstellt den Blick auf einen wichtigen Punkt: und zwar auf die für Ibiza charakteristischen Wechselbeziehungen zwischen Klangstrukturen und Raum.

---

15 Vgl. Klein, Gabriele (1990). *Electronic Vibration. Pop, Kultur, Theorie.* Hamburg, S. 17–52.

16 Eine solche dezidiert kulturkritische Position nimmt Michaud in seiner Monographie zu Ibiza ein, indem er den industriellen Aspekt am Diskurssystem Ibiza hervorhebt und mit deutlich moralisierenden Begriffen bewertet. Vgl. Michaud 2012, S. 327–331.

Ibiza als Klangraum, insbesondere für elektronische Musik, hat dabei die unterschiedlichsten Dimensionen. Aus historischer Perspektive war die Insel auch unter dem autoritär-puritanischen Franco-Regime seit den fünfziger Jahren immer so etwas wie ein Freiraum, in dem alternative Lebensformen erprobt werden konnten, die der klassische Francismus auf dem Festland in keiner Form so geduldet hätte. Während die übrige europäische Musikszene bis in die achtziger Jahre hinein durch eine starke Trennung verschiedener Musikgenres charakterisiert war, einer Trennung, die bis in die Binnenstrukturen des Clublebens hineinwirkte, kann man Ibiza, das seit den sechziger Jahren eine Art Kreuzungspunkt für unterschiedlichste Kulturen und Mentalitäten bildete, somit geradezu als Ermöglichungsraum für eklektische Formen des DJ-Sets interpretieren.[17]

Doch der Zusammenhang von Klang und Raum lässt sich noch auf weiteren Ebenen nachzeichnen. Im Gegensatz zu manchen so undifferenzierten wie kenntnislosen Wahrnehmungsweisen ist die musikalische Binnentopographie der Insel keineswegs monothematisch oder gar monoton. Vielmehr verfügt die Insel, dies könnte eine musikethnologische Feldstudie mit Sicherheit nachweisen, über ein äußerst komplexes System musikalischer Binnendifferenz. Unter der großen Genreüberschrift „Elektronische Musik" lassen sich die unterschiedlichsten, bestimmten Clubs, Stränden und Konzepten zuzuordnende Soundsignaturen nachweisen. Die nachmittäglichen Beachparty-Klänge am „Bora Bora" (Playa d'en Bossa) sind anders strukturiert als die an hedonistischen Popkonzepten paritätischer Art orientierten Klangwelten des „Pacha", für die etwa der eklektische Effizienz-House von David Guetta steht. Mondäne Beachclubs klingen in ihrer Soundpräsentation naturgemäß anders als abgelegene Strandhütten, die Berliner Minimaltechno-Fans als Zielgruppe haben. Neugründungen und Importe, wie etwa das „Sankeys", setzen auf lokal geprägte Soundstrukturen, die dann durch englische DJs repräsentiert werden. Natürlich dominiert bei dieser klanglichen Binnendifferenzierung der jeweilige Funktionskontext, aber das Ergebnis ist eine anhand von Club-CDs,

17 Vgl. Armstrong 2005, S. 227–250.

Live-Mitschnitten und Youtube-Clips abgrenzbare, sich teilweise überlappende Soundtopographie. Hinzu kommt, dass diese Soundsignaturen nicht einfach so etwas wie musikalische Markenzeichen von Clubs bilden, sondern in äußerst vielgestaltige Raum-Zeit-Konzepte eingeordnet sind. Zu nennen wäre hier etwa das klassische Terrassen-Afterhour-Konzept des „Space", das sehr früh die traditionelle Raum-Zeit-Ordnung des Clublebens erweiterte und die gleichsam frei flottierenden Free-Partys, die vernetzt, nomadisch und illegal neue und temporäre Klangzonen etablierten, ebenso wie die offensive Verbindung von Theatralität, Sexualität, Musik und Clubdramaturgie in der klassischen Phase der Manumission-Performances im „Privilege". Somit entstanden und entstehen also auf Ibiza permanent dynamische Resonanzräume, deren Teilelemente körperliche Entgrenzung, Sexualität, Drogenkonsum, Transgressionen traditioneller Raumzeitordnungen und Körpermobilisierungen sind, wobei die im wahrsten Sinne des Wortes pulsierende Matrix dieser Räume das Sonische bildet.[18]

Aus dieser Perspektive der ubiquitären, ausdifferenzierten und gelegentlich anomischen Klangräume verweist Ibiza auf ein Strukturmotiv, das in der avantgardistischen Musiktheorie und Musikpraxis des 20. Jahrhunderts ein entscheidendes Thema darstellte: das Verhältnis von traditioneller Klangproduktion und Umwelt. Zu dieser Fragestellung haben sich im 20. Jahrhundert zwei Positionen entwickelt – einerseits im Anschluss an John Cage eine Tradition, die eine Öffnung der Klangproduktion hin zu den, wenn man so will, natürlichen Klangumgebungen vollzieht, womit ein Prozess in Gang gesetzt ist, der konsequent fortgedacht den künstlichen Naturklang, wie etwa Verkehrslärm, an die Stelle des traditionellen Klanges setzt. Eine andere Position hat sich im Kontext der elektronischen Avantgarde entwickelt und ist in erster Linie mit dem Namen Brian Eno verbunden. Enos Konzept von Ambient-Music reibt die Position Cages auf und entwickelt im Gegenzug die Praxis künstlich

18 So lässt sich auch anhand der spezifischen Club- und Partyreihen-CDs eine über Jahre und Jahrzehnte reichende Geschichte der Soundevolutionen und -differenzierungen nachzeichnen, wobei eben der topographische Gesichtspunkt eine nicht minder bedeutende Rolle spielt.

generierter Klangumgebungen, die sich an der Schwelle zwischen Wahrnehmbarkeit und akustisch-musikalischem Nullpunkt bewegen.[19]

Der Resonanzraum Ibiza führt beide Positionen weiter und radikalisiert sie in gewisser Weise, indem auf Ibiza die Musik selbst produktiv wird und sich nicht nur in die jeweilige Umgebung einfügt, sondern sie selbst gestaltet, selbst produziert. Ein zum Mittelmeer hin geöffneter Club, der bereits am Nachmittag die Tänzer in dionysische Trancezustände versetzen will, kann nichts anderes spielen als langandauernde Tracks mit pulsierendem Bass, gleitenden Synthesizer-Melodien und gelegentlich darüber improvisierenden, impressionistischen Saxophon-Motiven oder dazu passende repetitive Schlagzeugrhythmen. Wenn sich dann, wie am „Bora Bora", zu diesen elektronischen Klangwelten Meeresrauschen, polyglottes Stimmengewirr und das sich langsam nähernde, in einem aufbrausenden, schneidenden Donnergrollen mündende und schließlich verebbende Geräusch eines anfliegenden Flugzeuges hinzugesellen und vermischen – dann entsteht ein neuer, ephemerer, skulpturaler Klangraum. Diese vielgestaltigen, temporären, im Übrigen auch, davon wird noch zu reden sein, von den Dispositiven der Macht und der Politik zerfrästen und durchschnittenen Klangräume sind Heterotopien im Foucaultschen Sinne.[20] Heterotopien des Hedonismus, so muss man allerdings spezifizieren, und sie konstituieren sich natürlich nicht nur über die oben beschriebenen Binnenstrategien von Körperlichkeit, Sexualität, Drogen und Tanz, sondern durchaus auch im Spannungsfeld von Ökonomie, Macht und Politik. Spätestens seitdem wir wissen, dass Fun ein Stahlbad ist[21], oder zumindest eines sein kann, wissen wir auch, dass das Amüsement politisch ist oder Objekt von Politik sein kann. Paradoxerweise hat sich ja sowohl die interne, das heißt popkulturtheoretische, als auch die externe, das heißt politisch-polizeiliche Auseinandersetzung mit dem Spannungsverhältnis von Affirmation und Subversion in genau jenem Augenblick dramatisiert, als durch den zunächst

19 Vgl. den Art. „Ambient", in: Peter Wicke / Wieland Ziegenrücker/Kai-Erik Ziegenrücker (2007). *Handbuch der populären Musik.* Mainz, S. 34.

20 Vgl. Foucault, Michel (1990). „Andere Räume", in: Karlheinz Barck/Peter Gente/Heidi Paris/Stefan Richter (Hrsg.). *Aisthesis. Wahrnehmung heute oder Perspektiven einer anderen Ästhetik.* Leipzig, S. 34–46.

21 Vgl. Adorno, Theodor W. / Horkheimer, Max (1972). *Dialektik der Aufklärung.* Frankfurt am Main, S. 149.

britischen, dann deutschen und später globalen Rave/Techno-Hedonismus eine „jugendliche Subkultur“ auf den Plan trat, die sich scheinbar unpolitisch, konsumistisch und theoriefern gab. Die britische Anti-Rave-Gesetzgebung der späten neunziger Jahre und die deutsche Debatte über die Legitimität der Love-Parade bezeugen nachdrücklich, wie politisch es plötzlich war, sich zu elektronischen Klängen amüsieren zu wollen[22].

Die transmedialen Klangräume, die sich auf Ibiza als Matrix und Ummantelung heterotopischer Erfahrungen konstituieren, entstehen keineswegs in Räumen des interesselosen Wohlgefallens oder gar eines kontingenten Kunstwollens; vielmehr sind die sich überlappenden Resonanzräume der „Weißen Insel“ naturgemäß unmittelbares Produkt ökonomischer und politischer Strategien. So gibt und gab es für Ibiza nie, wie etwa für „Phuket“, einen Masterplan, der die Ordnungen des touristischen Vergnügens am Reißbrett entwarf und dann administrativ umsetzte. Stattdessen entstanden die für die Clubinsel konstitutiven Klangräume auf gleichsam natürliche Weise in einem komplexen Wechselspiel von Entrepreneurship, administrativen Interventionen, ökonomischen und politischen Machtkämpfen, offiziellen und inoffiziellen Interventionspraktiken und gezielter Kommunikationspolitik. Das betrifft nicht nur die zentrale Frage nach Baugenehmigungen, nach Clublizenzen und Ähnlichem, sondern, und auch das ist ein Spezifikum der ibizenkischen Clubtourismusstrukturen, ein Großteil der Debatten, Konflikte und Regelungszwänge bezieht sich auf Ibiza auf den Bereich des Akustischen. Die Kehrseite der oben beschriebenen Ubiquität von Sound besteht natürlich in gelegentlich massiven Belästigungen von temporären und permanent ansässigen Bewohnern der Insel durch Musik, so dass die Frage, wer, wann, wo und in welcher Lautstärke musikalisch präsent ist, den zentralen Konfliktpunkt des Insellebens darstellt. Doch wird der Sound auf Ibiza noch auf vielerlei andere Weise politisch. In direkter Verlängerung der britischen Anti-Rave-Politik wurden im Jahre 2008 die sogenannten „Freepartys“ für illegal erklärt und es hat sich seither ein fast schon rituelles Katz-und-Maus-Spiel zwischen den

22 Vgl. Reynolds, Simon (1999). *Generation Ecstasy. Into the world of techno and rave culture.* New York, S. 173–178.

Veranstaltern solcher nun illegalen Partys und der Polizei entwickelt, das für die Dialektik von Mainstream und Underground auf der Insel konstitutiv ist. Die Beispiele dafür, wie Sound und Körperpraktiken zur Matrix politischer und ökonomischer Konflikt- und Strategiebewältigung werden, ließen sich noch beträchtlich vermehren, sollten aber eben nicht zu dem Fehlschluss verleiten, dass die sonische Kultur der Insel sozusagen allein das vorhersehbare Resultat der ökonomischen und administrativen Strategeme sei. Charakteristisch ist vielmehr, dass die heterotopischen, sonischen Erfahrungsräume, in die man auf der Insel eintreten kann, es dem Einzelnen ermöglichen (geplant oder ungeplant, herbeigeführt oder überraschend), neue, die Diktatur des Alltags durchbrechende Erfahrungen zu machen und den Systemzwängen zumindest partiell zu entkommen. Die von Peter Sloterdijk prägnant formulierte Frage, wo wir seien, wenn wir Musik hörten,[23] lässt sich in Bezug auf die Klangräume von Ibiza nicht nur von der von Sloterdijk präsentierten Alternative von Innen und Außen her beantworten, sondern auch auf andere Weise: da, präsent, gleichzeitig, verschwunden und eingetreten in einen anderen Raum, der im Wesentlichen durch die Verbindung von Sonischem, spezifischen Körpertechniken und sicherlich auch durch pharmakologische Substanzen (und ihre Wirkung) konstituiert wird. Diese schon sehr frühzeitig im Kontext von Rave-Diskursen konstituierte Ästhetik des Verschwindens, die elektronische Musik offenkundig produziert, führt zu der Frage, wie sich die Wirkung der sonischen Klangräume begrifflich näher fassen lässt.[24]

Tracks, Trance und Transgression

Der touristische Medienverbund Ibiza ist aus drei Gründen für die Kulturwissenschaften und die „Acoustic Studies" von singulärer Bedeutung. Einmal werden hier in spezifischer Weise touristische Zerstreuungspraktiken auf Clubpraktiken hin ausgerichtet. Dabei fungieren die hier etablierten,

---

23 Vgl. Sloterdijk, Peter (1993). „Wo sind wir, wenn wir Musik hören?", in: Ders., *Weltfremdheit.* Frankfurt am Main, S. 294–325.

24 Vgl. Redhead, Steve (1993). „The politics of Ecstasy", in: Ders. (Hrsg.). *Rave off. Politics and deviance in contemporary youth culture.* Aldershot, S. 7–28; Melechi, Antonio (1993). „The Ecstasy of Disappearance", in: Ebd., S. 29–41; Gilbert 1999, S. 110–145.

ausdifferenzierten Infrastrukturen gleichsam als auditive Intensitätsgeneratoren. Die ortsspezifischen Soundstrukturen Ibizas – und das ist der dritte und wichtigste Punkt in diesem Zusammenhang – sind aber für die materiellen und sozialpsychologischen Komponenten des Systems Ibizas nicht akzidentiell, sondern fungieren vielmehr als Matrix. Mit anderen Worten: Die Feststellung, die musikalische Signatur Ibizas bestünde in der Dominanz elektronischer Musik oder der unterschiedlichsten Spielarten von House, charakterisiert eben nicht nur das mehr oder weniger kontingente Beiwerk nächtlicher Zerstreuungen (wie in anderen klassischen „Urlaubsdiskotheken"), sondern zielt auf das akustische Betriebssystem der Insel.

Damit ist auch gleichzeitig ein theoretischer Problemzusammenhang angesprochen, der die Kulturwissenschaften schon seit mehr als zwei Dekaden intensiv beschäftigt. Denn anders als die Programmatik des klassischen Rock und Pop, die seit dem Ausbluten gegenkultureller Konzepte in den späten sechziger Jahren immer sehr bald in die weichen Arme politischer und ökonomischer Machtrepräsentationen überführbar war, ließen sich die ästhetischen Strukturen und die damit verbundenen kulturellen Praktiken elektronischer Musik nur sehr schwer diskursiv assimilieren.

Der aktuelle Siegeszug von EDM (Electronic Dance Music) in den Vereinigten Staaten oder die Implementation von Elektronikmustern und -zitaten innerhalb des Pop-Mainstreams durch internationale Superstars wie Madonna und Britney Spears dürfen nicht darüber hinwegtäuschen, dass die klassischen Genre der elektronischen Musik seit der zweiten Hälfte der achtziger Jahre in mehrfacher Hinsicht ein Skandalon bildeten. Innerhalb politischer und ökonomischer Diskurse wären hier die systematische Kriminalisierung der mit elektronischer Musik verbundenen Praktiken in Großbritannien und Amerika ebenso zu nennen wie der distanziert-besorgte Diskurs, der in Deutschland mit dem Siegeszug von Techno und dem Medienphänomen Love-Parade aufkam. Als die Rezeption elektronischer Musik zu einer Massenbewegung wurde und man in Deutschland sogar dazu tendierte, sie zu einer Lebensform zu verklären – „We will never stop living like this!" (Westbam) –, schlug zwar die interpretatorische Stunde der Medien- und Kulturwissenschaft, doch hatten viele deskriptive und analytische Bemühungen zunächst einmal die prinzipielle Legitimität des Phänomens zu thematisieren, das man *faute de mieux* als Techno, „Rave" oder als die Kultur des Tracks bezeichnete.[25] Auch avancierte Popkulturtheorie musste ja den mit Techno und House verbundenen Praktiken zunächst verständnislos bis blockiert gegenüberstehen, weil das traditionelle theoretische Instrumentarium, das sich mit Begriffen wie Dissidenz, Subversion und Gegenkultur verband, im Zusammenhang mit Love-Parade und Mayday ersichtlich nicht zu greifen schien. Das schnelle Aufkommen von Phänomenen wie Kirmes- und Schlumpftechno taten in diesem Zusammenhang ein Übriges.

Dennoch gab es natürlich seit den neunziger Jahren auch theoretische Anknüpfungspunkte, vor allem im Bereich der britischen Popkulturtheorie, und so ließ sich dann doch die Alterität der elektronischen Musikkulturen auch im deutschsprachigen Raum präziser begrifflich fassen.

In einer vergleichenden Analyse des Diskurssystems „Pop" mit dem Diskurssystem „Techno" arbeitete Matthias Waltz die entscheidenden Differenzen der beiden seit den späten achtziger Jahren koexistierenden kulturellen Praxisfelder heraus. Die entscheidenden Kennzeichen der elektronischen Clubkultur gegenüber dem durch Weisung, Zitat und hochgradige Symbolisierung gekennzeichneten Popkosmos sieht Waltz in dem Verschwinden eines lacanianisch gedachten Begehrens.

> *In der Technokultur gibt es kein Begehren mehr. Begehren ist, wie Lacan sagt, Metonymie, lebt in der Dimension der Verweisung. Die Technokultur ist Genuss der Präsenz. Sie ist nicht reine Präsenz – die gibt es nicht –, aber die Technik, alles begehrensmäßige, alle Identifikation ihrer Bedeutung zu entkleiden und in Gegenwärtiges zu verwandeln.*[26]

Damit bildet das, was man an dieser Stelle mit Waltz behelfsweise als „Technokultur" bezeichnen kann, einen markanten Gegenentwurf zu den Praktiken

---

25 Vgl. Klein 1990, S. 85–126.

26 Waltz, Matthias (2001). „Zwei Topographien des Begehrens: Pop/Techno mit Lacan", in: Jochen Bonz (Hrsg.). *Sound Signatures. Pop-Splitter.* Frankfurt am Main, S. 214–231, hier S. 225.

und Gesten des traditionellen Pop/Rock-Diskurses. Die für die klassischen Rocknarrationen so bestimmenden Gesten von Subversion, Dissidenz, Differenz und semantischer Identifikation werden zugunsten einer ekstatischen Euphorie des Hier und Jetzt aufgegeben.

> *Techno ist nur Rückseite, sie negiert Identifikation, negiert Begehren, bekämpft Sprache und Festlegung, ist glücklich in der Begegnung mit Körper und Erde, in der Aufhebung des Abstands zwischen den Leuten. Technomusik ist Präsenz. Nicht in dem Sinn, dass sie keine Verweise mehr kennt, aber in den Verweisen wird nicht mehr der Weltzusammenhang genossen, auf den verwiesen wird.*[27]

Die psychodynamische Verlängerung dieser Differenz der Systeme Pop versus Techno in die Subjekte hinein hat man seit längerem mit dem auf die Theorieentwürfe von Kristeva, Barthes und Lacan zurückgehenden Begriff der „Jouissance" zu fassen versucht. Dieser Begriff bezeichnet eine im Wesentlichen desubjektivierte, präsymbolische Form der aus auditiven Quellen gespeister und in aggressive Körpererfahrung mündende Form des Genießens.[28]

Auf der musikalischen Ebene entspricht diesen Formen und Praktiken der Identitäts- und Identifikationsauflösung der sogenannte Track. Dem elektronischen Track, der gekennzeichnet ist durch Repetitivität, Reduktion und tendenzielle Unabgeschlossenheit, steht die Strukturiertheit und Begrenztheit des Songs gegenüber. Jochen Bonz hat diese Differenz folgendermaßen charakterisiert:

> *Ein Track ist kein Song. Kennzeichnend für einen Song ist die Gestalt einer Melodie, deren Grundlage die harmonischen Konventionen der jeweiligen basalen Kultur bilden. [...] Im Gegensatz dazu stehen im Track an der Stelle der harmonischen Konventionen Rhythmus und Sound; sie zeigen einen bestimmten subkulturellen Kontext in einer spezifischen Phase an. [...]*[29]

---

27 Ebd., S. 227f.

28 Vgl. Gilbert 1999, S. 64–68.

29 Bonz, Jochen (2007). „Flüchtige Identifikationen. Das Reale in der Kultur des Tracks", in: Ders./Gisela Febel/Insa Härtel (Hrsg.). *Verschränkungen von Symbolischem und Realem. Zur Aktualität von Lacans Denken in den Kulturwissenschaften.* Berlin, S. 243–257, hier S. 249.

Für die Ästhetik des Tracks ist charakteristisch, dass er einen gleichsam offenen musikalischen Raum generiert, in den das Subjekt des Genießens eintreten kann.

> *Finden die Subjekte des Songs in diesem eine Gestalt, die vor dem Hintergrund ihrer Identifikation in einer basalen symbolischen Ordnung entsteht, so entsteht für das Subjekt der Kultur des Tracks in diesem aus dem Nichts ein Raum, in dem es sich aufzuhalten vermag.*[30]

Mit diesen Beobachtungen ist eine für die Diskursanalyse Ibizas zentrale Kategorie angesprochen worden, nämlich die Dialektik von Musik, Räumlichkeit, Präsenz und Absenz. Schon sehr früh hat man den Rave-Tourismus nach Ibiza auch als eine „Ecstasy of Disappearance“[31] bezeichnet. Diese Formulierung zielt darauf ab, dass der ekstatische Rave-Tourist im Gegensatz zum klassischen Touristen eben nicht die Rekonstruktion seiner heimischen Lebenswelten im exotischen Kontext erleben will, sondern es ihm um die zentrale Figur des Sich-Verlierens, des Verschwindens, der Ich-Aufhebung in hypnotischer Präsenz geht. So bewusst und zustimmend diese Beobachtung in den klassischen Theorien von Technokultur, Track und Rave auch rezipiert wurde,[32] so sehr hat man es versäumt, die Kategorisierungen auf die spezielle Musikästhetik Ibizas anzuwenden. Denn alles, was seit den späten achtziger Jahren zur Ästhetik elektronischer Musik gesagt wurde, blendete weitgehend die topographischen Spezifika aus. Nimmt man aber diesen Aspekt intensiver in den Blick, so wird deutlich, dass sich auf Ibiza eine Art Synthese von akustischen und räumlichen Konzepten vollzog, deren Resultate bis heute diskursbestimmend sind. Wurden bis zum legendären „Summer of Love“ und dessen Re-Import auf die „Weiße Insel“ in eklektischer Weise Pop-Songs aneinandergereiht, so wurden nun die endlosen, ineinander übergehenden Tracks, die unendliche Melodie des House schrittweise zur dominierenden Musikform. Dass sich dies mit dieser Radikalität und Ausschließlichkeit vollzog und bis heute so markant anhält, liegt nicht zuletzt an den zugleich liquiden und plastischen Verhältnissen von Räumlichkeit und Akustik auf Ibiza.

---

30 Ebd., S. 249.

31 Vgl. Melechi 1993, S. 29–41.

32 Vgl. Bonz 2007, S. 246.

Sieht man einmal von den Frühzeiten des Rave ab, haben elektronische Musik und die damit verbundenen Praktiken sehr schnell ihre räumliche Standardkonfiguration gefunden: nämlich die geschlossene Welt des Clubs mitsamt ihren ortsspezifischen Binnendifferenzierungen. Andere Formen der Rezeption der elektronischen Musik wie das Open-Air-Festival, die Love-Parade oder eine temporäre Nutzung von Lokalitäten blieben und bleiben Ausnahmen. Anders auf Ibiza: Hier war die Clubstruktur von Anfang an durch geöffnete Innenräume und Terrassen charakterisiert, wie sie für das „Space", das „Amnesia" oder das „Privilege" charakteristisch sind. Elektronische Musik auf Ibiza, das bedeutet Pluralität von akustischen Orten, sich überlagernde Klänge, die aus benachbarten Beachclubs in Richtung Meer fluten, eine Sonifikation des Strandes vom Meer her über die Partyboote, die ins Inland wie zum Strand abstrahlenden Klänge von Beachhotels wie dem „Ushuaïa" oder aber auch die sich vermischenden Klangteppiche in den urbanen Zentren. Diese Parallelität von Klangereignissen bleibt den Klängen selbst nicht äußerlich. Zunächst einmal ist es augenscheinlich, dass diese offenen Strukturen im unmittelbaren Zusammenhang mit der Struktur des Tracks stehen. Das strömende, gleichmäßige Pulsieren von Beachhouse-Tracks am Playa d'en Bossa wird zu einem Teil der Landschaft und ist ein Klangraum, in den man eintritt, der aber wiederum zusammen mit der Umgebung einen neuen Raum produziert. Evident ist, dass diese Produktion neuer skulpturaler Räume zwangsläufig mit dem endlosen Gleiten der unendlichen Melodie der Track-Sequenzen verbunden ist, da die Addition einzelner Songs im Dreieinhalb-Minuten-Format diesem architektonisch-skulpturalen Prinzip kaum entsprechen würde. Die Offenheit, die architektonische und, wenn man so will, fast haptische Qualität der Soundereignisse in den offenen Raumstrukturen von Ibiza realisiert so in gewisser Weise das Projekt, das John Cage für seine musikalischen Konzeptionen formulierte.

Ganz im Sinne Cages wird in bestimmten Gattungen des „Balearic Sounds", wie etwa dem Beachhouse, eine Öffnung der Klänge auf die Umwelt hin in die Konzeption integriert, und gleichzeitig werden diese Sounds auch wie in den klassischen Konzeptionen des Ambient zu einer Art natürlichen Klanghülle zweiter Ordnung.[33] Der an offenen Orten wie dem Strand, im Wald oder der Klippe in die Landschaft hinein abgestrahlte Sound wird selbst zu einem Naturlaut und bildet mit den anderen, teils statischen, teils dynamischen Klangumgebungen eine neue, sonisch-skulpturale Einheit. Dieses Dritte, das hier entsteht, häufig geplant, ebenso häufig zufällig, bietet dann gleichzeitig den Entfaltungsraum für neues situatives Handeln. Der klassische Club hat bei näherer Betrachtung ein relativ striktes und auch reduziertes System von an Zeit, Ort und Binnentopographie gebundenen Handlungsoptionen und Verhaltenscodes. Die Binnenordnung kennt dabei relativ rigide Unterscheidungen zwischen einer Topographie des Tanzens, des Trinkens und des Sprechens, der Abgrenzung, des Essens und so weiter.

Mit der ubiquitären elektronischen Musik als Matrix wird auf Ibiza dieses Regime der elektronischen Körperpraktiken aufgeweicht. Nicht nur (und davon wird noch zu sprechen sein) dass die zeitliche Ordnung nicht dem strikten Tag-Nacht-Schema entspricht – die Pluralität der Orte, die Vielzahl von Übergangszonen und Zwischenbereichen führt dazu, dass den Subjekten ständig neue Situationen angeboten werden, innerhalb derer sie aus der raumzeitlichen Ordnung im wahrsten Sinne des Wortes entschwinden können. Schon am frühen Nachmittag kann man am Strand oder im Beachhotel entweder essen, trinken, tanzen oder alles zugleich. Lounge-Restaurants präsentieren Übergangszonen zwischen Essen und Trinken, und klandestine Feiern in Privathäusern oder an abgelegenen Orten verlängern die Party-Ekstasen in den Tag hinein. Kurzum: Die raumgenerierende und raumtranszendierende Kraft der Musik bildet zusammen mit dem Individuum ein hochdifferenziertes und vor allen Dingen spontanes System anderer Räume. Und genau diese Figur des unbestimmten Gleitens, der intermedialen Ubiquität wird gespeist von einer musikalischen Struktur, die zwischen Stillstand und Entwicklung, Präsenz und Absenz vermittelt. Damit bietet die Soundtopographie der Insel keinen Platz für die vollständig andersartigen Diskurs- und Referenzstrukturen, die die Konzepte rockmusikalischer Observanz aufweisen.

33 Vgl. „John Cage about Silence“ – Interview vom 4.2.1991, New York [0:00 – 3:05]. Online verfügbar unter: http://www.youtube.com/watch?v=pcHnL7aS64Y (3.11.2013).

Zeitraum und Klangraum: die künstlichen Paradiese des Sounds

Urlaub bedeutet nichts anderes, als die Lebenswelten des Alltäglichen räumlich hinter sich zu lassen, um in neue Zeitordnungen einzutreten. Wer mit der Absicht nach Ibiza reist, nicht einen traditionellen Strandurlaub in mediterraner Umgebung zu verbringen, sondern um in die Gegenwelt des Sounds und der Clubs einzutreten, wird dabei eine Beschleunigung und Radikalisierung solcher Zeit-, Raum- und Unordnungen erleben.

Wo konventionelle Urlaubsveranstalter mit dem Slogan werben, dass die traditionelle Zeitordnung im Urlaub außer Kraft gesetzt werde, wird dieser Ansatz auf Ibiza zum radikalen Konzept einer selbstvergessenen Gegenwelt. Für Ibiza besteht das Konzept nicht darin, der traditionellen Dichotomie von Arbeit und Freizeit, die im Zeitalter der zwangskreativen Ich-AGs sowieso tendenziell obsolet geworden ist, ein Konzept der produktiven Zeitnutzung entgegen zu setzen. Vielmehr lautet die Parole: „Get lost!"

Ibizas Club- und Klanginfrastruktur bietet die Voraussetzung für eine unendliche Party oder für Techniken der Ekstase, die die Kategorie Zeit in ein reines *nunc stans* aufheben. Ein Topos der großen Ibiza-Narrationen ist das Sich-Verlieren des Club-Nomaden, der sich irgendwo zwischen drogengeschwängerten Clubnächten, Afterhour-Partys und Vorfeiern in Beachclubs als eine Art moderner Odysseus auf einer Privatparty in einer abgelegenen Finca wiederfindet, nicht mehr weiß, wo er ist und wann er loszog, und auch nicht weiß, wie er wieder zu seinem Hotel zurückkommt. Der sonifizierte Raum, in den die Individuen eintreten, scheint zumindest partiell die Kraft zeitlicher Gliederungen zu dispensieren, und allenfalls der körperliche Kollaps selbst setzt der Unbegrenztheit des Exzesses ein vorläufiges somatisches Ende. Das mittelalterliche Mirakel von jenem Mönch, dem Dekaden ein Tag und ein Tag wie Dekaden waren, wird auf der „Weißen Insel" zeitgemäß transformiert, insofern so manchem Club-Touristen die kanonischen zwei oder drei Wochen Ibiza-Aufenthalt zu einem ekstatischen Moment der Entrücktheit zusammenschrumpfen.

Programmatisch kombinieren die Clubveranstalter diesen Aspekt des Sich-Verlierens mit dem Motiv der Polytoxikomanie und der polymorphen

Perversion zu einer Art hedonistischem Fegefeuer des Partykörpers. Die Plakativität, die Reduziertheit und das Unsubtile dieser radikalen Hedonismus-Programmatik lässt aber wiederum die Routine des kulturkritischen Analyseapparates ins Leere laufen. Natürlich kann man diese Praktiken als eskapistisch, kommerzialisiert, systemstabilisierend und als Spiegelfigur des spätkapitalistischen Leistungssystems lesen – Lesarten, die seit den Auseinandersetzungen mit den Rave-Exzessen der neunziger Jahre in ihren Grundmotiven bekannt sind.[34]

Doch ist dabei auf der anderen Seite hervorzuheben, dass die Referenzlosigkeit, Irrationalität und Kombination von Selbstverschwendung und dionysischem Risiko immer auch die Signatur radikaler, avantgardistischer popkultureller Subkulturen war. Die Genusspraktiken des Mainstream-Pop sind und waren ja prinzipiell auf ein ausbalanciertes Gleichgewicht von Verschwendung, Kontrolle und Selbsterhalt ausgerichtet: Paradigmatisch ist hierfür etwa der Fitness-Pop der späten Madonna. Die Exzess-Infrastruktur Ibizas bildet demgegenüber einen gleichsam auditiven Risikoraum, der die Ökonomie des Genießens als permanenten Gefährdungsprozess buchstabiert und damit den Clubpraktiken eine Tiefendimension gibt, die die rockmusikalischen Selbstverschwendungsmythen überschreiten.

Dieser Aspekt lässt sich auch aus der für jeden Besucher unübersehbaren Tatsache erschließen, dass die „Weiße Insel“ sich auch als kollektiver Erinnerungsraum inszeniert. Wer sich längere Zeit auf der Insel aufhält, wird sehr schnell merken, dass die Clubpraktiken sich natürlich auch über einen Medienverbund konstituieren. Insulare Radiostationen, die permanent elektronische Musik senden und Clubinformationen geben, die allgegenwärtigen Plakatwände, Flyer, Broschüren, Insel-Guides und die Hochglanzmagazine der Clubs bieten dem Reisenden nicht nur Informationen zum aktuellen Geschehen; vielmehr ist ein nicht geringer Teil dieser Form von Kommunikation nichts anderes als Erinnerungsarbeit. Mit Artikeln, Interviews und Fotoserien wird immer wieder die große gegenkulturelle Tradition der Insel beschworen.

---

34 Vgl. Weber, Annette (1996). „Miniaturstaat Rave-Nation. Konservatismus im Kontext der Techno-Community“, in: Tom Holert/Mark Terkessidis (Hrsg.). *Mainstream der Minderheiten. Pop in der Kontrollgesellschaft.* Berlin, S. 41–54.

DJ-Heroen, Society Ladies, Impresarios, Clubbetreiber, Journalisten und Langzeitbesucher der Insel entwerfen in ihren Narrationen die Erinnerungsbilder insbesondere für die Zeit zwischen den sechziger und achtziger Jahren. Lässt man einmal die in diesen Kontexten auch sehr dominierenden esoterischen Elemente weg, dann besteht die Matrix der sich so konstituierenden großen Ibiza-Narrationen darin, diese Insel als einen spezifischen Ort gegenkultureller, toleranter, aber auch glamouröser Hedonismus-Konzepte zu präsentieren. Aus dieser Perspektive werden die hochgradig kommerzialisierten Clubstrategien der Gegenwart zu einer Verlängerung und logischen Konsequenz der gegenkulturellen Konzepte der sechziger und siebziger Jahre. Natürlich ist das Ideologische und Intentionale dieser Form von Erinnerungspolitik unübersehbar und nähert sich damit auch nicht selten der Grenze zum Lächerlichen. Die permanente Beschwörung gegenkultureller Paradiese der sechziger und siebziger Jahre unter dem Leitbild des Hippies führte nur allzu oft in die Bereiche von Plastikramsch und konfektioniertem Indian-Chic. Aber auch da, wo sich all jene handfesten ökonomischen Interessen ideologiekritisch sehr schnell bestimmen lassen, die diese Form von Erinnerungspolitik und Nostalgie leiten, kann man den Memorialraum Ibiza nicht nur als Ergebnis einer ausgeklügelten PR-Strategie verstehen. Zum einen reaktiviert die Erinnerungsarbeit Ibizas zum Teil durchaus zentrale Inhalte: Popkultur, die in Vergessenheit geraten ist. Der lange Entwicklungsweg von Disco über House und Techno zu einer weltweiten Mainstream-Clubkultur lässt ja gelegentlich den Umstand in den Hintergrund treten, dass all diese musikalischen Formen sich im Umfeld diskriminierter, marginalisierter Gruppen entwickelten, bevor sie mainstreamfähig wurden. Die amerikanischen Abwehrhaltungen gegenüber elektronischer Musik bezeugen dies nur zu sehr. Insofern sind zumindest einige Elemente des kulturellen Gedächtnisses Ibizas auch ein Stück Wiederkehr des Verdrängten.[35]

Da, wo popkulturelle Vergangenheit im Club reinszeniert wird, lässt sich noch ein anderes, aufschlussreiches Phänomen beobachten, nämlich die Ausbildung eines neuen Zeitmodells.

---

35 Vgl. Pacha Magazine, Nr. 49 (2013), S. 101–135.

Den klassischen Zeitmodellen von Pop, nämlich Flüchtigkeit, Klassizismus bzw. Dauer und Retro-Gestus, fügen etwa die „Flower-Power-Partys" im „Pacha" und ähnliche selbstreferenzielle Veranstaltungen eine neue Zeitdimension hinzu, die nicht rein nostalgische, sondern aufgehobene Zeit aktualisiert. Die aufwendig theatralisierten Inszenierungen früherer Clubkonzepte sind ja nicht nur reine Nostalgie, sondern eine Synthese von Vergangenheit und Gegenwart, von Absenz und Präsenz; hier entsteht ein diskursgeschichtlich Drittes, das zwischen Vergangenheit und Präsens hin und her oszilliert.

Der elektronische Track auf Ibiza, oder besser die imaginäre Summe aller elektronischen Tracks, ist nur schwer domestizierbar, birgt einen diskursiven Überschuss in sich und wirkt damit direkt als eine Art ästhetische Produktionskraft. Die Paradoxien der elektronischen Tracks auf Ibiza bestehen darin, dass sie mit einem Höchstmaß an intentionaler Funktionalität eingesetzt werden, aber eben deshalb weit davon entfernt sind, ornamental oder marginal zu sein. Vielmehr entfalten sie eine Art ästhetische Souveränität, bekommen eine neue materielle Qualität und formen damit eine dritte, neue und sonisch geprägte kulturelle Sphäre. Am deutlichsten wird dies, wo die immaterielle Kraft des Akustischen unmittelbar in materielle Gestaltungsformen überführt wird.

Paradigmatisch für diesen Sachverhalt ist die konzeptionelle Gestaltung des Beachclubs „Ushuaïa",[36] der sozusagen eine steingewordene Diskursgeschichte des sonifizierten Ibiza darstellt. Das „Ushuaïa" befindet sich ungefähr am mittleren Strandabschnitt des Playa d'en Bossa südlich von Ibiza-Stadt. Es ist ein Neubau, der allein schon durch seinen Standort ein spezifisches Stück ibizenkischer Clubgeschichte repräsentiert. An genau jener Stelle, an der das „Ushuaïa" und unlängst der „Ushuaïa-Tower" in Betrieb genommen wurden, fanden in den Jahren zuvor gegenkulturelle Beachpartys statt, die aufgrund der hohen Teilnehmerzahlen bald untersagt wurden. Das „Ushuaïa" greift nun architektonisch das Konzept des Beachclubs und der bei Tageslicht stattfindenden Party auf, es weist aber eine Reihe von architektonischen Besonderheiten auf. Auffällig ist, dass der Hotelkomplex um eine große Sendestation, nämlich

36 Vgl. Pacha Magazine, Nr. 41 (2012), S. 100–104; und Michaud 2012, S. 72.

eine überdimensionierte DJ-Bühne und entsprechende Anlagen, herum konzipiert ist. Teils organisch, teils galaktisch aussehende Schalltrichter der Anlage verweisen auf die Grenzsituation des gesamten Hotelkomplexes. Das Hotel ist zwischen der befahrenen Hauptstraße des Playa d'en Bossa und dem Strand gelegen und in vielerlei unterschiedliche Zonen gegliedert. Auf den Foyerbereich folgt unmittelbar die zu den Pools gelegene gigantische DJ-Bühne, der am Ende des Poolbereichs eine zweite DJ-Kanzel mit Lautsprechern gegenüber steht. Dem Pool- und Partybereich folgt noch ein zum Strand hin geöffneter Beachclub, der auch jenen zugänglich ist, die nicht in die (natürlich perfekt abgesicherte) Hotelanlage gelangen können. Der eigentliche Wohnbereich gruppiert sich für die Hotelgäste um den Pool und die Sendeanlage herum, und die zum Pool hin ausgerichteten Terrassen und Balkone bilden vom Nachmittag an bis in die Nacht die Logen für den Clubbetrieb. Die Binnenstruktur des Hotels besteht aus einer surreal-fantastischen Kunstwelt, die die halluzinatorischen Verwirrungen unter Drogen- und Alkoholeinfluss zitieren und simulieren. Überdimensionierte Kunststoffeulen, pseudo-ägyptische und balinesische Skulpturen, gigantische Ameisen, die die mediterran weißen Außenwände des Hotels entlang kriechen, die Einbettung dieser Räume in pinkfarbenes Licht und ein raffiniertes Wechselspiel von Beleuchtung sowie Helligkeit und Dunkelheit erzeugen eine Atmosphäre psychedelischer Desorientiertheit.

Das Hotel ist insofern ein architektonischer Mikrokosmos der Klanggeschichte Ibizas, als der Binnenraum des „Ushuaïa" komplett sonifiziert ist, wobei die unterschiedlichsten akustischen Zonen existieren. Alles überstrahlt natürlich die, im wahrsten Sinne des Wortes, zerstörerische Gewalt der großen DJ-Sendeanlage im Pool-Bereich, die ohne Mühen ihre Klangkaskaden weit über Hotel, Strand und Meer hinaus pumpt. In den Seitenbereichen der Private-Pool-Areale sind überall leistungsstarke Boxen platziert und dienen als unsichtbare Quellen für Sound, der buchstäblich in der Luft zu schweben scheint. Stilisierte Bambusstangen als Absperrmarkierungen, Palmen und exotische Bepflanzungen sorgen für eine postmoderne Deterritorialisierung: Das „Ushuaïa" liegt zugleich in Miami, Mexiko, in Bali, im pazifischen Raum, und zitiert und theatralisiert werden die Ästhetik eines Dali, eines Jeff Koons. Komplementär ist diesen audiovisuellen Installationen der Rausch, der Alkohol, die Droge, die Synästhesie, der Track. Das ist die architektonische Logik des „Ushuaïa".

Das Hotel wurde aus dem Geist des Tracks gebaut und der Track wiederum ist die Matrix des ekstatischen Selbstverlustes. Alle Funktionen, die sonst voneinander getrennt sind und auf unterschiedliche Lebenswelten verweisen, sind in diesem Hotel dem Partyexzess dienstbar. Das „Ushuaïa" ist ein Club, in dem man wohnen kann und in dem man, wie bei jenen berühmten ineinander verschachtelten russischen Puppen, auch das eigene Hotelzimmer zum Club machen kann. Da ist es dann auch nur konsequent, dass eine eigene DJ-Lounge mit den entsprechenden technischen Vorrichtungen angeboten wird, also ein Mini-Club im Clubhotel. Die Binnenstruktur jedes Zimmers greift dieses Motiv auf. Der Gast findet alles, was er zu einer Party in seinem Zimmer braucht, und so bilden die Zimmer eigentlich Übergangsräume zwischen der dann auch wiederum liminal strukturierten externen Party am Pool. Damit hat das Konzept Ibiza im „Ushuaïa" seine Radikalisierung und Vollendung erreicht. Der unendliche Klang des Tracks gebiert sich seine eigene Architektur, und die Architektur ist nichts anderes als der Ausfluss, die Ummantelung des unendlichen Tracks, der wiederum im Dienste der entfesselten Feierkörper steht. Diskurstechnisch gesehen ist das „Ushuaïa" eine komplexe Mischung aus Exklusion und Inklusion, es ist eine Art Bayreuth des elektronischen Sounds. Insofern sind auch die Zugangsbedingungen symptomatisch für die für Ibiza charakteristische Mischung von demokratisiertem Hedonismus, Exklusivität und Kommerzialität. So besteht nicht das geringste Kunststück des Konzeptes „Ushuaïa" darin, auf einer Insel, auf der seit vier Dekaden der Hedonismus, der Exzess, die Feier im Zeichen des Sound ihren Platz hat, eben diesem Sound eine neue architektonische Materialität gegeben zu haben. Der Mikrokosmos des „Ushuaïa" ist ein ekstatischer labyrinthischer Resonanzraum, in dem sich das Konzept Ibiza verdichtet hat und in den die Individuen eintreten können, um die Dichotomie von Natur und Kultur zumindest temporär hinter sich zu lassen.

Literatur

ARMSTRONG, Stephen (2005). *The White Island. Two thousand years of pleasure in Ibiza.* London.

BONZ, Jochen (2007). „Flüchtige Identifikationen. Das Reale in der Kultur des Tracks“, in: DERS./Gisela FEBEL/Insa HÄRTEL (Hrsg.). *Verschränkungen von Symbolischem und Realem. Zur Aktualität von Lacans Denken in den Kulturwissenschaften.* Berlin, S. 243–257.

BREWSTER, Bill/BROUGHTON, Frank (2006). *Last night a DJ saved my life. The history of the disc jockey.* London.

FOUCAULT, Michel (1990). „Andere Räume“, in: Karlheinz BARCK/Peter GENTE/Heidi PARIS/Stefan RICHTER (Hrsg.). *Aisthesis. Wahrnehmung heute oder Perspektiven einer anderen Ästhetik.* Leipzig, S. 34–46.

GILBERT, Jeremy/PEARSON, Ewan (1999). *Discographies. Dance music, culture and the politics of sound.* London/New York.

KLEIN, Gabriele (1990). *Electronic Vibration. Pop, Kultur, Theorie.* Hamburg.

MELECHI, Antonio (1993). „The Ecstasy of Disappearance", in: Steve REDHEAD (Hrsg.). *Rave off. Politics and deviance in contemporary youth culture.* Aldershot, S. 29–41.

MEYER, Petra Maria (Hrsg.) (2008). *Acoustic turn.* München.

MICHAUD, Yves (2012). *Ibiza mon amour. Enquête sur l'industrialisation du plaisir.* Paris.

REDHEAD, Steve (1993). „The politics of Ecstasy", in: DERS. (Hrsg.). *Rave off. Politics and deviance in contemporary youth culture.* Aldershot, S. 7–28.

REYNOLDS, Simon (1999). *Generation Ecstasy. Into the world of techno and rave culture.* New York.

REYNOLDS, Simon (2011). *Retromania: Pop Culture's Addiction to Its Own Past.* London.

ROZENBERG, Danielle (2000). *Tourisme et utopie aux Baléares: Ibiza, une île pour une autre vie.* Paris.

SCHULZE, Holger (2008). *Sound Studies: Traditionen – Methoden – Desiderate. Eine Einführung.* Bielefeld.

SCHWETJE, Wiltrud (Hrsg.) (2007). *Goodbye Tanit? Ibiza – zwischen Traum und Trauma.* Heidelberg.

SERRA, Vicent Marí (2007). „Kindheits- und Jugenderinnerungen an das ländliche Ibiza“, in: Wiltrud SCHWETJE (Hrsg.). *Goodbye Tanit? Ibiza – zwischen Traum und Trauma.* Heidelberg, S. 135–142.

SLOTERDIJK, Peter (1993). „Wo sind wir, wenn wir Musik hören?", in: DERS., *Weltfremdheit.* Frankfurt am Main, S. 294–235.

WALTZ, Matthias (2001). „Zwei Topographien des Begehrens: Pop/Techno mit Lacan", in: Jochen BONZ (Hrsg.). *Sound Signatures. Pop-Splitter.* Frankfurt am Main, S. 214–231.

WEBER, Annette (1996). „Miniaturstaat Rave-Nation. Konservatismus im Kontext der Techno-Community", in: Tom HOLERT / Mark TERKESSIDIS (Hrsg.). *Mainstream der Minderheiten. Pop in der Kontrollgesellschaft.* Berlin, S. 41–54.

WICKE, Peter / ZIEGENRÜCKER, Wieland/ ZIEGENRÜCKER, Kai-Erik (2007). *Handbuch der populären Musik.* Mainz.

Zeitschriften

Pacha Magazine, Nr. 41 (2012).
Pacha Magazine, Nr. 44 (2012).
Pacha Magazine, Nr. 49 (2013).

Internetquelle

„John Cage about Silence" – Interview vom 4.2.1991, New York [0:00 – 3:05]. Online verfügbar unter: http://www.youtube.com/watch?v=pcHnL7aS64Y (3.11.2013).

Helga de la Motte-Haber

Der klingende Raum als Medium und Instrument

Unterscheidungen, die die mediale Zuordnung der Künste betreffen, sind seit dem 20. Jahrhundert ins Rutschen gekommen. Von klingenden Räumen bzw. von Räumen als Instrument zu sprechen, bedeutet daher gleichermaßen Aspekte der Bildenden Kunst (Räumliches) wie der Musik (Klang) zu berücksichtigen. Nicht wiederholt werden sollen aber jene Diskussionen, die in den 1990er Jahren über die klassizistische Ästhetik sowie über die Trennung der Kunstgattungen geführt wurden. Es ist ohnehin nicht möglich, den geschichtlichen Prozess der heute engen Verbindung der Künste zurückzudrehen. Ein umgangssprachliches Wort wie Rutschen gleich zu Beginn zu benutzen, ist kein *lapsus linguae*. Es sollte vielmehr darauf aufmerksam gemacht werden, dass sich etwas verschoben hat, nicht aber ein regelrechter Bruch stattgefunden hat.

Denn der architektonische Raum hatte zu allen Arten klanglicher Erscheinung, speziell auch zur Musik, schon immer eine enge Beziehung. Wie wäre beispielsweise die Musikgeschichte ohne den venezianischen San Marco-Dom verlaufen, der mit seinen Emporen zum mehrchörigen Musizieren angeregt und mit der räumlichen Zusammenfassung eine den Raum füllende musikalische Form ermöglicht hatte (und zwar auch für rein instrumentales Musizieren)? Giovanni Gabrielis *Sacrae Symphoniae* von 1597 sind ein Meilenstein für die Entwicklung der Instrumentalmusik geworden, obwohl noch lange Zeit die Vokalmusik die Vorherrschaft behielt. Auch wenn in der Folgezeit die formgebende musikalische Funktion des Raumes musikgeschichtlich eine untergeordnete Rolle spielte, so sind doch die eigens für Musikaufführungen gebauten prunkvollen Konzertsäle eine wichtige Bedingung für den kunstreligiösen Anspruch der Symphonie geblieben, um den Hörer durch Erlebnisse der Erschütterung und Erbauung aus dem Realraum hinauszuheben (weshalb in Konzertsälen auch die Lichter gelöscht wurden).

Der Raum als Instrument

Seit den 1950er Jahren ist eine große Zahl an Raumkompositionen entstanden. Rückbezüge zur Renaissance oder zum Barock wurden von den Komponisten in den Anfängen abgelehnt, wenn sie Musiker um die Hörer herum platzierten. Raumkompositionen schufen Karlheinz Stockhausen, Pierre Boulez, Luigi Nono, Helmut Lachenmann und viele Komponisten der jüngeren Generation, etwa Mark Andre, dessen Orchesterwerk *Modell* (1999/2000, Uraufführung bei den Donaueschinger Musiktagen) kurz angesprochen sei. Der Komponist hatte Anregungen aus der Teilchenphysik aufgegriffen und klanglich für fünf im Raum verteilte Orchestergruppen umgesetzt. Klangpartikel werden aus den Zentren der einzelnen Orchestergruppen in den Raum geschleudert, während im Hintergrund, leiser gesetzt, andere Klänge ihre Bahnen ziehen. Der Realraum wird instrumentell genutzt, und zwar für die Erkundung einer neuen, unbekannten Klangrealität.

Solche zeitgenössischen Kompositionen haben einen Bezug zur älteren Musikgeschichte, für die Gabrieli als Beispiel erwähnt wurde. Denn der architektonische Raum hat wie in der älteren Musik immer auch noch die Funktion zu erfüllen, für den bewegten Klangraum, der zugleich den Realraum überformt, ein zusammenfassendes, formgebendes musikalisches Dach zu sein. Raum ist außerdem allein durch seine Resonanzen immer ein Mitspieler bei jeglicher Musikaufführung.

Die Intentionen der Komponisten zielen seit dem 20. Jahrhundert jedoch auch darauf, räumliche Merkmale in ihre Musik regelrecht zu integrieren.[1] Die Entwicklung der elektronischen Musik mit ihren an unterschiedlichen Plätzen im Raum platzierten Lautsprechern hatte dafür eine anregende Wirkung. In den 1950er Jahren erschien es manchmal leichter, für Orchester zu komponieren, als Tonbänder Sekunde um Sekunde zu produzieren. Eine

1 Vgl. Nauck, Gisela (1997). *Musik im Raum – Raum in der Musik.* Stuttgart.

wegweisende Komposition schuf Karlheinz Stockhausen mit den *Gruppen für drei Orchester* (1956/57), wofür er drei Klangkörper halbkreisförmig um die Zuhörer anordnete.[2] Raumeigenschaften begriff er zugleich als zeitliche musikalische Vorgänge, indem er Klänge zwischen den Orchestern wandern ließ. So wandern beispielsweise am Anfang die Klänge von einem Orchester zum anderen, rechts und links herum. Der Realraum wird hierbei wie ein zusätzliches Instrument genutzt, indem Klänge an verschiedenen Stellen gespielt werden, das heißt zeitlich als Abfolge und räumlich an verschiedenen Stellen. Dies führt zu einer wechselseitigen Integration der beiden Anschauungskategorien Raum und Zeit, was im Übrigen der Alltagserfahrung entspricht, nämlich dass die Tätigkeit, den Weg von einem Ort zu einem anderen zurückzulegen, Zeit beansprucht. Bei musikalischen Raumkompositionen wird vom Hörer im Unterschied zum Spiel auf dem Podium verlangt, in verschiedene Richtungen zu hören. Dies führt jedoch leicht dazu, dass der Hörer ständig den Kopf in eine bestimmte Richtung bewegt, was nicht unbedingt ein wünschenswerter Effekt ist. Um die realräumlichen Effekte besser mit der Musik zu verschmelzen, nutzte Stockhausen bemerkenswert früh (übrigens nur selten bemerkt) auch bei den *Gruppen für drei Orchester* einen Effekt, der heute beim Dolby Surround im Kino angewendet wird, nämlich Klänge so aneinanderzureihen, dass sie einen kontinuierlichen bewegten Übergang bilden, also regelrecht zu wandern scheinen. Er sprach von Raummelodien. Hierbei wird der Realraum nicht gänzlich aufgelöst, aber doch sehr stark musikalisch überformt. Ein solches Dolby Surround kann jedoch an die Schwelle einer Virtualisierung des Raumeindrucks führen.

Die Fähigkeit des Ohres zur Ortung von Schallquellen im Raum konnte bei anderen Komponisten, so bei Bernd-Alois Zimmermann, aber auch als ein wünschenswerter Effekt genutzt werden. Die komplexen Collagen im *Requiem für einen jungen Dichter* (1971) wären ohne an verschiedenen Stellen positionierte Schallquellen undurchdringlich, in deren Richtung gehört werden soll. Der

2 Stockhausen, Karlheinz (1964). „Gruppen für drei Orchester", in: Ders., *Texte zur Musik*, Bd. 2, Köln, S. 71f.

Raum ist dabei eine Hörhilfe; er dient der größeren Transparenz der komplexen Klangstruktur.

Die instrumentelle Nutzung des Raumes ist von dem noch zu besprechenden Aspekt ‚Raum als Medium' zu unterscheiden. Doch werden die Grenzen der Unterscheidung unscharf, wenn Musikinstrumente und Live-Elektronik kombiniert werden, um einen neuen Hör-Raum zu schaffen. Ihm können, dank Computer und Speichermedien, neben seinen natürlichen auch künstliche Resonanzen bis hin zu Echoeffekten hinzugefügt werden, die dem Hörer eine neue räumliche Tiefenperspektive vermitteln sollen und damit einen regelrechten Botschaftscharakter haben können. Auch wenn es nicht die Herzensräume der klassisch-romantischen Musik sind, so ist dabei der Gedanke ausgeprägt, den Realraum zu transzendieren. Solche innermusikalischen virtuellen Raumkonstruktionen finden sich allerdings schon in klassisch-romantischer Musik. Franz Schubert verwendete am Anfang seiner großen C-Dur-Sinfonie eine Echowirkung durch die leisere, gedehnte Wiederholung des Hornsolos. Charles Ives benutzt das Klavier in der Concord-Sonate ebenfalls für Resonanz- und Echowirkungen.

Die hier getroffene Unterscheidung zwischen Instrument und Medium würde in der Medienwissenschaft keine allgemeine Zustimmung finden. Medium in seiner allgemeinsten Bestimmung als Kommunikationsmittel träfe auch für meine Bemerkungen zum Raum als Instrument zu, so als Mittel zur Differenzierung von Klanggruppen. Würde man jedoch als Konzertbesucher die Musikinstrumente als Medium bezeichnen? Oder ist nicht vielmehr die Musik das Medium, das heißt der Informationsträger im eigentlichen Sinne? Wenn, wie bei den nachfolgenden Beispielen, der Raum mit seinen jeweils spezifischen Klangeigenschaften (etwa Resonanzen) zum Sprechen gebracht wird, wird er hier demnach nicht als Instrument, sondern als ein Medium verstanden, das eine Botschaft enthält.

Der Raum als Medium

„Jeder Raum hat seine eigene Melodie“, bemerkte der amerikanische Komponist Alvin Lucier über das Stück *I am sitting in a room* (1969).[3] Ein Tonbandgerät als „Transportmittel“[4], wie Lucier sagte, dient dazu, einen gespeicherten, gesprochenen Text immer wieder aufzunehmen und in einen Raum zu spielen. Dabei bleiben nur die Resonanzfrequenzen und ihre Überlagerungen übrig. Nur die Eigenfrequenzen des Raumes werden verstärkt, während alle anderen durch die phasenverschobenen Wiederholungen gelöscht werden. Jeder Raum spielt seine eigenen Klänge. Lucier hat häufig mit Resonanzen gearbeitet, manchmal auch nur, um das Innere kleinerer Gefäße, etwa das einer Teekanne, hörbar zu machen (Vessels 1991). Für ‚klangliche Portraits' eines Raumes benutzte er auch Echolotgeräte, mit denen sich Personen in einem völlig dunklen Raum orientieren sollten; sie sollten Wege zu einem Ziel finden. Hindernisse werden als Echo, also durch eine zeitverzögerte Resonanz hörbar, und bei der Annäherung an ein Hindernis werden die Impulse des Echolotgerätes immer schneller. Bewegen sich mehrere Spieler in unterschiedlichem Tempo auf ihren unterschiedlichen Wegen, ergibt sich ein rhythmisches Stück, dem man zuhören kann. Vespers (1969), so der Titel dieser ‚Raum-Klangfotografie', lässt den Raum zum Ereignis werden, zu einem künstlerischen Ereignis, aber auch zu einem, das unsere Anschauungsform des Raums thematisiert. Wir beschreiben selten den Raum in seiner physikalischen Erscheinung. Orte, Städte, auch die eigene Wohnung werden gern in Form von Wegen beschrieben, als würde man sie in der Vorstellung durchwandern.

Bemerkungen von Lucier in seinen Interviews lassen darauf schließen, dass er, der ursprünglich im Stile von Igor Strawinsky komponierte, im Übrigen angeregt durch seinen Aufenthalt in Venedig, neue Möglichkeiten finden wollte, um Musikstücke zu generieren. Dabei spielte eine neue Form ästhetischen Denkens eine Rolle, nämlich jene, dass Musik nicht mehr als subjektive Botschaft eines individuellen Subjekts zu verstehen sei.

3 Lucier, Alvin (1995). „Every room has its own melody“, in: Gisela Gronemeyer/Reinhard Oehlschlägel (Hrsg.). *Reflexionen. Interviews, Notationen, Texte.* Köln, S. 101.

4 Lucier 1995, S. 95.

Raumerfahrung durch Auge und Ohr (trügerische Wahrnehmung)

Musik als Vermittler von Raumerfahrung regt aber auch zum Nachdenken darüber an, wie wenig der Raum der direkten menschlichen Erfahrung zugänglich ist. Wir glauben den Raum zu sehen, jedoch ist uns nur ein Sichtkanal zugänglich; was hinter einem liegt, „das gilt nicht". Das Auge vermittelt keine direkte Erfahrung des ganzen Raumes. Es dient der Objektwahrnehmung und der Entfernungsschätzung. Die visuelle Anschauung entspricht jedoch nicht den physikalischen Bestimmungen, da der Himmel in der Vorstellung immer oben bleibt. Für einen Physiker wäre der Eindruck des Unten und Oben schwer zu berechnen, etwa auch der Umstand, dass das Ziffernblatt einer Armbanduhr als oben empfunden wird. Dass beim Sehen nicht in erster Linie der Raum gesehen wird, zeigen viele psychologische Experimente. Wer durch ein Guckloch in den Raum von Adelbert Ames (1951)[5] blickt, der nach hinten spitzwinklig verläuft, sieht Personen in unterschiedlicher Entfernung als größere oder kleinere, weil es so scheint, als stünden die vier Ecken des Raumes zueinander in einem rechtwinkligen Verhältnis. Die ungewöhnlichen Proportionen des Raumes bemerkt man nicht.

Das Ohr ist hingegen ein besonders guter Raumanalysator. Denn Schall lässt uns den Raum mit seinem ganzen Volumen erleben, auch was von hinten, oben oder unten kommt, können wir hören. Dabei wird immer der subjektive Standort einbezogen. Es gibt damit keine abstrakte Bestimmung eines Hinten oder Oben, sondern nur das Erleben von„hinter mir" oder „über mir". Wir können aus den Raumresonanzen auch schließen, dass wir in einem geschlossenen Raum sind. Besonders in den letzten 250 Jahren haben intensive philosophische Diskussionen über die Raumanschauung stattgefunden, die hier jedoch nicht näher dargestellt werden können.[6]

Gehörte Raumerfahrungen verbinden wir automatisch mit der Seherfahrung. Wir integrieren umgekehrt auch optische Erfahrungen in das Hören und verlassen uns dabei darauf, dass Entfernungen besonders visuell gut

---

5 Ames, Adelbert (1951). „Visual perception and the rotating trapezoidal window", in: *Psychological Monographs* 65, Nr. 7, S. 1–32.

6 Vgl. Dünne, Jörg / Günzel, Stephan (Hrsg.) (2006). *Raumtheorie. Grundlagentexte aus Philosophie und Kulturwissenschaften.* Frankfurt am Main.

eingeschätzt werden können. Durch die Sinnesorgane gewinnen wir unterschiedliche Informationen, die wir zu einer ganzheitlichen Wahrnehmung synthetisieren. Dem Ohr kommt dabei eine wichtige Aufgabe auch für den sozialen Raum zu, etwa um in kommunikativen Situationen die Zwischentöne zu identifizieren oder in den eigenen emotionalen Raum hineinzuhören. Es ist merkwürdig genug, dass wir das Auge als den dominanten Sinn betrachten.

Modulationen der physikalischen Realität in wahrnehmbare Bereiche[7]

Durch die Sinnesorgane sind uns nur begrenzte Ausschnitte unseres Umgebungsraums zugänglich. Das Auge erschließt einen Ausschnitt der elektromagnetischen Wellen, der gemessen an den hörend wahrnehmbaren Schwingungen (10.000 bis 20.000 Hertz) im Nanobereich von 400.700 nm liegt. Das Radio macht bereits elektromagnetische Wellen zugänglich, die wir weder sehen noch hören können. Bei den (um 1980 begonnenen) *ElectricWalks* von Christina Kubisch, die im Durchwandern von Städten deren elektromagnetische Felder durch spezielle Kopfhörer in den hörbaren Bereich transformieren, werden ganze Städte zum Botschaftsträger. Wer beim Umhergehen den spezifischen Klang einer Stadt erlebt, wird irritiert feststellen, wie wenig man die vom Menschen selbst erzeugte Realität kennt.

Viele Künstler bemühen sich heute, Räume des Unhörbaren oder Nicht-Sichtbaren zu erschließen. Ihre Arbeiten sind nicht dem klassizistischen Kunstgenre zuzuordnen, sondern werden meistens als Medienkunst bezeichnet. Sie zeigen oft das kreative Potential, das die Technik lieferte. Jens Brand knüpfte an eine in der Medizin bekannte Technik an, nämlich durch Ultraschall etwas sichtbar zu machen. Er ging jedoch anders vor. 20 Lautsprecher erzeugten einen unhörbaren Ultraschallraum, der – aufgenommen durch eine akustische Kamera – auf einem Bildschirm sichtbar wurde. Das Muster eines kleinen roten Esels war zu sehen (*RedPsiDonkey*, 2004). Besucher konnten ihn kaum sehen. Denn sprachen sie, so veränderte er durch die dabei erzeugten Schallwellen seine Gestalt: Sie wurde amorph, und zwar auch dann, wenn man

7 Vgl. zum Nachfolgenden MOTTE-HABER, Helga de la (Hrsg.) (1999). *Klangkunst. Tönende Objekte und klingende Räume.* Laaber; sowie KIEFER, Peter (Hrsg.) (2010). *Klangräume der Kunst.* Heidelberg.

durch Bewegung den Ultraschallraum veränderte. Ein interaktives Spiel war möglich, aber der Esel vermittelte dem Besucher nur ungenau, unter welchen Bedingungen er sich ändert. Der Titel *RedPsiDonkey* deutet auf eine außersinnliche Wahrnehmung hin. Der Ultraschall ist Realität, aber er wirkt außerhalb der Grenzen der menschlichen Sinnesorgane. Die Erklärung der Erscheinungen des Psi-Esels ist zwar theoretisch leichter zu leisten als bei anderen parapsychologischen Phänomenen, die Wirkung aber bleibt geheimnisvoll. Jens Brand verband mit seinem Esel noch einen weiterreichenden Gedanken, nämlich dass als Ursache und Wirkung beschreibbare Interaktivität der direkten Wahrnehmung grundsätzlich nicht zugänglich ist.

Intermediale Übersetzungen: Sonifikation, Audifikation, Visualisierung

Die Industrie hat mittlerweile entdeckt, dass sich verborgene Bereiche der Realität fassbarer machen lassen, auch indem sie durch sinnliche Daten repräsentiert werden, die dafür nicht in erster Linie zuständig sind. Dabei spielen Sonifikationen zunehmend eine große Rolle, die ihrerseits im Computer meist bildgebend umgewandelt werden.[8]

Der Geigerzähler zur Messung radioaktiver Strahlen ist bereits seit längerer Zeit ein bewährtes Instrument. Schallwellen können unbekannte Räume erschließen. Die Echolotung, die Alvin Lucier zur Erkundung von neuen Dimensionen eines Raumes benutzte, wurde daher seit dem Ersten Weltkrieg benutzt, um unter dem Meeresspiegel U-Boote ausfindig zu machen. Heute dringt man damit tiefer in das Erdinnere ein, als es mit Bohrungen möglich wäre. Je nach Gesteinsart, auf die die Schallwellen prallen, ändern sich die Reflexionen. Meist tritt dieser Sonifizierung des Erdinneren bei der Computersimulation noch eine Visualisierung an die Seite, die die Erdschichtungen farbig sichtbar macht. Aber die zentrale Botschaft liegt im Medium Klang.

In der Medizin spielen Verfahren der Sonifikation, also der Transformation körperlicher Innenräume in Schallereignisse, eine Rolle, oft umgewandelt in

8 Siehe als Überblicksdarstellungen: Spehr, Georg (Hrsg.) (2009). *Funktionale Klänge. Hörbare Daten, klingende Geräte und gestaltete Hörerfahrung.* Bielefeld; Schoon, Andi/Volmer, Axel (2012). *Das geschulte Ohr. Eine Kulturgeschichte der Sonifikation.* Bielefeld.

eine visuelle Gestalt. Die Schallfotografien von ungeborenen Kindern entzücken die zukünftigen Eltern. Eindrucksvoll ist es für einen selbst, bei einer Magnetresonanztomografie den eigenen Frequenzen zuzuhören. Bereits 1932 wurde Edgar D. Adrian zusammen mit Charles Sherrington der Nobelpreis für das Hörbarmachen von Neuronen verliehen (Froschschenkelnerven). Heutige Sonifikationen der Sequenzen des genetischen Materials klingen aufgrund der Wiederholungen recht atmosphärisch, aber es scheint sich weniger um eine wissenschaftliche Methode zu handeln, um körperliche Innenräume anschaulich zu machen, als vielmehr um eine hübsche Spielerei.

Auf Sonifikationen, eine Form von intermedialen Abbildungen, wirkten sich in jüngerer Zeit die Forschungen über die extrem schnellen Reaktionsweisen des Ohres aus. Immerhin benötigt das Auge eine Differenz von 17 Millisekunden, das Ohr jedoch nur zwei Millisekunden, um zwei Ereignisse als zeitlich verschieden zu identifizieren. (Wenn er nur auf das Sehen angewiesen wäre, würde kein Dirigent durch Proben ein Orchester zum synchronen Spielen bringen.) Auf Grund seiner gleichzeitig hohen zeitlichen Differenzierungsfähigkeit kann das Ohr deshalb besonders gut Muster (sogenannte „Pattern“) analysieren. Ungefähr seit dem Jahr 2000 werden daher Versuche unternommen, ausgedehnte grafisch-bildliche Darstellungen zur schnelleren Vergegenwärtigung in akustische Zeitreihen zu transformieren; dabei werden u. a. auch Börsendaten durch eine sogenannte Audifikation klanglich repräsentiert. Es handelt sich dabei um eine spezielle Form der Sonifikation, bei der räumliche oder zeitliche Abfolgen direkt als Klang abgebildet werden können. Ein Börsencrash soll sich wie ein Erdrutsch anhören, oder: Aus einem Gewusel von Tönen können große Transaktionen herausragen. Künstlerisch wurde eine Audifikation schon von Stockhausen bei den erwähnten *Gruppen für drei Orchester* genutzt: Der Strukturierung seiner Tongruppen liegen die Formen nebeneinander liegender Berggipfel zugrunde. Auch Alvin Lucier setzte Berggipfel in Noten um. Teilweise beruht auch der *Atlas ecplipticalis* (1962) von John Cage auf der Audifikation einer Sternkarte, die in Noten übertragen worden war. Und lag nicht schon bei der antiken Vorstellung einer Sphärenmusik der Gedanke einer möglichen und von Pythagoras ansatzweise musikalisch versuchten Audifikation zugrunde? Im Unterschied zur Audifikation, die recht unmittelbar zeitliche oder örtliche Muster in Klangfolgen umsetzt, benutzen Sonifikationen meist einen Übersetzungscode, ein Parameter-Mapping. Beispielsweise wurden die Mondphasen dadurch hörbar gemacht, dass von Vollmond bis Neumond hohe und tiefe Töne zugeordnet wurden und die Nähe zur Erde durch die Lautstärke dargestellt wurde. Es ergibt sich ein Auf und Ab von an- und abschwellenden Glissandi, die mit einem Instrument gespielt werden können. Das Beispiel zeigt, dass Sonifikationen an eine Übersetzung, aber nicht unbedingt an eine digitale gebunden sind.

Es ist zu erwarten, dass auch bei der Erdbebenforschung, teils schon im gefährdeten oberen Rheingraben genutzt, sowohl Übersetzungen des Erzitterns der Erdkruste in Schall als auch das Registrieren des seismischen Schalls sehr wichtig sein könnten. Künstlerischen Arbeiten kommt hierbei eine Vorreiterrolle zu. Florian Dombois arbeitet mit Seismogrammen und macht sie als Schall hörbar. Gesampelte Seismogramme von weit entfernten Orten (u. a. Kalifornien, Russland) installierte er in einem Raum um die Hörer herum, die so den verschiedenen Orten lauschen konnten. Und sie erlebten dabei eine Kondensation dieser Klänge, nämlich das Echo eines Bebens im Inneren der Erde, das sich auf die Erdkruste ausgewirkt hatte. Seismischer Schall im engeren Sinn ist für das menschliche Ohr nicht hörbar, weil es sich um Infraschall handelt, der so niederfrequent ist, dass er unterhalb der absoluten Hörschwelle von 16 Hertz liegt. Er kann sich über mehrere tausend Kilometer ausbreiten. Er entsteht ebenfalls bei Erdbeben und Vulkanausbrüchen, aber auch bei hohem Seegang durch die Druckwellen von Fön oder durch Raketenstarts. Die Bundesanstalt für Geowissenschaft versichert, dass Windanlagen keinen Infraschall erzeugten.

Infraschall lässt sich wie anderer Schall mit Drucksensoren messen. Er hat offensichtlich bislang nicht gekannte Auswirkungen auf den Menschen, obwohl er sich ihm nicht direkt erschließt. Am 31. Mai 2003 unterlegten britische Forscher in einem Konzert mit insgesamt vier Stücken (moderne Klavier- und auch elektroakustische Musik) zwei Musikstücke mit Infraschall von 17 Hertz. 750 Konzertbesucher wurden befragt. Keiner hatte laut Zeitungsberichten den

Infraschall gehört, aber 22 Prozent berichteten von dem Gefühl einer ungewöhnlichen Erfahrung, von Unsicherheit und Angstgefühlen. Spekulationen zufolge soll Infraschall auch für die Gespenster in englischen Schlössern verantwortlich sein.

Die Beschäftigung mit dem Medium Schall lässt, auch wenn wir gut zu hören glauben, die Welt geheimnisvoll, zuweilen gefährlich erscheinen. Vielleicht haben wir auch nicht gelernt, richtig hinzuhören, und benötigen deshalb oft noch eine zusätzliche Visualisierung. Sie hat inzwischen eine lange Tradition. Denn die Visualisierung von Schall wurde schon seit dem 18. Jahrhundert entwickelt. Florence Chladnis Figuren, Wellenmuster auf einem mit Sand bestreuten, mit einem Geigenbogen angestrichenen Papier, riefen einst beim Publikum großes Erstaunen hervor. Sie werden inzwischen vielfach benutzt und sind auch für Bildende Künstler seit der Erfindung des Oszillographen attraktiv gewesen. Sonifikationen stellen hingegen ein eher neuartiges Forschungsfeld dar. Einer der vielen aus der Antike überlieferten Mythen zum Echo berichtet, dass die Nymphe im Auftrag von Pan, dem sie sich verweigerte, in Stücke gerissen und über die Erde verstreut worden sein soll. Aber die Mutter Erde verlieh diesen Stücken eine Stimme. Das Echo hatte immer eine faszinierende Wirkung (Barocktheater), weil es einen Widerhall von fernen Räumen zum Vorschein brachte. Die zunehmende Technifizierung mit ihren Möglichkeiten der Transformation von Schall macht heute auch Echowirkungen von nicht-sichtbaren räumlichen Gegebenheiten wahrnehmbar, wie die Erwähnung der Sonifizierung von Schichten des Erdinneren zeigen sollte.

Formen der Annäherung von Musik und Architektur[9]

Obwohl im Zentrum dieser Abhandlung Fragen der Intermedialität und transmedialer Übersetzungen standen, sei noch ein Blick auf architektonische Räume und ihr Verhältnis zum Klang geworfen. Sie betreffen sehr unterschiedliche wissenschaftliche Disziplinen: die Bauakustik, die Kunstgeschichte und

9 METZGER, Christoph (2003). *Musik und Architektur*. Saarbücken.

die Medienwissenschaft. Eine genaue Ausführung würde hier den Rahmen sprengen. Es seien aber vier Themenfelder angesprochen.

Die Konzerthäuser mussten akustisch ihrem Zweck der Musikwiedergabe entsprechen, was bei der Berliner Philharmonie, so neuartig die amphitheatralische Gestalt des Baus von Hans Scharoun zu seiner Zeit auch erschien, erst mit nachträglichen Einbauten gelang.

Vor allem seit der Renaissance benutzte man die harmonischen Proportionen der Musik zur Konstruktion von Bauten. Zu Beginn des 20. Jahrhunderts frönten Architekten der sogenannten *Gläsernen Kette* (z. B. Hans Poelzig) diesem Gedanken bis hin zu utopischen Entwürfen. Heute ist vor allem Daniel Libeskind berühmt für seine nach musikalischen Proportionen konzipierten Architekturen. Ein regelrechtes Musikstück, nämlich das Orchesterwerk *Metastaseis* (1954), benutzte Iannis Xenakis als Entwurfsgrammatik für den Bau des Philips-Pavillon 1957. Er setzte dabei die Glissandopassagen der Musik in hyperbolischen Formen des Pavillons um, um auch in der Architektur wie in der Musik kontinuierlich von einem Punkt zum anderen zu gelangen. Obwohl Xenakis damals als Statiker (im Büro von Le Corbusier) arbeitete, hatte niemand geglaubt, dass der Pavillon wirklich gebaut werden könnte. Dass er heute nicht mehr existiert, hängt aber damit zusammen, dass er in den königlichen Gärten stand und deshalb wieder abgerissen werden musste.

Auch regelrecht klingende Architekturen wurden konzipiert. Zwar thematisch eingebunden, aber doch eher locker assoziiert war die live gespielte Musik in Peter Zumthors Schweizer Pavillon für die Weltausstellung 2000 in Hannover. Regelrecht als klingendes Gebäude (im Geiste Bachs, wie er meinte) entwarf Frank Lloyd Wright 1935–1937 *Falling Water*, ein Wohnhaus an einem kleinen Wasserfall, den man im Inneren hören sollte, vor allem aber auf den vielen hervorspringenden Balkonen. 1964 wurde das Haus als Ikone der Architektur in ein Museum umgewandelt. Die „Musik der Natur" zehrte an dessen Substanz, weil die Feuchtigkeit zu Schimmelbefall führte. Das Haus soll inzwischen saniert worden sein.

Der Architekt und Stadtplaner Bernhard Leitner verwendet seit mehr als 30 Jahren nur Klang als Baumaterial für die Gestaltung von Außen- und

Innenräumen. Überraschend ist das Erlebnis, durch einen Raum zu gehen, der durch zehn Säulen aus Klang (*Ton-Säulenfeld*, 1998) gegliedert ist. Gesampelte Natur- oder Instrumentenklänge werden von Parabolschalen, die unter der Decke hängen, gebündelt nach unten abgestrahlt.

Medienfassaden bieten eine weitere Möglichkeit der wechselseitigen Integration der Künste. Mit Videoinstallationen bzw. Lichtinstallationen auf Häuserwänden wurden klanglich elektronische Gestaltungen verbunden wie bei einem Club im Hamburger Brandhof. Manches scheint Konzeption geblieben zu sein wie der Entwurf von Arno Brandhuber und Mark Bain für ein Haus in Berlin, das mit Sensoren ausgestattet sein sollte, die akustische (Wind) und mechanische Schwingungen (zum Beispiel Ausdehnung des Materials) auch für vorbei gehende Smartphone-Besitzer musikalisch hörbar machen sollten. Soll man bei solchen Projekten an die durch die Kybernetik angeregten Türme von Nicolas Schöffer denken? Ehe ich darauf eingehe, seien einige zusammenfassende, aber Unterschiede charakterisierende Bemerkungen erlaubt. Werden musikalische Proportionen bei Architekturen eingesetzt, handelt es sich lediglich um eine Analogie, die meistens durch zusätzliche Erklärungen hinzugefügt werden muss. Dies gilt auch, wenn fließende Bauwerke an Musik erinnern sollen, obwohl hierbei auf phänomenaler Ebene eher ein gefühltes Verhältnis entstehen kann. Dies kann auch dann der Fall sein, wenn regelrechte Musikstücke als architektonische Entwurfsgrammatik dienen. Räume, die dem Spiel von Musikern dienen, aber keine Konzerträume sind, erhalten einen gewissen Eventcharakter, und zwar von unbestimmter Dauer. Die zuletzt angedeuteten multimedialen Fassaden, heute im Rückzug begriffen, berühren jedoch andere Fragen.

Dafür sei einen Moment lang die Aufmerksamkeit auf Nicolas Schöffer (1912–1992) gerichtet, dessen 100. Geburtstag und 20. Todestag sich 2012 jährten.

Er ist der Erste, der, fasziniert von der technischen Entwicklung, Mitte der 1950er Jahre ein Elektronengehirn (also einen Computer) verwendete, um bei einem Ballett von Maurice Béjart Roboter mittanzen zu lassen. Auch die im Außenraum stehenden, sich selbst steuernden klingenden Türme von Schöffer sind frühe Beispiel einer interaktiven künstlerischen Arbeit zwischen den Medien von Raum und Zeit. Bei dem ersten *Spatiodynamischen Turm* aus dem Jahr 1954 (in einem Pariser Park) handelt es sich um eine von kinetischer Kunst angeregte, etwa 50 Meter hohe Stahlkonstruktion, aus der bunte Metallplatten herausragten. Der Komponist Pierre Henry hatte aus diesen Platten Töne und Geräusche gewonnen (insgesamt zwölf), die als „Musique concrète" in dem Turm (damals durch Tonband) installiert waren. Der Turm war überdies mit Mikrophonen, Photozellen und einem Wärmewiderstand ausgestattet, ebenso wie mit Sensoren, die auf die Umgebung reagierten und in wechselnden Folgen die Klänge steuerten. Zu beachten ist, dass die Eingabesignale für diese technischen ‚Sinnesorgane', wie alle Wind und Wetterdaten, durch unberechenbare Zufallskomponenten charakterisiert waren. Der Turm soll Tag und Nacht gesungen haben, weil er auf hupende Autos, Tageslichtschwankungen, vorbeigehende Menschen oder den Wind und auch auf seine eigenen Klänge reagierte. Im Unterschied zu den seit der Antike bewunderten, durch Wind (Äolsharfe) oder Wasser betriebenen selbstspielenden Instrumenten transformierte er seinen Umgebungsraum, eine parkähnliche Durchgangszone, zu einem Ort, der zum verweilenden Hören einlud. Man kann, im Unterschied zur nur reagierenden Äolsharfe, daher von einem interaktiven System sprechen. Der Turm reagierte selbstbezüglich auf seine eigenen Klänge. Machte er den Raum zum Spieler des Instruments? Oder spielte der Turm mit dem Raum, dessen Geräusche er transformierte?

Resümee

Im vorliegenden Beitrag habe ich verschiedene Möglichkeiten des Verhältnisses von Klang und Raum aufgezeigt:

1. Einerseits ging es um die Möglichkeit, Raumeigenschaften zu hören, wobei sich der Raum als mitspielendes Instrument nutzen lässt.

2. Mit Sonifikationen kann in unbekannte unsichtbare Räume hineingehört werden. Audifikationen ermöglichen direkte intermediale Transformationen von visuellen Erscheinungen in akustische Ereignisse. Da aber die Sinnesorgane Informationen unterschiedlich verarbeiten, dienen beide Verfahren Musikern auch dazu, neue Klangwelten zu erschließen.

3. Manchmal erlauben allerdings die unterschiedlichen Verarbeitungsweisen der Sinnesorgane eine schnellere Vergegenwärtigung von Sachverhalten durch das Ohr als durch das Auge.

4. Klänge brauchen den Raum, um gehört zu werden. Formen der Musik erscheinen als Architekturen, und umgekehrt bieten die architektonischen Proportionen und Harmonien sowie rhythmische Ordnungen von Säulengängen oder Fenstern Anlass, an eine verstummte, gefrorene Musik zu denken. Dem Raum scheinen zeitliche Muster inhärent zu sein.

5. Bauten, die Klang regelrecht benutzen, können zwar das Rauschen der Umwelt einbeziehen, sind jedoch mit den heutigen technischen Mitteln leichter klanglich auf die Umwelt zu beziehen.

All diese Beispiele zeigen, dass Raum sich der menschlichen Anschauung in vielfältigen Formen darbietet. Aber was Raum als solcher ist, darin hatte Immanuel Kant recht, ist unserer Vorstellungskraft nicht zugänglich, wie denn auch eine umfassende Erkenntnis der Welt nicht möglich ist. Raum ist uns immer nur in beschränkten, abstrakten Modellen zugänglich. Dies gilt auch für die Mathematik und Physik. Auch sie repräsentieren nur Teilaspekte der Realität. Was in einem Modell repräsentiert ist, ist von mehr oder weniger latenten Fragestellungen abhängig. Etwa: Wozu ist es repräsentiert? Um den Raum als künstlerisches Ereignis zum Sprechen zu bringen oder einen neu gebauten Raum in seine Umwelt ausgreifen zu lassen. Oder für was? Um ihn möglichst so zu gestalten, dass er an das angepasst ist, was darin geboten wird. In all diesen unterschiedlichen Modellen werden vielleicht Teilaspekte erfasst. Aber irgendwie erscheint Raum jenseits dieser Repräsentation mit fiktiven Momenten belastet, die uns jedoch dazu veranlassen, immer neue Räume zu komponieren oder zu bauen.

Literatur

AMES, Adelbert (1951). „Visual perception and the rotating trapezoidal window", in: *Psychological Monographs* 65, Nr. 7, S. 1–32.

DÜNNE, Jörg / GÜNZEL, Stephan (Hrsg.) (2006), *Raumtheorie. Grundlagentexte aus Philosophie und Kulturwissenschaften.* Frankfurt am Main.

KIEFER, Peter (Hrsg.) (2010). *Klangräume der Kunst.* Heidelberg.

LUCIER, Alvin (1995). „Every room has its own melody", in: Gisela GRONEMEYER/ Reinhard OEHLSCHLÄGEL (Hrsg.). *Reflexionen. Interviews, Notationen, Texte.* Köln, S. 94–102.

NAUCK, Gisela (1997). *Musik im Raum – Raum in der Musik.* Stuttgart.

METZGER, Christoph (2002). *Musik und Architektur.* Saarbücken.

MOTTE-HABER, Helga de la (Hrsg.) (1999). *Klangkunst. Tönende Objekte und klingende Räume.* Laaber.

STOCKHAUSEN, Karlheinz (1964). „Gruppen für drei Orchester", in: DERS., *Texte zur Musik*, Bd. 2, Köln, S. 71–72.

Diedrich Diederichsen

Ausstellungen und ihre Kataloge als Debattenorte – zwischen Autonomisierung, Segregation und Hybridisierung von Bild und Ton

Der vorliegende Beitrag ist zunächst ein Versuch, Diskurse zu rekonstruieren, die das Verhältnis zwischen den traditionell performativen und zeitgebundenen Klangkünsten und den Museen und den dazugehörigen spatialen Museumskünsten behandeln. Ausgestellt wird das Akustische historisch entweder, weil es mit dem traditionell Ausgestellten – Bilder und Skulpturen – kooperiert oder wenn es von sich aus seine Raumbezogenheit, seine Spatialität gegen seine zeitbasierten Komponenten stärkt: durch installative Formate, Loops, Klangskulpturen etc. Spannend wird die Frage nach dem Verhältnis von Ton und Bild bzw. Ton und Ausstellungsraum dann, wenn man sie sich nicht nur kunstphilosophisch stellt, sondern im Hinblick auf Strategien, ein Feld, eine Disziplin neu zu etablieren, und zwar im Hinblick auf bestehende Institutionen der Ausstellung, der Veranstaltung, aber auch von Forschung und Lehre. Ton/Bild- und Sound/Vision-Ausstellungen gerieren sich dabei zuweilen als Ausnahmen, Sammlungen von Sonderfällen, dann wieder als Prototypen künftiger und dringend einzurichtender Verbindungen. Sie stellen aus, um der Logik der Ausstellung zu entfliehen, oder sie stellen aus, um in der Ausstellung erst etwas zu gewinnen, das ihnen in anderen Formaten verwehrt geblieben ist. Entscheidend ist dabei die Frage, ob man die Konstanten der jeweiligen polaren Gegenüber als gegeben annimmt und nur fragt, ob man diesen Gegensatz punktuell oder auf die Zukunft bezogen dauerhaft auflösen will, oder ob man den Versuch unternimmt, auch retroaktiv andere Kategorien zu mobilisieren wie das Gesamtkunstwerk, die Synästhesie oder eine primäre, anthropologisch verortete Klangkunst, von der die Musik dann lediglich eine Option unter anderen Möglichkeiten wäre und die im Nachhinein erklären, dass und woher die zeitgenössischen Hybrid-Formate eine lange Vorgeschichte hätten.

Klang und Bild, Musik und Bildende Kunst werden in der Regel als unterschiedlichen Sinnen zugehörige Künste konstruiert. Seit gut einem halben Jahrhundert gibt es unter Kurator_innen und Museumsleuten Diskurse, die behaupten, man müsse die Grenzen zwischen diesen Künsten aufheben oder wenigstens punktuell überschreiten. Dabei argumentieren sie in der Regel damit, dass es generell gut ist, Grenzen zu überschreiten, seltener damit, dass es diese Grenze möglicherweise weniger in irgendeiner Eigenschaft der erwähnten Künste gibt als in der Logik bestimmter Institutionen, die diese Künste verwalten. Noch seltener ist die Position geworden, die die Grenzen verteidigt oder Praktiken einfordert, die neue Terminologien und Definitionen einfordert – und damit logischerweise auch: neue Grenzen.

Mein Material für diesen Spaziergang durch ein halbes Jahrhundert Ohr-Auge-Überschreitungsdiskurse und schließlich zur Überschreitung dieser Überschreitung sind vor allem Katalogtexte, zuweilen auch selbst erfahrene oder rekonstruierte Ausstellungsstrategien; im Wesentlichen halte ich mich aber an das, was geschrieben vorliegt. Denn Kataloge sind in diesem Zusammenhang so etwas wie das gemeinsame Dritte von ausstellenden und performativen Praktiken; etwas, was sie in ähnlicher Weise schon im Feld der Bildenden Kunst immer werden: Bezugspunkte, die oft erst Jahre später in Aufarbeitungen rezipiert werden. Unmittelbar während der Laufzeit der betreffenden Ausstellung hingegen, etwa in journalistischen Reaktionen, in Rezensionen sind Kataloge hingegen oft edle Grabstellen für Texte, Bilder und Grafiken, die einen nicht unwesentlichen Teil des Ausstellungsbudgets verschlungen haben, aber keine vergleichbare öffentliche Aufmerksamkeit erreichen. Hin und wieder erscheinen aber auch Kataloge, die Projekte dokumentieren und begleiten, die gar nicht in Ausstellungsräumen, sondern nur in Vorführungen, Lecture-Performances oder Fernsehreihen stattgefunden haben und trotzdem entlang der gleichen Fragestellungen argumentieren – ein weiterer Grund, hier die Publikation zur Grundlage der Geschichtsschreibung zu machen.

Der Typus von Ausstellungen und den dazu gehörigen Katalogen, von denen hier die Rede sein soll, hat, lange vor dem Rückbezug auf Gesamtkunstwerk und Synästhesie, drei Ursprünge: die Herausforderung durch den Tonfilm als potenziell avancierte Gattung von Bild-Ton-Mischkunst einerseits, die Attacke auf die Grenze zwischen den Künsten durch Künstler_innen selbst und ihre Wirkung auf beide Welten, die der Bildenden Kunst wie die der Musik seit der Fluxus-Bewegung und durch Akteure wie John Cage, Nam June Paik, George Brecht und viele andere. Schließlich ist dies das Konstatieren einer Vermischung der Kunstgattungen aus der Perspektive ästhetischer Theorie, die darin einen entscheidenden Bezugspunkt modernistischer Ästhetik, die Medienspezifik, in Gefahr geraten sah. Von allen dreien wird im Folgenden die Rede sein.

Dass die „Grenzen zwischen den Kunstgattungen in einander [fließen] oder, genauer: ihre Demarkationslinien [sich] verfransen“,[1] wie Adorno 1967 in einem einflussreichen Aufsatz bemerkte, wurde aber von vielen Ausstellungsmacher_innen nicht so sehr als ästhetische Herausforderung, sondern schon bei der ersten Ausstellung des hier diskutierten Typus, die 1947 in Berkeley stattfand, vor allem als ein Epiphänomen medientechnischer Entwicklungen betrachtet. Weil Künstler_innen mit neuen Mitteln arbeiten konnten, wurde die ästhetische, ontologische und ökonomische Einsortierung künstlerischer Arbeiten in von den Medien- und Handwerkstraditionen abgeleiteten Kategorien zunehmend schwieriger. Die durch die technische Entwicklung zum Film und ferner die innerhalb der verschiedenen Stadien des in Kinos gezeigten Films eingetretenen, technisch induzierten Paradigmenwechsel zwangen Filmkünstler_innen dazu, sich auch *contre cœur* über Fragen des Tons Gedanken zu machen, im Zuge dessen über Musik, im Zuge dessen über die Bewegungen der Schauspieler_innen zur Musik und somit über Tanz etc. Die jeweiligen Spezialkenntnisse und -fähigkeiten wurden in arbeitsteilige Produktionsverhältnisse eingebracht und den Entscheidungen von Autor_innen neuen Typs

1 Adorno, Theodor W. (1977). „Die Kunst und die Künste“, in: Ders., *Gesammelte Schriften*. Bd. 10.I. Frankfurt am Main, S. 432–453, hier S. 432.

unterworfen. Neue Medien und Medienverschaltungen multiplizierten die Kontakte zwischen den traditionellen Künsten und traditionellen Kunstfertigkeiten zu einer Unübersichtlichkeit, für die dann aber die Verfransung, also ein durch häufige Begegnung gar nicht einmal besonders planvoll zustande gekommenes Geflecht, ein gar nicht so schlechtes Bild ist.

Eine stärker technik-deterministisch ausgerichtete Geschichtsschreibung des Bild-Ton-Zusammenhangs – von Marshall McLuhan bis Friedrich Kittler – kennt ohnehin nur die Entwicklungsstadien der Medientechnikgeschichte und hält künstlerische Praktiken bestenfalls für deren Symptome, denen keine Eigengesetzlichkeit zukäme.[2] Verfransungen und Übertragungen, Überschneidungen und Begegnungen würden also nur denen sichtbar, die an konventionellen Beschreibungen unabhängiger Künstlersubjekte festhalten: einzelne, die von Traditionen geprägt sind, Techniken erlernt haben etc. Dieser – und bis zu einem gewissen Grad auch der vorangegangenen Beschreibung – steht aber eine Reihe anderer Darstellungen gegenüber, die in solchen Begegnungen nicht allein nur Epiphänomene wichtigerer Dinge sehen wollen, sondern eigenständige, beabsichtigte, oft als progressiv ausgegebene Programme, ja sogar das Aufscheinen tieferer Wahrheitsschichten aller künstlerischer Praxis.

Natürlich ist auch ein solches künstlerisches Programm nichts Neues. Doch im 20. Jahrhundert waren diese Programme zunächst – zumindest vor Fluxus – meist an eine individuelle Nutzung (oder gar Weiterentwicklung) einer technischen Neuerung gebunden. So sind Instrumentenerfinder und visionäre Maschinenbauer ein wichtiger Bestandteil eines pionierhaften Ausstellungskatalogs wie *Für Augen und Ohren*,[3] wo sie fast allein für die gesamte vormoderne Vermischung von Künsten und Genres einstehen. Nicht die skulpturale Dimension der Instrumentenerfindung und des Instrumentenbaus ist für diese Publikation entscheidend, sondern die Ersetzung eines

2 Zum Beispiel: „Also haben Kunst und Philosophie keinen Standpunkt gehabt, der über Datenverarbeitung erhaben gewesen wäre. Alles, was von ihnen überliefert ist, ist auch schaltbar. Insofern würde ich denen folgen, die die alte europäische Kultur Ballast nennen [...]." In: Kittler, Friedrich (1990). „Synergie von Mensch und Maschine. Gespräch", in: Florian Rötzer/Sara Rogenhofer (Hrsg.). *Kunst machen? Essays und Gespräche.* München, S. 90–103, hier S. 95f.

3 Block, René/Dombois, Lorenz/Hertling, Nele/Volkman, Barbara/Akademie der Künste (Hrsg.) (1980). *Für Augen und Ohren – von der Spieluhr zum akustischen Environment.* Berlin.

künstlerischen Ziels durch eine technische Verbesserung. Dieses Buch erschien anlässlich einer Ausstellung, die René Block 1980 an der Akademie der Künste in Berlin gemeinsam mit Nele Hertling und Lorenz Dombois kuratiert hatte und das auch von den Kurator_innen herausgegeben wurde. Ein ähnlicher Ansatz wird dann in der Position von David Toop wieder stark, wo die Werke der Instrumentenerfinder und Maschineninnovatoren auch in der Gegenwart neben oder zwischen die Soundskulptur und die Klanginstallation gestellt werden. Toop stellt allerdings im Ansatz eine Verbindung her zwischen den skulpturalen Dimensionen des Instrumente-Erfindens und den installativen Dimensionen heutiger Sound-Art bzw. der Sound-Art seit Max Neuhaus.

Andere, eher ästhetisch-programmatische Projekte, wie das ebenso berühmte wie sagenumwobene Gesamtkunstwerk des 19. Jahrhundert mit seinen zahlreichen Vorschlägen einer Verbindung von Klang und Bild und generell der Künste miteinander, hatten während des 20. Jahrhunderts, insbesondere während seiner hochmodernistischen Jahre, eine schlechte Presse. Adorno fand, es sei „hohnlachend" wirklich geworden in kulturindustriellen Erzeugnissen wie dem Fernsehen, mitunter aber auch im Hitler-Faschismus. Erst in den letzten 30 bis 40 Jahren, nachdem durch Fluxus und andere intermediale Praktiken die Einstellung zur Verfransung sich schließlich auch beim Schöpfer dieses Begriffes modifiziert hat, wird über künstlerische Programme, die über den Gehorsam gegenüber medientechnischen Entwicklungen hinausgehen, anders gedacht, und man versucht auch, übersehene Vorläufer neu zu bewerten und einzugliedern in einen übersehenen Strang der Entwicklung. Dazu gehört sicher auch die Reexamination des Gesamtkunstwerks nicht nur in Harald Szeemanns berühmter Ausstellung aus den frühen 1980er Jahren und ihrem Einfluss auf Postmoderne in Kunst und Theorie, sondern auch durch die medien- und dispositivtheoretischen Re-Lektüren, die im Zusammenhang mit der Verdrängung des White Cubes durch die Black Box in der Gegenwartskunst des letzten Jahrzehnts aufgekommen sind.

Dass die einschlägigen Darstellungen solcher Verhältnisse, aber auch das offenkundigste Symptom des entsprechenden Wandels in den letzten 30 Jahren sehr oft in Publikationen rund um Ausstellungen und andere konkrete neue kulturelle Plätze (wie Fernsehsender, Videos in Clubs) zu finden war, mag daran liegen, dass solche Artikulationen auf die Nähe zum künstlerischen Material angewiesen waren. Erst in allerjüngster Zeit gab es selbstständige Publikationen, die aus Überschneidungs- und Überschreitungsphänomenen neue Thesen zur Kunst generell abgeleitet haben. In unmittelbarer Nähe der Anschaulichkeit entsprechender Objekte war die Not offenbar größer, Antworten finden zu müssen, die sich eher auf Fragen aus der künstlerischen Praxis ergaben als aus kunst- und medienhistorischen Überlegungen. Solche ausstellungsbezogenen Thesen haben daher aus immanenten ästhetischen oder kultursoziologischen und politischen Gründen die Frage nach rechtmäßigen Territorien und offenen Geländen für Bild, Ton und alle ihre Verknüpfungen gestellt und meist für das Ende jeglicher Rechtmäßigkeit und Normativität argumentiert; zuweilen auch in Verbindung mit größeren, raumgreifenden Thesen wie am berühmtesten in der schon erwähnten Ausstellung *Der Hang zum Gesamtkunstwerk*,[4] die 1983 in Zürich, Düsseldorf und Wien gezeigt wurde und für deren Katalog ihr Kurator Harald Szeemann, den man durchaus als Erfinder solcher Thesenausstellungen bezeichnen kann, ja auch einiges an Kunstphilosophie auffahren ließ: ambitionierte Aufsätze von Bazon Brock, Odo Marquard und Michael Lingner, die sich für ästhetische Fragen interessierten, nicht für Technikgeschichte und weniger auch für künstlerische Programme.

Die „Metamorphosen der Musen“ (wie Jacques Rancière dies in einem Katalogtext für die – 20 Jahre später – nämlich 2002 und 2003 in Barcelona und Paris gezeigte Show „Sonic Process“ nennt),[5] die nicht länger nur je einem einzigen, durch einzelne Sinnesorgane und Fertigkeiten bestimmten Aufgabenbereich Inspiration zukommen lassen können, diese Musen verursachen also nicht nur Probleme, sondern formulieren seit den frühen 80ern Aufgaben und eröffnen utopische Aussichten auch jenseits ihrer technischen Bändigung oder Ermöglichung. Die Vorschläge für die Lösungen lassen sich systematisieren.

4 Austellungskatalog (1983). *Der Hang zum Gesamtkunstwerk.* Aarau/Frankfurt am Main.

5 Ranciere, Jacques (2002). „La métamorphose des muses“, in: Christine van Assche [u.a.]/Centre Pompidou (Hrsg.). *Sonic Process – Une novelle géographie des sons.* Paris, S. 25–35.

Meistens feiern oder problematisieren Ausstellungen zweiteilige Konstellationen, sonst kriegen sie ihre für ihr legitimatorisches Projekt offensichtlich entscheidende Rhetorik der Grenzen und der Überschreitung nicht hin. Es gibt von solchen bipolaren Situationen aber keine unendliche Anzahl; man kann die Ausstellungsstrategien im Miteinander von Klang und Bild daher einigermaßen leicht typisieren. Die Rede ist dabei vorwiegend von Europa und den letzten 35 Jahren, wo – von jener ganz frühen, kinoinspirierten Ausstellung samt Symposion zu Bild und Ton in den 40er Jahren in Berkeley abgesehen – auch die meisten Aktivitäten zu verzeichnen waren.

Erstens wären da die Ausstellungen zu nennen, die in einer wie auch immer gearteten engen Bezugnahme auf Fluxus und benachbarte historische Praktiken von den Künstler_innen, von der Praxis mithin, ausgehen und von dieser Empirie her die Verbindung von Bild und Ton als ein neues produktionsästhetisches Paradigma bestimmen. Dies gilt teilweise schon für die früheste Ausstellung, die überhaupt in diesem Zusammenhang in Europa zu nennen wäre: *Sehen um zu hören: Objekte & Konzerte zur visuellen Musik der 60er Jahre*[6] hat 1975 in Düsseldorf stattgefunden, und das heilige Trio Cage/Kagel/Paik hat hier zum ersten, aber nicht zum letzten Mal die Richtung vorgegeben. Es spielte auch fünf Jahre später bei der schon erwähnten Show *Für Augen und Ohren* eine entscheidende Rolle, bei der Leute aus dem Fluxus-Umfeld auf die erste Generation von Sound-Art-Protagonisten wie Christina Kubisch, Bernhard Leitner, aber auch Klassiker der Klangskulptur wie Harry Bertoia trafen, bestimmt aber auch noch bei späteren Ausstellungsprojekten, die bereits den Begriff der Klangkunst vorbereiten sollten, wie das *sonambiente-Festival für Hören und Sehen*, das 1996 wie *Für Augen und Ohren* in der Akademie der Künste in Berlin stattfand und zehn Jahre später eine Fortsetzung erlebte.

Zweitens: Obwohl Sehen und Hören, Augen und Ohren im Titel auf die Sinne der Rezipient_innen wie Produzent_innen gerichtet scheinen, sind es aber andere Ausstellungen und Anthologien, die eher den Ansatz verfolgten, den diese Titel versprachen; nämlich die Künste sinnesanthropologisch (neu)

6 BAECKER, Inge/MATHESON, John/KUNSTHALLE DÜSSELDORF (Hrsg.) (1975). *Sehen um zu hören: Objekte & Konzerte zur visuellen Musik der 60er Jahre*. Düsseldorf.

zu systematisieren und sich auch philosophisch den ästhetisch-anthropologischen Verbindungen zu widmen, also von Synästhesie bis zum Gesamtkunstwerk, statt wie die erstgenannten Ausstellungen sich an der künstlerischen Praxis zu orientieren.[7]

Drittens wären die poptheoretischen und popmusiksoziologischen Ansätze zu nennen, die neue, oft auch technisch induzierte Einschnitte in Bezug auf die Etablierung von Genres als Milieu vor allem rund um das Musikvideo untersuchen: neue Verteilungen und Skalierungen in der Beziehung von „High" and „Low", neues Rezeptionsverhalten, neue Industrieformate – aber auch und dann meist relativ unsortiert Vorläufer aller Art, nämlich medientechnisch relevante, kulturindustrielle, künstlerisch-ästhetische und Kuriosa.

Viertens: Als nicht unwichtige Randerscheinung könnte man all die originellen und singulären Verfahren beim Entstehen von Ausstellungen und Anthologien nennen, die von unbeabsichtigten und von den beteiligten Künstler_innen nicht zentral behandelten Nebeneffekten ausgehen und von diesen aus einen zentralen Blick auf Bild-Ton-Phänomene werfen: sei es die Verselbständigung der musikalischen Notation zu einem eigenen visuellen Phänomen, sei es die Schallplattenhülle und ihre Verselbständigung als grafisch-designerisches, angewandtes Genre.[8]

Fünftens: Eine neuere Entwicklung ist die Herausbildung einer eigenen Kunstrichtung, komplett mit einem eigenen System von Orten, Festivals, Symposien und künstlerischer Lehre, die so genannte Sound-Art oder Klangkunst, die, ursprünglich ein randständiger Teil abwechselnd des Musiklebens wie des Kunstbetriebs, sich mittlerweile aus diesen Umgebungen herausdifferenziert hat und längst dabei ist, selber Subgenres herauszubilden (Radiokunst, Klangkunst im öffentlichen Raum, ortsspezifische Klangkunst, mobile Klangkunst etc.). Man kann diese Entwicklung ausstellungshistorisch gut zwischen der

---

7 Zum Beispiel: Mignot, Dorinne (1984). *Het Lumineuze Beeld.* Amsterdam; Brougher, Kerry/Strick, Jeremy/Wiseman, Ari/Zilczer, Judith (2005). *Visual Music: Synaesthesia in Art and Music Since 1900.* Los Angeles/New York. Hinzu kommen zahlreiche Monografien zur Synästhesie, und zwar aus kunsthistorischer bis zur medizinischen Perspektive.

8 Zuletzt etwa Amelunxen, Hubertus von (Hrsg.) (2008). *Notation: Kalkül und Form in den Künsten.* Berlin; Romero, Pedro G./Diederichsen, Diedrich/Bosseur, Jean-Ives/Jamieson, Mark (2006). *Vinil – So i col lecionisme.* Barcelona.

ersten und der zweiten Berliner *sonambiente*-Ausstellung/Veranstaltungsreihe verorten. 1996 zeichnete sich eine Autonomisierung der Klangkunst schon ab, 2006 war sie bereits eine Tatsache, und dazwischen lag ein gerade in Berlin spürbarer Boom des Interesses für die räumlichen und installativen Einrichtungen von Klang in öffentlichen und semi-öffentlichen Situationen.

Neben den schon erwähnten ‚Heiligen' der Bewegung – Cage, Paik, Kagel – wäre mit George Maciunas aber noch ein weiterer, aus den Katalogen nicht wegzudenkender Akteur zu nennen, weil er so gut wie kein anderer die spezifische rhetorische Dialektik einerseits aus kettensprengender Grenzüberschreiterei und andererseits fast schon erbsenzählerisch- positivistischer Bestandsaufnahme des Vorhandenen verkörpert, zu der die Bild-Klang-Ausstellungsbewegung tendiert. Maciunas, der sich ja stets als eine Art Begründer und höherer Verwalter der Fluxus-Idee sah, hat schon früh seine künstlerischen Energien zugleich in das Lob der Genreüberschreitung, der eingerissenen Mauern und Grenzen gesteckt, aber andererseits diese wiederum zu systematisieren und in Tabellen und genealogische Systeme einzutragen versucht.[9] Seine besonders reizvollen Graphiken, in denen er solche Bestände und deren Bezüge zu anderen Beständen eingetragen hat, wurden in letzter Zeit häufiger als eigenes künstlerisches Genre gewürdigt. Schon der Katalog zu *Für Augen und Ohren* arbeitet, womöglich nicht ganz unbeeinflusst von Maciunas, mit einem recht eleganten zweidimensionalen Schema,[10] das von einem Ausgangspunkt am oberen linken Bildrand aus („Pythagoras") einen Zeitpfeil nach rechts anzeigt, der parallel zum oberen Bildrand die Geschichte der europäischen Musik in einer Linie über Bach, Beethoven, Wagner und Mahler zu einer ominös „neoklassisch" genannten Gegenwart führt, während nach unten, auch in der Zeit fortschreitend, ein Geflecht von nach unten (also nach heute) immer dichter werdenden Abweichungen das eigentliche Themengebiet der betreffenden Ausstellung auffächert. Zu diesen Entwicklungen in einer *zweiten Zeit* gehören Musikmaschinen, neue Instrumente, die beide schon recht früh

9 Vgl. Schmidt-Burkhart, Astrid (2003). *Macinuas' LEARNING MACHINES – From Art History to a Chronology of Fluxus.* Detroit/Berlin.

10 Block [u. a.] 1980, S. 6.

vom etablierten Zeitpfeil konventioneller Musikentwicklung desertieren, aber auch spätere Sezessionen, die sich ja durchaus als Weiterentwicklung abendländischer Musiktraditionen empfunden haben, wie die Zwölftonmusik, die nun in direkter Linie über Satie, Cage und Paik zur Videokunst der damaligen Gegenwart führt. Die Parallelentwicklungen Elektronische Musik und Fluxus-Bewegung werden durch zwei dicke Stränge (Cage und Paik) und einen dünnen (Mauricio Kagel) miteinander verbunden. Während aber Cage Zeitgenosse der Elektronischen Musik ist, wird er zum Vorläufer von Fluxus, auch Kagel erscheint vor Fluxus, während Paik, auf den ein dicker Cage-Strang von oben trifft, Zeitgenosse beider Strömungen ist.

Diese Erfindung einer zweiten Zeit, die zwar eine Richtung kennt, aber mehrere parallele Stränge, gibt ein sehr passendes Bild ab für das Selbstverständnis einiger jener Ausstellungs- und Katalogprojekte, um die es hier gehen soll. Statt einer Moderne, die schließlich im Dogma der Medienangemessenheit und der Illusionsbekämpfung sich vereinheitlicht und letztendlich steril wird, entdeckt man nicht nur in der eigenen, nunmehr auf den Namen „postmodern" getauften Gegenwart die Resultate immer schon heterogener Vergangenheiten. Doch während die von Fluxus und Intermedialität herkommende Linie schon wusste, dass man sich von solchen wohl eingeführten Theorieobjekten wie „Kunst" und „Musik" mal so langsam verabschieden werden müsse, und etwa auf „Augen und Ohren" auswich, sprachen dennoch klassische Ausstellungen der zweiten, auf Sinnesorgane und Synästhesien bezogenen Ausstellungstypen wie *Der Klang der Bilder* von 1985 im Titel von „Kunst" und „Musik".[11] Diese Ausstellung fand 1985 in der noch ganz frischen Staatsgalerie Stuttgart statt.

In dem sehr aufwändigen, von Karin von Maur herausgegebenen Katalog geht es vor allem um die klassische Moderne – mit Cage endet die Geschichte – und dabei aber eben nicht im strengen Sinne nur um bildende Kunst und Musik, sondern um alle möglichen visuellen Aspekte von Klängen, allerdings nicht von Klängen an sich, sondern nur musikalischen. Die Klangskulptur spielt nur eine untergeordnete Rolle. Stattdessen sind filmische

11 Maur, Karin von (1985). *Der Klang der Bilder – Die Musik in der Kunst des 20. Jahrhunderts.* München (erschienen anlässlich der gleichnamigen Ausstellung in der Stuttgarter Staatsgalerie).

„Umsetzungen“, „Farblichtmusik“, aber auch Gemälde, die von Notensystemen strukturiert werden oder sogar auch betuliche Geiger-Porträts von Marc Chagall enthalten; dazu jede Menge „rhythmisch“ strukturierte, abstrakte „Kompositionen“ der Zwischen- und Nachkriegszeit, musikalisiertes Grafikdesign und Architektur und ein sehr beeindruckendes Register sämtlicher „Vertonungen“ von Gemälden. Dass Goya der meistvertonte bildende Künstler aller Zeiten ist, überrascht vielleicht nicht so sehr wie die Tatsache, dass Favorit Picasso sich den zweiten Platz mit – of all people – Arnold Böcklin teilt. Wenn allerdings auch Neil Diamonds Picasso-Song als Komposition gilt, fragt es sich doch, warum niemand an Jonathan Richman gedacht hat, der ja nicht nur trefflich über van Gogh und Vermeer Songs geschrieben hat, sondern dessen „Pablo Picasso“ den Künstlermythos des 20. Jahrhunderts bis heute am treffendsten auf den Punkt eines Popsongs gebracht hat: „Some people try to pick up girls / And they get called an asshole / This never happened to Pablo Picasso /.../ Women's faces turned to the color of an avocado / when he drove down the street in his Eldorado / Pablo Picasso never was called an asshole ...“. Weniger überraschend: Die Komponisten, die sich am häufigsten eines Gemäldes annehmen, sind Impressionisten wie Reynaldo Hahn und Claude Debussy.

Diese Ausstellung beschränkt sich aber im Grunde auf gegenseitige Inspirationen und Anregungen und schließt die intermediale Vermischung als künstlerisches Konzept gezielt aus, reicht ihr allenfalls eine Vorgeschichte nach. George Brecht hat einmal im Gespräch mit Michael Nyman die Grenze, an der diese, aber auch noch ganz neue Ausstellungen wie *House Full Of Music* haltmachen, die derzeit auf der Mathildenhöhe in Darmstadt gezeigt wird, präzise benannt: „If you really change something into something, it can only be done in a simpleminded way, like painters try from time to time to interpret a Bach fugue: there's a row of blue dots, there's a row of spots, but that's really so simpleminded. Whereas Intermedia comes from, I think, an awareness that the boundaries aren't any longer there, that you can move anywhere along a continuous line, in a continuous field.“[12] So ein Sich-Bewegen in einem

12 Brecht, George (1978). „George Brecht im Gespräch mit Michael Nyman, Köln 30.7.–2.8.1976“, in: Henry Martin. *An Introduction to George Brecht's Book of the Tumbler on Fire.* Mailand, S. 104–122.

kontinuierlichen Feld ist allerdings Utopie geblieben beziehungsweise die Spezialität einiger weniger Künstler_innen. Der vorherrschende Gestus in der Ausstellungspraxis der 80er und 90er bleibt die der heroischen Grenzüberschreitung. Womöglich ist für viele gerade der freie Umgang mit Grenzen, wie sie die erwähnte Stuttgarter Ausstellung noch respektiert, auch interessanter, solange es diese gibt, als die Bewegung in einem homogen kontinuierlichen Feld.

Der Aufstieg des global agierenden Musikvideosenders MTV hat allerdings dann die beiden zentralen Ausgangspunkte Fluxus einerseits und Film andererseits und auch die nachgereichte Vorgeschichte Synästhesie/Gesamtkunstwerk als dritte Klammer für eine Weile in den Hintergrund gedrängt. Projekte wie das Buch/Video-Tape-Objekt (ohne Ausstellung) *Clip, Klapp, Bum: Von der visuellen Musik zum Musikvideo*,[13] das Veruschka Bódy und Peter Weibel in den späten 80ern veröffentlicht haben, nehmen zwar den neuen Medienverbund Popsong/Videokurzfilm noch zum Anlass, die Geschichte von sichtbarer Musik von den synästhesie- und gesamtkunstwerkbegeisterten Anfängen über mittlerweile obligatorische Namen wie Oskar Fischinger und Hans Richter bis in die Gegenwart der – vorzugsweise – künstlerisch interessanten Musikvideos zu erzählen. Kurze Zeit darauf finden in Frankfurt am Main,[14] Long Beach,[15] Fribourg, Pfäffikon, Zürich und anderen Schweizer Orten[16] reine Musikvideoausstellungen und -veranstaltungen statt, von denen die Ausstellung in Long Beach, an der sich die Frankfurter Schau teilweise orientiert, sogar im Titel explizit auf die letzten zehn Jahre verweist – dennoch gibt es im Frankfurter Ausstellungskatalog noch einmal rekapitulierende Texte zur „Augenmusik“ (geschrieben von dem Experimentalfilmemacher und Animationsexperten Helmut Herbst) der ersten Jahrhunderthälfte, zu Hirschfeld-Mack, Eggeling, Richter und zum Absoluten Film. In der Ausstellung kommen neben dieser

---

13 Bódy, Veruschka/Weibel, Peter (1987). *Clip, Klapp, Bum: Von der visuellen Musik zum Musikvideo.* Köln.

14 Gehr, Herbert/Deutsches Filmmuseum Frankfurt am Main (Hrsg.) (1992). *Sound & Vision: Musikvideo und Filmkunst.* Frankfurt am Main.

15 Nash, Michael (Hrsg.) (1991). *Art of Music Video – Ten Years After.* Long Beach.

16 Hausheer, Cecilia/Schönholzer, Annette (Hrsg.) (1994). *Visueller Sound – Musikvideos zwischen Avantgarde und Populärkultur.* Luzern. Dieses Buch erschien aus Anlass verschiedener Festivals und Ausstellungen in der Schweiz in den Jahren 1993 und 1994.

Tradition Protagonisten auch des Nachkriegsexperimentalismus und der amerikanischen Avantgarde eines „Expanded Cinema" von Bruce Conner bis Jordan Belson, Harry Smith bis zu den Whitneys vor. Relativ selten wird hier – wie sonst oft – Augenmusik und künstlerischer Experimentalfilm von einem „High Art"-Standpunkt gegen das im populären Feuilletondiskurs eher verteufelte Popmusikvideo kulturpessimistisch ausgespielt. Im Gegenteil: In einem Katalogtext stellt William Moritz die Frage, ob diese Experimente sich im Verhältnis zum Popmusikvideo nicht wie Höhlenmalereien ausnehmen. Schon in den frühen 80er Jahren waren ja Studien wie E. Ann Kaplans *Rocking Around the Clock: Music Television, Postmodernism, and Consumer Culture* erschienen, die nämlich noch in einer kulturpessimistisch getönten Postmoderneskepsis sicher Richtiges über das immer schon sehr viel konservativere „MTV America" sagte, aber dabei kaum das globale Phänomen Musikvideo in seiner damals noch lebendigen Verschränkung mit diversen Undergroundkulturen richtig in den Blick bekam. Überhaupt fällt in fast allen Popmusikvideokatalogen auf, dass die Autor_innen vieles über die Geschichte von Musik im Experimentalfilm wissen, aber nichts von Popmusik verstehen und dazu tendieren, die (wie gesagt) oft großzügig konzedierte Relevanz und Qualität der Popmusikvideos nur vom Bild abzuleiten. Der spezifische Bild-Musik-Zusammenhang, der für Popmusik lange vor dem Aufkommen von Video als Genre konstitutiv war, wird kaum beachtet oder verstanden. Dass Popmusikaussagen schon immer nicht ohne visuell inszenierte Posen artikuliert werden konnten, ist eine damals noch selten aufblitzende Wahrheit.

In Düsseldorf kuratierte Ulf Poschardt 2004 im NRW-Forum *Look at Me – 25 Jahre Videoästhetik*.[17] Poschardt konnte nun, zehn Jahre nach dem ersten Boom von Musikvideoausstellungen und -veranstaltungen, eine ganz andere Verbindung herstellen: nämlich zwischen Musikvideos und deren Einfluss auf Werbung und künstlerische Kurzfilme einerseits, aber auch auf die neuen Bewegtbildinstallationen der Galerienkunst andererseits. Inzwischen war nämlich das Popmusikvideo tatsächlich häufiger als ein genuiner Bestandteil des

17 POSCHARDT, Ulf (Hrsg.) (2004). *Video – 25 Jahre Videoästhetik*. Ostfildern-Ruit/Düsseldorf.

Medienverbundes Popmusik verstanden worden. Sein Kontext war nicht mehr zwingend der von Absolutem Film, Augenmusik und anderen Vorläufern, die sich auf das Gegensatzpaar Bild/Musik oder Auge/Ohr bezogen, sondern die visuelle Verfasstheit aller Popmusik und deren Attraktivität für die zum einen installativ, zum anderen bewegtbildorientiert gewendete Galerien- und Biennalenkunst der 00er Jahre, stark beeinflusst von den nun namentlich bekannten, damals neuen prominenten Musikvideokünstlern wie Spike Jonze, Michel Gondry oder David Cunningham. Unklar war noch, welcher Kunstbetrieb für diese neuen Künstler attraktiver und offener war: Kino oder Bildende Kunst. Während die ersten beiden bald darauf als reguläre, wenn auch einigermaßen experimentelle Mainstream-Filmemacher reüssierten, durfte letzterer sogar schon auf der Venedig-Biennale von 2003 im Arsenale ausstellen, obwohl er sich offenkundig keine Gedanken zur Installierbarkeit von Videos jenseits von Beamer und Monitor gemacht hatte und damit auch ganz gut den seinerzeit trotz aller Hybridisierung noch recht stabilen Unterschied zwischen Installationskunst mit Bewegtbildformaten und der Ausstellung von Videos markierte: Bei Cunningham standen einfach Monitore in der Black Box, die ohrenbetäubend die kreischende Björk übertrugen, statt die Black Box als installative Herausforderung anzunehmen.

Dieser Wende in der Betrachtungsweise des Musikvideos als nunmehriger Bestandteil einer immer schon visuell orientierten Musikkultur – im Zusammenhang auch mit dem oft schon früh visuell-experimentell orientierten Musikfernsehen zwischen *Beat-Club, American Bandstand* und *Old Grey Whistle Test*, mit Popmusikfotografie und, ja, Malerei (man denke an Guy Pellaerts *Rock Dreams*: eine famose Reihe von Gemälden, die historische Momente der Pop-Musik oder auch einzelner Songs – von Frank Sinatra bis Glam-Rock – in „campy" Gemälden einzufangen versuchten und von Nik Cohn mit lakonischen Bildunterschriften versehen wurden), mit Albumcoverkunst, Fanmagazinlayout, von Popmusik lancierten Moden – war eine Reihe von Veröffentlichungen und öffentlichen Diskussionen, etwa in den Musikzeitschriften, aber auch bei neuen Veranstaltungsformen wie Popmusikmessen, vorausgegangen. Ein unter anderen von dem britischen Popsoziologen Simon Frith[18] herausgegebener Reader in der Schule der nun auch weltweit stark rezipierten britischen *Cultural Studies* und ein eigenständiges Werk seines Koherausgebers Andrew Goodwin[19] hatten weitere Grundlagen gelegt.

Es folgten nun – statt Ausstellungen – vielfältige Fernsehdokumentationsreihen zu Ästhetik, Politik und Geschichte des Musikvideos wie beispielsweise *Fantastic Voyages* für „arte" von Christoph Dreher und die feste Integration des Musikvideos etwa in das Programm der Oberhausener Kurzfilmtage, die jährlich einen Preis für das beste Musikvideo vergeben. Erst mit der Durchsetzung des Web 2.0 und dem Siegeszug von YouTube bei gleichzeitigem Umbau der traditionellen Musikfernsehsender zu Reality-TV-Teenager-Kanälen ließ das Interesse am Musikvideo als visuellem Aspekt der Popmusik nach. „VJaying" als im Entstehen befindliches Nachfolgeformat, das wie fast alle wichtigen Entwicklungen der Popmusik und ihres Umfelds während der letzten Jahre sich an Performativität und der Livesituation orientiert, hat es als Gegenstand von akademischer Betrachtung und auch der Aufmerksamkeit von Veranstalter_innen und Kurator_innen erst zu relativ wenig Veröffentlichungen gebracht; vorherrschend sind Handbücher und Erfahrungsberichte.[20] Erst heute entstehen in Dissertationen erste methodisch weiter gefasste Bestandsaufnahmen dieser neuen bildkünstlerischen Praxis.

In derselben Zeit, als das Musikvideo aus einer nur begrenzt relevanten Vorgeschichte herausgebrochen wurde, schritt die Autonomisierung der Sound-Art voran: Das heißt vor allem, sie löst sich ganz aus der Klang-Bild-Dichotomie und auch von der Klangskulptur hin zur Installation in Black Boxes, öffentlichen Räumen, Radioformaten und auch transportablen, an „recordings" orientierten Arbeiten. Diese hat vor allem in den letzten Jahren eine immense Produktivität an allen Fronten (Ausstellungen, Publikationen,

---

18 Frith, Simon/Goodwin, Andrew/Grossberg, Lawrence (1983). *Sound & Vision – The Music Video Reader.* London/New York.

19 Goodwin, Andrew (1987). *Dancing in the Distraction Factory – Music Television and Popular Culture.* Minneapolis; Romero/Diederichsen/Bosseur/Jamieson 2006.

20 Eskandar, Xarene/Nuengsigkapian, Prisna (Hrsg.) (2006). *vE + jA: Art + Technology of Live Audio-Video.* San Francisco; Spinrad, Paul (Hrsg.) (2006). *The VJ Book: Inspirations and Practical Advice for Live Visual Performance.* Los Angeles; Faulkner, Michael/D-Fuse (Hrsg.) (2007). *VJ: Audio-Visual Art + VJ Culture.* London.

Symposien und Konferenzen) entfaltet, die man noch viel allgemeiner der Entdeckung von Sound, Klang und Geräusch als eigenständigen Theorieobjekten in verschiedenen Kontexten zurechnen müsste. Die durch digitale Technologie stark verbreitete und popularisierte Aufnahmetechnologie, die sich mittlerweile von handelsüblichen Homecomputern und Laptops steuern lässt, hat zu einer massiven Sensibilisierung für Klangeffekte und Klangereignisse beigetragen, die unabhängig von musikalischen Entwicklungen die gesamte populäre Musik und ihre Randgebiete ergriffen haben. Soundtracks im Kino sind als Thema sowohl akademischer Beschäftigung wie des ganz normalen kulturindustriellen Geschäfts auch jenseits von „Theme-Songs“ und anderen rein musikalischen Attraktionen wichtig geworden. Alltagssounds, Soundscapes, Klangökologie sind zu Themen und Material populärer Produktionen geworden, Klangcollagen in allen Medien übliche und auch verständlich gewordene ästhetische Mittel.

Die sich sowohl von den Institutionen wie den Formaten der bildenden Kunst und der Musikkultur emanzipierende Klangkunst wurde nicht nur Gegenstand viel beachteter und sehr populärer Ausstellungen wie der zweiten *sonambiente*,[21] die ganz Berlin mit weitgehend ortsspezifischen Arbeiten bespielte und es sogar zur semi-populären Attraktion bei Besucher_innen der Fußballweltmeisterschaft 2006 schaffte. In dieser Phase, von der man sagen kann, dass sie noch heute andauert, erschien nicht nur eine Fülle von Gesamt- und Teildarstellungen des neuen Genres Sound-Art, sondern auch eine Reihe von phänomenologischen klangphilosophischen Theorien des Hörens und des alltäglichen Klangraumes.[22] Vorangegangen war eine starke zweite Rezeption einzelner Vorläufertitel. Der britische Musikjournalist und Musiker

21 Motte-Haber, Helga de la/Osterwold, Matthias/Weckwerth, Georg/Akademie der Künste (Hrsg.) (2006). *Sonambiente – klang – kunst – sound – art.* Heidelberg/Berlin.

22 Hier selbstverständlich nur eine Auswahl: Augoyard, Jean-François/Torgue, Henry (1995). *À l'écoute de l'environment. Repertoires des effets sonores.* Marseille; Thompson, Emily (2002). *The Soundscapes of Modernity – Architectural Acoustics and the Culture of Listening in America, 1900–1933.* Cambridge; Young, Rob (Hrsg.) (2002). *Undercurrents – The Hidden Wiring of Modern Music.* New York/London; Bull, Michael/Les Back (Hrsg.) (2003). *The Auditory Culture Reader.* Oxford/New York; Alter, Nora M./Koepnick, Lutz (Hrsg.) (2004). *Sound Matters.* New York/Oxford; LaBelle, Brandon (2006). *Background Noise – Perspectives on Sound Art.* New York/London; Blesser, Barry/Ruth-Salter, Linda (2006). *Spaces Speak – Are You Listening?* Cambridge; Licht, Alan (2007). *Sound Art – Beyond Music, Between Categories.* New York; Szendy, Peter (2008). *Listen – A History Of Our Ears.* New York.

David Toop, der beispielsweise für die in diesem Zusammenhang wichtige Zeitschrift *The Wire* schrieb, veröffentlichte seit den mittleren 90ern eine Reihe einflussreicher Bücher.[23] Die schon in den 70er Jahren erstmals veröffentlichte Studie *Bruits* von Jacques Attali[24] erlebte einen zweiten Rezeptionszyklus in den 90ern, insbesondere die englische Übersetzung *Noise*, die der australische Deleuzianer Brian Massumi besorgt hat. Und auch die Bücher des Erfinders der Klangökologie und des akustischen Umweltschutz, der bewahrenden Archivierung von vom Aussterben bedrohten Klangquellen, R. Murray Schafer,[25] wurden neu entdeckt; mit Douglas Kahn[26] wurde ein Autor weit über das Feld hinaus einflussreich, der vom Klangdenken herkommt.

Die Ausstellungen, die sich seit den späten 90ern Klangkunstphänomenen widmeten, waren anfangs durchaus weniger entschieden als diese Entwicklung vor allem innerhalb der amerikanischen und britischen Universitäten; der Katalog als avanciertes Medium war von den Veröffentlichungen von ambitionierten Verlagen wie Continuum und MIT Press ein- und überholt worden. Die 2002 und 2003 in Barcelona und Paris gezeigte Show *Sonic Process*[27] mischte etablierte Galerienkunst von zwar wichtigen Künstler_innen, die sich aber doch eher am Rande auch für Soundphänomene interessierten (wie Mike Kelley, Renee Green etc.), mit einer Minderheit von Leuten aus der Klangkunstszene. David Toop selbst kuratierte 2000 mit *Sonic Boom* in der Hayward Gallery eine viel beachtete und eindrucksvolle Show,[28] die sich explizit als erste Sound-Art-Ausstellung auf britischen Boden verstand, sich aber ausschließlich auf oft auch historische Phänomene der Klanginstallation und der Klangskulptur konzentrierte und weniger auf neue Entwicklungen einer ortsspezifischen Sound-Art oder auf das neue Soundinteresse der Galerienkunst einging. Die Frankfurter *Frequencies (Hz)*[29] widmete sich dagegen Akteuren aus

---

23 Hier sei nur das wichtigste Buch genannt: Toop, David (1997). *Ocean of Sound.* St. Andrä-Wördern.

24 Attali, Jacques (1977). *Bruits: essai sur l'économie politique de la musique.* Paris.

25 Schafer, R. Murray (1977). *The Tuning of the World.* New York.

26 Kahn, Douglas (1999). *Noise Water Meat – A History of Sound in Arts.* Cambridge.

27 Assche [u.a.]/Centre Pompidou 2002.

28 Toop, David (Hrsg.) (2000). *Sonic Boom. The Art of Sound.* London.

29 Hollein, Max/Jorgensen, Jesper N./Schirn Kunsthalle Frankfurt (Hrsg.) (2002). *Frequenzen (Hz) – Audiovisuelle Räume.* Ostfildern-Ruit/Frankfurt am Main.

der Posttechnokultur und mischte dabei fast unmerklich Arbeiten mit einem Bildende-Kunst-Hintergrund (Angela Bulloch, Daniel Pflumm) mit solchen mit einem Musik/Sound-Hintergrund (Mika Vainio, Farmersmanual, Franz Pomassl) und zeigte viele Arbeiten, deren Praxis gerade in einer spezifischen Überwindung dieses Unterschieds bestand (Carsten Nicolai, Ryoji Ikeda, Ultra-red, Carl Michael von Hausswolff). Von Vorteil war die auch durch ein einheitliches Ausstellungsdesign beförderte klare Aufgabenstellung, Klangräume zu gestalten und nicht Klangobjekte als mobile, variable Objekte in einen neutralen Raum zu tragen. Doch die hier dokumentierte gegenseitige Euphorie einer Verbindung zweier Welten hielt nicht sehr lange an; Autonomisierung und Segregation wurden zu den dominanten Entwicklungen der letzten Jahre.

Daher konnte auch das Pathos der Grenzüberschreitung überleben. Die Ausstellung *Crossings*,[30] die schon 1998 in der Kunsthalle Wien interessanterweise Klassiker aus dem Fluxus- und Cage-Kontext (Milan Knizak, Stephan von Huene, Dick Higgins) mit klanginteressierter Gegenwartskunst (Mike Kelley, Jon Kessler), großartigen unterbewerteten Einzelgängern (Ned Sublette) und Protagonisten der damals neuesten DJ- und Posttechnokultur (Russell Haswell, DJ Spooky) vermischte, hat einen gewissen Grund dazu in der eigenen Ausstellungsstrategie. Diese beruft[31] sich nun aber leider nicht auf aus neuen Entwicklungen und interessantem Material gewonnenen Überlegungen, sondern auf die holistische New-Age-Theorie des ehemaligen Jazzpapstes Joachim-Ernst Berendt (*Die Welt ist Klang*) und deren implizite Lizenz, eigentlich alles zu zeigen. Auch zehn Jahre später heißt ein heiterer Aufsatz von Didi Neidhart im Katalog zur Ausstellung *Sound of Art. Musik in der bildenden Kunst* „Durchkreuzte Linien – Fluxus und die ‚Art of Sound'".[32]

Was wäre die Alternative zu der doppelten Beliebigkeit des Überkreuzungsgedankens? Erstens gibt es keine scharfen Demarkationslinien, die zu überqueren heroisch wäre, zweitens öffnet man durch derart und schon wahnsinnig oft gefallene Grenzen Tür und Tor zu unguten Holismen, die dann alles

30 Pichler, Cathrin/Kunsthalle wien (Hrsg.) (1998). *Crossings – Kunst zum Hören und Sehen.* Osfildern-Ruit/Wien.

31 Pichler/Kunsthalle Wien 1998, S. 11f.

32 Neidhart, Didi (2008). „Durchkreuzte Linie – Fluxus und die ‚Art of Sound'", in: Eleonora Louis/Toni Stoos/MdM Salzburg/Brigitte Felderer (Hrsg.). *Sound Of Art – Les Grands Spectacles III.* Weitra/Salzburg, S. 134–144.

mit allem verbinden können. Oft sind die Ergebnisse tatsächlich ja nichts als die „self-fulfilling prophecy" eines bipolaren Ausstellungstitels: Wer Musik mit bildender Kunst verbinden will, kriegt irgendeine zufällige Auswahl der Milliarden Begegnungen, die die beiden schon hatten zwischen dem Tag, an dem Mendelssohn-Bartholdy eine Festmusik zu Ehren des Malers Cornelius komponierte, bis zum Flackern irgendwelcher digitaler Ornamente zu diesem Beat hier oder jenem anderen irgendwo und irgendwann.

Eine Antwort gibt Neidhart selber: Er erwähnt, dass sowohl Jerry Lee Lewis, ein von Kunstwollen unangekränkelter großer Rockexzentriker, ein Piano angezündet hat, aber auch der Komponist La Monte Young eine Violine und der viel gerühmte Generationenheld Jimi Hendrix natürlich seine Gitarre in Brand setzte. Das ergibt eine präzise Verbindung, meinetwegen auch eine über Grenzen hinweg reichende, die beide Probleme löst: Zum einen hat man ein klar begrenztes, präzises Thema, dessen Klarheit aber gerade darin besteht, dass es unwahrscheinliche, aber sehr genaue Verbindungen stiftet. So stelle ich mir eine heute vielleicht nötige Entfransung der nun wieder neu bestimmten und unterschiedenen Künste Pop-Musik-Video, Sound-Art, VJing etc. in ihrer Präsentation durch Themenausstellungen, Veranstaltungen und Anthologien vor: selbstverständlich nicht durch rekonstruierte alte Genre- und Kunstgrenzen noch durch neue, die dem alten Vorbild folgen. Gegen das Einrennen der offenen Tür und der gefallenen Grenze und die Feier der darin eröffneten Beliebigkeit hilft nur der ganz präzise Fokus, der aber einen Röntgenblick durch Raum und Zeit auf einem präzisen Strahl ermöglicht. Dabei sollte dieses Thema durchaus eine Relevanz für das implizite Umfeld haben: der politische Anspruch der Soundkunst der Gruppe Ultra-red oder auch das ewige Problem des Skulpturalität der Klangmaschine zum Beispiel. Zweifellos würde aber auch jeder gerne eine Ausstellung über das brennende Instrument sehen.

Eine andere Antwort gaben die ersten Versuche, nicht nur retrospektiv, sondern im Bezug auf zukünftige künstlerische Arbeit und Forschung, das aktuelle Feld neu zu vermessen. Vor drei Jahren gab es u.a. im Linzer Lentos-Museum das von Dieter Daniels und Sandra Naumann konzipierte *See This Sound*-Projekt aus Ausstellung, Website und mehreren Katalogen und Büchern, für deren Katalog ich auch eine frühere Fassung dieser Überlegungen erstmals zusammengestellt habe. Zur Ausstellung gehören neben dem Katalog zwei weitere Bände mit systematisch zusammengestellten Essays zu nun allen Formaten der Bild-Ton-Verknüpfungen in Theorie und Praxis, Geistes-, Sozial- und Naturwissenschaft, Musik, Installation, Sound-Art, Klangfilme, Augenmusik etc. Eine dritte Antwort gibt vielleicht das gemeinsame Forschungsvorhaben von Wissenschaftler_innen unterschiedlicher Provenienz unter dem Titel *Sound in Media Culture*, das seit einiger Zeit vor allem in Deutschland, Großbritannien, Italien, Spanien und anderen Ländern läuft und es sich zur Aufgabe gemacht hat, diejenigen Kategorien, in denen, auch in Bezug auf Visualitäten, Sound diskutiert wird, in einer Form von Lexikon festzuhalten. Auch in diesem offenen und interdisziplinären Netzwerk scheint mir die zentrale Einsicht beherzigt worden zu sein, um die es mir in dem vorliegenden Beitrag gegangen ist: Klang-Bild-Beziehungen in den Künsten sind als Thema schlecht zu verallgemeinern und meistens nur in konkreten Kontexten interessant.

Will man sie aufeinander beziehen, sind sie weder allein als Ergebnis medientechnischer Möglichkeiten oder kulturindustrieller Wünsche, noch als künstlerischer Befreiungswunsch zu verstehen, sondern alle diese berechtigten Einzelperspektiven nur im Zusammenhang der Frage, wie sie in Ausstellungen und zusammenfassenden Darstellungen neue Felder und Disziplinen, ja neue Institutionen fördern oder hervorbringen wollen oder sollen. Interessant ist weniger die Positivität ihres Stattfindens, sondern eher Motive und Interessenkonstellationen, z. B. der aktuell im Experimentalfilm wie in der experimentellen Musik spürbare Wunsch, bei der ökonomisch sicheren Museumskunst Unterschlupf zu suchen, seit man in den beiden anderen Bereichen weder mit öffentlicher Förderung noch mit dem Verkauf von Tonträgern rechnen kann. Anders als es die schon erwähnte Darmstädter Ausstellung *House Full Of Music* sich wünscht, kann man aber auch nicht hinter die ästhetischen Ergebnisse zurückgehen, die der visuell-klangliche Medienverbund Pop-Musik oder die installative Praxis der Sound-Art hervorgebracht hat, und noch einmal die alten Ausstellungsobjekte „Kunst“ und „Musik“ zurückträumen.[33] Es gibt mindestens diese zwei stabilen bildkünstlerisch-klangskulpturalen Praktiken – die Frage ist, wie man sich deren Zukunft wünscht, in welchen Institutionen, Geschichtsschreibungen und ästhetischem Selbstverständnis diese stattfinden mögen.

33 Was dadurch nicht plausibler wird, dass man sie einem System von „Strategien“ unterwirft wie „Denken“, „Fühlen“, „Zerstören“, „Collagieren“ etc., die selbstverständlich in jeder künstlerischen Arbeit vorkommen. Vgl. Beil, Ralf/Kraut, Peter (2012). *A House Full of Music – Strategien in Musik und Kunst.* Ostfildern-Ruit.

Literatur

Adorno, Theodor W. (1977). „Die Kunst und die Künste", in: Ders., *Gesammelte Schriften.* Bd. 10.I. Frankfurt am Main, S. 432–453.

Alter, Nora M./Koepnick, Lutz (Hrsg.) (2004). *Sound Matters.* New York, Oxford.

Amelunxen, Hubertus von (Hrsg.) (2008). *Notation: Kalkül und Form in den Künsten.* Berlin.

Assche, Christine van [u. a.]/Centre Pompidou (Hrsg.) (2002). *Sonic Process – Une nouvelle géographie des sons.* Paris.

Attali, Jacques (1977). *Bruits: essai sur l'économie politique de la musique.* Paris.

Augoyard, Jean-François/Torgue, Henry (1995). *À l'écoute de l'environment. Repertoires des effets sonores.* Marseille.

Ausstellungskatalog (1983). *Der Hang zum Gesamtkunstwerk.* Aarau/Frankfurt am Main.

Baecker, Inge/Matheson, John/Kunsthalle Düsseldorf (Hrsg.) (1975). *Sehen um zu hören: Objekte & Konzerte zur visuellen Musik der 60er Jahre.* Düsseldorf.

Beil, Ralf/Kraut, Peter (2012). *A House Full of Music – Strategien in Musik und Kunst.* Ostfildern-Ruit.

Blesser, Barry/Ruth-Salter, Linda (2006). *Spaces Speak – Are You Listening?* Cambridge.

Block, René/Dombois, Lorenz/Hertling, Nele/Volkman, Barbara/Akademie der Künste (Hrsg.) (1980). *Für Augen und Ohren – von der Spieluhr zum akustischen Environment.* Berlin.

Bódy, Veruschka/Weibel, Peter (1987). *Clip, Klapp, Bum: Von der visuellen Musik zum Musikvideo.* Köln.

Brecht, George (1978). „George Brecht im Gespräch mit Michael Nyman, Köln 30.7.–2.8.1976", in: Henry Martin. *An Introduction to George Brecht's Book of the Tumbler on Fire.* Mailand, S. 104–122.

Brougher, Kerry/Strick, Jeremy/Wiseman, Ari/Zilczer, Judith (2005). *Visual Music: Synaesthesia in Art and Music Since 1900.* Los Angeles/New York.

Bull, Michael/Les Back (Hrsg.) (2003). *The Auditory Culture Reader.* Oxford, New York.

Eskandar, Xarene/Nuengsigkapian, Prisna (Hrsg.) (2006). *vE + jA: Art + Technology of Live Audio-Video.* San Francisco.

Faulkner, Michael/D-Fuse (Hrsg.) (2007). *VJ: Audio-Visual Art + VJ Culture.* London.

Frith, Simon/Goodwin, Andrew/Grossberg, Lawrence (1983). *Sound & Vision – The Music Video Reader.* London/New York.

GEHR, Herbert/DEUTSCHES FILMMUSEUM FRANKFURT AM MAIN (Hrsg.) (1992). *Sound & Vision: Musikvideo und Filmkunst.* Frankfurt am Main.

GOODWIN, Andrew (1987). *Dancing in the Distraction Factory – Music Television and Popular Culture.* Minneapolis.

HAUSHEER, Cecilia/SCHÖNHOLZER, Annette (Hrsg.) (1994). *Visueller Sound – Musikvideos zwischen Avantgarde und Populärkultur.* Luzern.

HOLLEIN, Max/JORGENSEN, Jesper N./SCHIRN KUNSTHALLE FRANKFURT (Hrsg.) (2002). *Frequenzen (Hz) – Audiovisuelle Räume.* Ostfildern-Ruit/Frankfurt am Main.

KAHN, Douglas (1999). *Noise Water Meat – A History of Sound in Arts.* Cambridge.

KITTLER, Friedrich (1990). „Synergie von Mensch und Maschine. Gespräch“, in: Florian RÖTZER/Sara ROGENHOFER (Hrsg.). *Kunst machen? Essays und Gespräche.* München, S. 90–103.

LABELLE, Brandon (2006). *Background Noise – Perspectives on Sound Art.* New York/London.

LICHT, Alan (2007). *Sound Art – Beyond Music, Between Categories.* New York.

MAUR, Karin von (1985). *Der Klang der Bilder – die Musik in der Kunst des 20. Jahrhunderts.* München.

MIGNOT, Dorinne (1984). *Het Lumineuze Beeld.* Amsterdam.

MOTTE-HABER, Helga de la/OSTERWOLD, Matthias/WECKWERTH, Georg/AKADEMIE DER KÜNSTE (Hrsg.) (2006). *Sonambiente – klang – kunst – sound – art.* Heidelberg/Berlin.

NASH, Michael (Hrsg.) (1991). *Art of Music Video – Ten Years After.* Long Beach.

NEIDHART, Didi (2008). „Durchkreuzte Linie – Fluxus und die ‚Art of Sound'“, in: Eleonora LOUIS/Toni STOOS/MDM SALZBURG/Brigitte FELDERER (Hrsg.). *Sound Of Art – Les Grands Spectacles III.* Weitra/Salzburg, S. 134–144.

PICHLER, Cathrin/KUNSTHALLE WIEN (Hrsg.) (1998). *Crossings – Kunst zum Hören und Sehen.* Osfildern-Ruit/Wien.

POSCHARDT, Ulf (Hrsg.) (2004). *Video – 25 Jahre Videoästhetik.* Ostfildern-Ruit/Düsseldorf.

RANCIERE, Jacques (2002). „La métamorphose des muses“, in: Christine van ASSCHE [u. a.]/CENTRE POMPIDOU (Hrsg.). *Sonic Process – Une novelle géographie des sons.* Paris, S. 25–35.

ROMERO, Pedro G./DIEDERICHSEN, Diedrich/BOSSEUR, Jean-Ives/JAMIESON, Mark (2006). *Vinil – So i col lecionisme.* Barcelona.

SCHAFER, Murray, R. (1977). *The Tuning of the World.* New York.

SCHMIDT-BURKHART, Astrid (2003). *Macinuas' LEARNING MACHINES – From Art History to a Chronology of Fluxus.* Detroit/Berlin.

SPINRAD, Paul (Hrsg.) (2006). *The VJ Book: Inspirations and Practical Advice for Live Visual Performance.* Los Angeles.

SZENDY, Peter (2008). *Listen – A History Of Our Ears.* New York.

THOMPSON, Emily (2002). *The Soundscapes of Modernity – Architectural Acoustics and the Culture of Listening in America, 1900–1933.* Cambridge.

TOOP, David (1997). *Ocean of Sound.* St. Andrä-Wördern.

TOOP, David (Hrsg.) (2000). *Sonic Boom. The Art of Sound.* London.

YOUNG, Rob (Hrsg.) (2002). *Undercurrents – The Hidden Wiring of Modern Music.* New York/London.

Wolfgang Ernst

Epistemologie des Sonischen und Medienarchäologie des Akustischen

a) EPISTEMOLOGIE DES SONISCHEN

Wiederaufruf: *acoustic space* **(McLuhan)**

Es herrscht – so meine medienarchäologische These – eine privilegierte Affinität zwischen Akustik als konkreter Manifestation komplexer Schwingungsereignisse einerseits und hochtechnischen Medienprozessen andererseits. Zunächst entwickelte Aristoteles für sonische Vorgänge ein feines, eher messtechnisches denn musikästhetisches Gehör; an der Laufzeit raumakustischer Impulse – nämlich am Echoeffekt – identifizierte er das irreduzible Mitwirken eines „Dazwischen".[1] Seine Substantivierung des Adverbs fand dann in der lateinischen Übersetzung durch die Scholastiker als *medium* Eingang in das neuzeitliche Wissensvokabular. „I have never ceased to meditate on the relevance of this acoustic space to an understanding of the simultaneous electric world",[2] heißt es schließlich bei Marshall McLuhan. Er führte den Begriff des *acoustic space* im Kontext seiner Kritik der den Sehsinn einseitig privilegierenden euklidischen und perspektivischen Geometrie ein: „Die wahre Natur [...] ist akustisch. Der akustische Raum hat kein Zentrum."[3] McLuhans Begriff des *acoustic space* ist in seinen Eigenschaften ein Erkenntnisprodukt des elektromagnetischen Feldes: „Der akustische Raum hat den Grundcharakter einer

1 Siehe ALLOA, Emmanuel (2009). „Metaxu. Figures de la médialité chez Aristote", in: *Revue de Métaphysique et de Morale* 106, Heft 2, S. 247–262. Das elektronische Gegenstück zu dieser Erfahrung machte Alvin Lucier 1969 mit seinem tonbandbasierten Stück *I am sitting in a room*. Siehe DERS. (1995). *Reflections. Interviews, scores, writings 1965–1994*. Köln.

2 MCLUHAN, Marshall (1997). „The end of the work ethic", in: M. A. Moos (Hrsg.). *Media research. Technology, art, communication*. Amsterdam, S. 101.

3 MCLUHAN, Marshall/POWERS, Bruce (1995). *The Global Village. Der Weg der Mediengesellschaft in das 21. Jahrhundert*. Paderborn, S.169–184, hier S. 172.

Sphäre, deren Brennpunkt [...] überall gleichzeitig ist."[4] Diese Aussage lässt sich neurowissenschaftlich untermauern: Anfang und Ende eines Schallereignisses werden vom Gehörsinn zum Eindruck einer gleichzeitigen Schallsituation verdichtet.[5] Am Klang können unsere Ohren diesen Unterschied nicht mehr erhören; wissen aber können wir es, im Namen des Sonischen. Überhaupt ist die zeitliche Auflösung im Gehörsinn feiner entwickelt als im Sehsinn: „Beim Hören sind Gruppierungsprozesse zeitkritisch."[6] Unser Ersatzorgan für den fehlenden Zeitsinn ist das Gehör.

Zum Begriff des Sonischen

Im Anschluss an McLuhans Begriff des *acoustic space* möchte ich für einen Begriff werben, der zumindest für deutsche Ohren einen Neologismus darstellt: das *Sonische.*[7] Das Sonische benennt den durch elektrotechnische und technomathematische Medien operationalisierten Klang, der im Rahmen einer Sonik (analog zum Begriff der Elektronik) aus elektrodynamischen Prozessen resultiert und insofern erstens nicht an herkömmliche Klang- als Resonanzkörper gebunden ist und sich zweitens auch dies- und jenseits der Hörsamkeit befindet: „Die musikalische Vorstellung verlangt heute nach Klängen, die noch niemand gehört hat."[8] Sonik überschreitet einerseits das rein Akustische, insofern ihr technisches und begriffliches Feld nicht auf eine historisch unspezifische, pure Physikalität des Schalls reduzierbar ist, und widersteht gleichzeitig der Versuchung, ganz und gar von einer an philosophischer

---

4 McLuhan 1995, S. 174.

5 Vgl. Spitzer, Manfred (2002). *Musik im Kopf. Hören, Musizieren, Verstehen und Erleben im neuronalen Netzwerk.* Stuttgart/New York, S. 121.

6 Stummer, Oliver Thomas (2009). *Musik als Sinnmatrize? Ein systemtheoretischer Versuch zur Klärung* (Diplomarbeit Universität Wien, Institut für Publizistik und Kommunikationswissenschaften, Juli 2009), *online* http://othes.univie.ac.at/5691/1/2009-07-07_9412413.pdf (20.3.2012), S. 44.

7 Siehe Ernst, Wolfgang (2008). „Zum Begriff des Sonischen (mit medienarchäologischem Ohr erhört/vernommen)", in: *PopScriptum X: Das Sonische – Sounds zwischen Akustik und Ästhetik*, http://www2.hu-berlin.de/fpm/popscrip/themen/pst10/index.htm (23.11.2012).

8 Antwort von Karlheinz Stockhausen auf die Umfrage „Was ist Musik?" der Zeitschrift *Melos* für die Märznummer 1959. Zitiert hier nach dem Editorial (Gisela Nauck) des Themenhefts „Musik?", in: *positionen. Texte zur aktuellen Musik*, Heft 90 (Februar 2012).

Ästhetik ausgerichteten symbolischen Form namens Musik vereinnahmt zu werden – „toward a non-cochlear sonic art".[9]

Medienarchäologisch gestimmte Erkenntnis (als spezifische Form der *aisthesis*) erhört und vernimmt damit auch Klangweisen, die sich den klassischen musikwissenschaftlichen Kategorien nicht fügen; damit wird menschenseitig wie von Seiten technischer Sensoren die Rolle der Technologie bei der kulturellen Definition von Klang anerkannt. Dieses Gehör verhilft der klangarchäologischen Mikroebene zum Bewusstsein: „Beneath the level of note lies the realm of microsound, of sound particles. Microsonic particles remained invisible for centuries."[10]

Musik meint traditionell Harmonien und Melodik, andererseits aber auch Rhythmus und Takt. Ins Medientechnische übertragen sind dies die zeitkontinuierlichen und zeitdiskreten akustischen Signalwelten des Sonischen. Der Begriff des Sonischen sucht die Befreiung von der tradierten musikalischen Semantik, in der das bisherige ästhetisches Vokabular gefangen ist – und er erinnert zugleich daran, dass nicht von ungefähr gerade im technischen Bereich immer wieder quasi-musikalische Begriffe von Ingenieuren geborgt werden, wenn es um die Benennung dynamischer, also zeitbasierter und zeitgebender Prozesse geht. Klang soll mit seiner Umdeutung ins Sonische nicht auf den akustischen Sinn verengt, sondern als Erkenntnispotential ent-deckt und befreit werden – deshalb jenes Kunstwort, das Schwingungen als epistemische Form versteht.

Zeitweisen des Sonischen im Analogen

Das Sonische entstand notwendig als Konsequenz des Zusammentreffens von Musik und Elektronik (Sonik im engeren Sinne); hiermit wurde ein für die abendländische Musiktheorie neuer Denkraum eröffnet. Dies betrifft einerseits den Klanggegenstand: „Alles, was begrenzt war, wird unbegrenzt."[11]

---

9 So lautet der Untertitel von: Kim-Cohen, Seth (2009). *In the Blink of an Ear: Toward a Non-Cochlear Sonic Art.* New York, bes. 157: „So [...] can a non-cochlear sonic art present itself in any medium."

10 Roads, Curtis (2004). *Microsound.* Cambridge (Mass.), S. vii.

11 Boulez, Pierre (1961). „An der Grenze des Fruchtlandes", in: *Kommentare zur neuen Musik,* Heft 1/1961, S. 81–97, hier S. 81.

Andererseits gilt dies ebenso für die neuen Archäologen dieses Wissens, die nicht mehr nur Menschen, sondern vor allem technische Apparaturen sind. Diesen erst eröffnete sich, dass sich dies- und jenseits des von Menschen Hörbaren viel grundsätzlichere Klangweisen, nämlich Schwingungswelten und Rhythmen, ereignen – womit Klang zum Subjekt und Objekt einer Erkenntnisweise wird, die sich nicht allein auf hörbaren Schall beschränkt. Deren Latenz zu entblättern, liegt in der Macht von Messmedien: „Die elektro-akustischen Verfahren insgesamt geben uns die Möglichkeit, auf einfache Weise Ungehörtes zu schaffen."[12] Entsprechende Apparaturen erzeugen diese techno-idiosynkratischen Schallereignisse selbst dann, wenn kein Mensch sie erhört.

Ebenso verhalfen die Vibrationsbegriffe der (Elektro-)Akustik in ihrer sonischen, also epistemologischen Dimension dazu, bislang Ungewusstes überhaupt erst zu entdecken: etwa den Wellencharakter des Lichts und den Schwingungscharakter der Materie, der Henri Bergson um 1900 so sehr verblüffte.[13] Das menschliche Auge nimmt einen bestimmten Ausschnitt des Spektrums elektromagnetischer Wellen als Licht wahr, analog zum auditiven Spektrum von Klangwellen. Entsprechend betont der Videokünstler Bill Viola ausdrücklich „den Klang der Einzeilen-Abtastung" und meint damit nicht etwa die Schallplatte als solche, sondern das elektronische Bild.[14] Ein *screen shot* seines Videos *Information* (1973) zeigt, dass es sich um eine Überlagerung von Frequenzen handelt[15] – wobei die Verschlusszeiten solcher Momentaufnahmen nicht zeitkritisch auf die Spitze getrieben werden dürfen, denn dann würde nur noch die jeweilige Ort/Zeit-Unschärfe des Elektronenstrahls zu sehen sein, also ein flüchtiger Bildpunkt.

Pierre Boulez beschrieb die Irritation, welche einen Komponisten um die Mitte des 20. Jahrhunderts bei seiner ersten Begegnung mit jenen elektronischen Mitteln ereilte, die in der Tat meistens nachrichtentechnische

12 Boulez 1961, S. 82.

13 Vgl. Lazzarato, Maurizio (2002). *Videophilosophie*. Berlin.

14 Viola, Bill (1990). „The Sound of One Line Scanning", in: Dan Lander/Micah Lexier (Hrsg.). *Sound by Artists*. Toronto/Banff, S. 39–54.

15 Viola, Bill (1997). „Information (USA 1973). Videotape, Farbe, Klang, 30 Minuten. Abbildung" (Momentphotographie), in: Wulf Herzogenrath [u. a.] (Hrsg.). *TV-Kultur. Das Fernsehen in der Kunst seit 1879*. Amsterdam/Dresden, S. 293.

Messinstrumente, nicht Klangkörper im herkömmlichen kulturtechnischen Sinne waren. Traditionelle Klangvorstellungen geraten in Unordnung – eine Öffnung des Archivs als Gesetz des Hörbaren im Sinne von Kant und Foucault. Mit herkömmlichen Klangkörpern konzentriert sich der Komponist vor allem auf die durch sie gegebenen Möglichkeiten; dem steht im Bereich der elektronischen Musik eine „relative Unbegrenztheit der Möglichkeiten"[16] gegenüber – die Wiederkehr des altgriechischen *apeiron* in der Erschaffung des Klangs. Doch Boulez verliert sich an dieser Stelle nicht in metaphysischen Spekulationen, sondern beschreibt die konkrete Apparatur, die das ermöglicht: das Magnetophon mit seinen Optionen der Zeitachsenmanipulation im auditiven Bereich, was dann später vom Videoband ins Optische hereingeholt wurde.[17] Samuel Beckett hat in seinem Einakter *Krapp's Last Tape* von 1959 die durch Tonband zeitversetzte Stimme zum eigentlichen Hauptdarsteller gemacht – ein veritables Medientheater. Das Tonband erlaubte es in der Tat, im Unterschied zur Schellack- oder Vinylschallplatte, erstmals beliebig differenzierte Zeitdauern durch den Bandschnitt herzustellen – millimeterfeine Mikro-Cut-Ups im Sinne von William Burroughs nicht mit Literaturschnipseln, sondern als technische *samples*. Tatsächlich eröffnet die Bandmontage den Komponisten das Prinzip der „ungestalteten Zeit"[18] – keine Utopie, sondern eine Heterochronie. Auch Friedrich Kittler bekannte einmal:

> *Musik war immer die Schnittstelle zwischen meinen technischen und historischen Interessen. Vielleicht aus dem simplen Grund, weil Musik ideell genommen eine einzige Variable der Zeit ist und deshalb schon in den frühen Siebzigern elektrifizierbar war. Ich habe damals begonnen, Musikelektronik zu bauen.*[19]

---

16 Boulez 1961, S. 81f.

17 Vgl. Zielinski, Siegfried (2010). *Zur Geschichte des Videorekorders*. Potsdam.

18 Boulez 1961, S. 91.

19 Kittler, Friedrich/Barberi, Alessandro (2000). „Weil das Sein eine Geschichte hat. Ein Gespräch mit Friedrich Kittler" (Interview: Alessandro Barberi), in: *Österreichische Zeitschrift für Geschichtswissenschaft* 11, Heft 4, S. 109–123, hier S. 117.

Mit Stromspannung lässt sich einerseits rechnen, ebenso wie sich mit ihr Tonfrequenzen erzeugen lassen. Aus der Verschwisterung von Analogrechner und elektronischem Synthesizer erklingt eine andere Allianz von *Musik & Mathematik*.[20]

Zeitweisen des Sonischen im Digitalen

Gehen wir dem Zeitwesen digitaler Medien mit medienarchäologischen Methoden auf den Grund. Veit Erlmann hat in seiner Monographie *Reason and Resonance* einen dialektischen Widerstreit in der Epistemologie der Moderne rekonstruiert – den zwischen Zahl und Affekt. Dieser Zusammenhang lässt sich auch als der von Frequenz (*ratio*) und Schwingung ausdrücken; beide Begriffe bilden ihren gegenseitigen Kehrwert. Damit entfaltet sich Musik im Feld zwischen Zeit und Mathematik zugleich. Erst in ihrer zeitlichen Implementierung werden mathematische Zahlenverhältnisse zu Agenten der akustischen Kultur, und diese Zeitlichkeit manifestiert sich nicht einfach taktbasiert, sondern in spezifisch gestalteten und ausdifferenzierten Formen, in chrono-dramaturgischen Ordnungen. Für deren (kognitives wie aisthetisches) Verständnis hält die abendländische Tradition Begriffe bereit, die bezeichnenderweise vorrangig in der Musiktheorie entwickelt wurden, hier aber unerwartet im technomathematischen Feld zum analytischen Einsatz kommen. Shintaro Miyazaki hatte in seiner Dissertation *algorhythmisiert. [Trans]sonische Archäologien digitaler Gefüge*[21] jüngst den Mut, mit einem entschiedenen Begriffsspiel, dem „Algorhythmischen" als Symbiose aus Algorithmus (mathematisch im strengen Sinne) und Rhythmus (musikalisch im weitesten Sinne), einen wesentlichen Zug dessen aufzudecken, was heute unter digitaler Medienkultur verstanden wird. Mit dem vollelektronischen Computer wurde die operative Mathematik binärer Rechnung radikal

20 Siehe den Beitrag von Hans Kulk zum Workshop „Think Analogue!" (April 2012) am Institut für Musikwissenschaft und Medienwissenschaft der Humboldt-Universität zu Berlin, online: http://think-analogue.hu-berlin.de/kulk (5.3.2013).

21 Eingereicht an der Philosophischen Fakultät III der Humboldt-Universität zu Berlin 2011; Veröffentlichung 2013: Miyazaki, Shintaro (2013). *Algorhythmisiert. Eine Medienarchäologie digitaler Signale und (un)erhörter Zeiteffekte*. Berlin.

abhängig von Zeitparametern. Medienarchäologie bedeutet in diesem Zusammenhang den „tiefenzeitlichen" (Siegfried Zielinski) Nachweis der Emergenz einer Struktur: etwa das Aufkommen musikalischer Mensuralnotation und der maschinellen Automaten zur Diskretisierung des Zeitflusses (hemmwerkbasierte Räderuhr) und die epistemologische Entdeckung der Schwingung respektive der Oszillation um 1300 und um 1800. Beide Epistemologien konvergieren in den digitalen Klangkulturen um das Jahr 2000.

Eine keineswegs theoretisch-abtrakte, sondern materialbezogene Medienarchäologie des Computers richtet ihre besondere Aufmerksamkeit auf die Physik der Speicher.[22] Frühe Formen der Verzögerungsspeicher und der Magnetkernspeicher stellten die Bedingung des nach wie vor aktuellen von-Neumann-Prinzips der Speicherprogrammierbarkeit dar, und auch Festplatten sind erst in Bewegung als Bitfolgen in Rhythmen datenaktiv. Nicht schon im Symbolischen der Codes, sondern erst in ihrer tatsächlichen Implementierung artikuliert sich die Mikrorhythmik der Programmierung. Ebenso überraschend wie plausibel ist ein heute zumeist vergessenes Verfahren früher Computistik, nämlich die auditive Diagnose. Lange waren die einprogrammierten Algorhythmen, der Taktfrequenz von Relaiscomputern im NF-Bereich geschuldet, noch im sonischen Horizont. Louis D. Wilson, einer der Ingenieure des Großrechners BINAC, kam im Jahr 1949 auf die Idee, diskrete Datenströme abzuhören:

> *When we were testing BINAC out, we [...] worked all night long, and we had a radio going. After a while we noticed that you could recognize the pattern of what was happening at the moment by listening to the static on the radio. So I installed a detector in the console and an amplifier and a speaker so that you could deliberately listen to these things.*[23]

---

22 Siehe Kirschenbaum, Matthew (2010). *Mechanism. New Media and the Forensic Imagination.* Cambridge (Mass.).

23 Hier zitiert nach: Miyazaki, Shintaro (2012). „1800|1878|1949|1977|2012. Medienarchäologische Da capo-Variationen zum Musikbegriff", in: *positionen. Texte zur aktuellen Musik,* Heft 90 (Schwerpunkt-Thema „Musik?") (Februar 2012), S. 11–13, hier S. 12.

Frühe Elektronenrechner wie der ENIAC waren von rhythmischen Impulsfolgen geprägt, deren Frequenzen sich unmittelbar zum menschlichen Gehör sonifizieren ließen. Die Hörbarkeit von Aufgaben wie der Primzahlenzerlegung im Computer ist „das Algorhythmische in reinster Form".[24] Die Anwendung sonischer Begrifflichkeit ist also zum Verständnis und zur Beschreibung hochtechnischer Kommunikationswelten angemessen, sobald damit medienarchäologisch das Element der rhythmischen Zeitlichkeit ent-deckt wird. Ein Beleg für solch techno-mathematische Prosodie als Variante von *mousiké* ist die Bezeichnung sogenannter „Daktylen" im Frequenz- und Zeitmultiplexing der Mobiltelephonie.[25]

Die Leistungssteigerung der Computer führte dann zu einer „Algorhythmik zweiter Ordnung" (etwa das System der Interrupt-Befehle), die im auditiven Sinne unhörbar, aber geradezu musikalisch implizit am Werk sind – und damit Sinne einer „sonischen" Definition von Klang als Erkenntnisgegenstand und -form. Die scheinbar transsonischen Operativitäten sind das eigentliche Sonische. Seitdem Algorhythmik im Hochfrequenzbereich von Computern für Menschen unhörbar wurde, war auch die Vorstellung des Computers fortan wieder vor allem auf die rein numerische Maschine reduziert und das sonische Wissen um Medienkultur zum Schweigen gebracht.

Yun-Chul Kims Installation *Hello World!* (präsentiert auf der Ars Electronica in Linz) – stellt einen solch „sonischen" Kurzzeitspeicher dar, wie er schon in Alan Turings Entwurf des vollelektronischen Rechners ACE realisiert war – nicht aber zum Zweck medienkünstlerischer Erkenntnis, sondern als Instanziierung einer nicht auf menschliche Hörbarkeit ausgerichteten Klanglichkeit. Diese Horizonterweiterung des Akustischen sucht der Neologismus des Sonischen zu fassen. Konkret kommt im akustischen Verzögerungsspeicher (der *mercury delay line*) ein Kernelement sonischer Technologien zum Einsatz, ein *transducer*, wie er von jedem elektromechanischen Plattenspieler als Tonabnehmer vertraut ist.[26] Elektrische Impulse – der Stoff des Digitalen – werden

24 Miyazaki 2011, S. 78.

25 Dazu ebd., S. 185f.

26 Jonathan Sterne definiert den *transducer* als das zentrale Element von Klangwiedergabetechnologien, in: Sterne, Jonathan (2003). *The Audible Past. Cultural Origins of Sound Reproduction.* Durham/London, bes. S. 31ff.

durch einen piezoelektrischen Wandler in akustische Impulse transformiert; ein *transducer* wandelt nicht-akustische, aber schallförmige Signale in tatsächlichen Schall um – und umgekehrt auf der Empfängerseite. Insofern ist das Sonische gerade nicht wortwörtlich als „Klang" zu verstehen.

b) MEDIENARCHÄOLOGIE DES AKUSTISCHEN

Das kalte Gehör: Naturwissenschaftliche Musikforschung

Die Tagung *Auditive Medienkulturen. Methoden einer interdisziplinären Klangwissenschaft* fand im Februar 2010 an der Universität Siegen bezeichnenderweise unter dem Dach der Medienwissenschaft statt. Deren bewusst passionsloses Ohr erhört Klang in seiner medialen, nicht semantischen Qualität – ein medienarchäologisches Hinhören, ein un-hermeneutisches Verstehen des nachrichtentechnischen Anteils am Klangvorgang (Signal-Rauschen-Verhältnis, Kanalkapazitäten, Übertragungswahrscheinlichkeiten, Kodierungen). An der Technischen Universität Berlin etwa befasst sich die Kommunikationswissenschaft „mit den naturwissenschaftlichen Grundlagen von Sprache und Musik".[27] Der emphatische Begriff Musik wird in diesem Zusammenhang zunehmend durch *sound* ersetzt – auf dem Weg zu einer Klangwissenschaft aus eigenem Recht.

Kulturen des Akustischen werden von der Medienarchäologie anders als die Musikwissenschaft analysiert, welche – wie auch die Kunstgeschichte – in höherem Maße der kulturellen Semantik ihres Gegenstandes verpflichtet ist und ihn vor allem in seiner Erscheinung als Kunstform deutet. Demgegenüber steigt Medienarchäologie hinab auf die Ereignisebene des Technoarchivs. Dazu aber befreit erst der distante Blick bzw. das kalte Ohr, das keinem Menschen wirklich gelingt, sondern nur technischen Mikrophonen und Mess- und Berechnungsinstrumenten zu eigen ist. Digital Signal Processing im Computer ist etwas anderes als Signalverarbeitung im Gehirn. Beispielhaft dafür stehen

27 http://www.kw.tu-berlin.de/fileadmin/a01311100/Studiengaenge/KW-Infos_01.pdf (19.9.2012).

frühe Initiativen der Naturwissenschaften, Klangforschung zu betreiben – wie sie dann erst am IRCAM (Institut de Recherche et Coordination Acoustique/Musique) am Pariser Centre Pompidou 1975 tatsächlich realisiert wurde. Da ist etwa der Vorschlag für die Errichtung eines „Institute of Musical Science", 1947 formuliert von Harvey Fletcher von jenen Bell Laboratories in den USA, an denen Claude Shannon seine für die heutigen Nachrichtentechniken entscheidende „mathematische Theorie der Kommunikation" entwickelte. Das „Institute of Musical Science" sollte dabei als Befreiungsakt von den bisherigen musikologischen Konventionen dienen.[28] *Science* meint in der amerikanischen Wissenschaftslandschaft gerade nicht jene Philosophischen Fakultäten, denen die akademische Musikwissenschaft ansonsten zugeordnet ist – ein Verweis auf eine andere, eher naturwissenschaftliche Perspektive.[29] In einem wahren Medientheater („Experimental Auditorium") sollten nach Fletchers Vorstellung neue Klang- und Hörweisen (raumakustische Lautsprechermusik) erprobt werden. Realisiert wurde diese Vision ephemer durch Medienkunst und tatsächlich unter Mitwirkung von Ingenieuren der Bell Laboratories, nämlich in den von Billy Kluver arrangierten legendären *9 Evenings* („Theater and Technology") in New York 1966; das von Fletcher erträumte „Synthetic Orchestra" fand seine Verwirklichung im elektronischen Analogsynthesizer.

In solchen Entwürfen einer anderen Klangforschung[30] zählt – im zweifachen Sinne – die Begründung: nicht allein der historisch datierbare Akt der Institution, sondern ebenso das epistemologische Argument im Namen des Sonischen.

---

28 Fletcher, Harvey (1947). „An Institute of Musical Science. A Suggestion", in: *The Journal of the Acoustical Society of America* 19, Nr. 4 (Teil 1) (Juli), S. 527–531.

29 Im österreichischen Ossiach fand 1973 beispielsweise unter der Leitung von J. G. Roederer (University of Denver, Department of Physics) die Tagung „Physical and Neurological Foundations of Music" statt.

30 Siehe auch Custodis, Michael (2012). „Schwer von Begriff. Pläne zu einem nicht realisierten Max-Planck-Institut für Musik (1965-1972)", in: *Die Tonkunst. Magazin für klassische Musik und Musikwissenschaft* 6, Nr. 2 (April), S. 201–211.

c) ZEITWE(I)SEN DES SONISCHEN

Die Stauchung historischer Distanz durch latente Präsenzerzeugungsmedien

Anlässlich der Eröffnung neuer Eisenbahnlinien diagnostizierte Heinrich Heine 1843 in Paris, die Zeit werde durch Enträumlichung „getötet" – eine Form der Entfernung.[31] Ähnliches geschah im Feld des Akustischen mit dem Phonographen, seitdem die Stimmen von Toten den Gegenwartssinn im vernehmenden Ohr unwillkürlich zu erregen vermögen – eine medienoperative Dekonstruktion des Logozentrismus *avant la lettre*. Die zeitliche Distanz der Vergangenheit schrumpft damit zur erweiterten Jetztzeit. Hegel definierte die Zeitlichkeit des Daseins anhand des Tons; auch für Heidegger war das Sein zum Tode ein Verklingen. Jede phonetische Artikulation ist flüchtig; es war demgegenüber ein *Choque*, dass mit Edisons Phonograph 1877 der vergängliche Ton technisch aufhebbar und reproduzierbar wurde. Die hinsichtlich der Reproduktion von Audio-Visualität als „analog" zu bezeichnenden Medien von Präsenzerzeugung (Phonograph, Kinematograph) leisten auf der Ebene des Realen, was im Symbolischen (etwa in Notenschriften und literarischen Romanen) zwar eintrainiert, aber nur als imaginärer Effekt von Buchstabenlektüren realisierbar wurde: die Vergegenwärtigung vergangener Zeit.

Die erste technische, nicht einfach symbolische Stimmaufzeichnung (das Kinderlied „Mary had a little lamb") erfolgte bekanntlich als bewusstes Experiment mit Thomas Alva Edisons Zinnfolien-Phonographen 1877. Als historische Quelle ist dieser Moment in einem Nachvollzug durch Edison höchstselbst gegeben, der in hohem Alter in einem frühen Tonfilm jenes Lied noch einmal in einen Phonographen sang. Damit steht diese Stimme in einem gleichursprünglichen Verhältnis zur primären Aufnahme – eine verzeitlichte Variante zu dem von Jacques Lacan definierten „Spiegelstadium" in der frühkindlichen Ich-Erkennung, eine entsprechende phono-zentristische Urszene. *Arché* (das Kernelement im Begriff der Medienarchäologie) meint

31 Heine, Heinrich (1910). „Lutetia. Berichte über Politik, Kunst und Volksleben" (Berichte für die Augsburger Allgemeine Zeitung), in: Oskar Walzel (Hrsg.). *Heines Werke in 10 Bänden*. Bd. 6. Leipzig, S. 291ff.

keinen (technik-)historischen Beginn, sondern ein Prinzip. Die tatsächlich früheste Tonaufzeichnung ist uns (im Sinne Johann Gustav Droysens) als Überrest, nämlich als unabsichtliche Überlieferung durch Edouard Léon Scotts „Phonautographen" auf einem sich drehenden Zylinder (Kymographen), zu phonetischen Analysezwecken gegeben. Wir sollten uns daran erinnern, dass die ersten Formen technischer Klangaufzeichnung nicht der zeitversetzten Wiedergabe dienten (wie es etwa der Zweck der ersten Anrufbeantworter war), sondern der wissenschaftlichen Untersuchung des physikalischen Wesens akustischer Artikulation. Fast sämtliche späteren Massenmedien sind Messmedien entsprungen; daran erinnert eine der ersten dieser Aufnahmen Scotts überhaupt, ein Stimmgabelton mit der Frequenz von 435 Hertz im Jahre 1859.

Erst aktive Medienarchäologie, bei der technische Medien selbst als aktive Archäologen handeln, entblätterte nachträglich wieder jenen Ton, der seinerzeit allein als Visualisierung zur Analysierbarkeit dieses akustischen Ereignisses gedacht war. Patrick Feaster und David Giovannoni gelang die (Re-) Sonifizierung weiterer phonautographischer Schallbilder Scotts aus den Jahren um 1860. Anderthalb Jahrhunderte später also dämmerte der Forschung, dass mit dem optischen Einlesen solche akustischen Signallinien wieder in Klang re-synthetisiert werden können. Erst die Möglichkeiten digitaler Signalverarbeitung memorieren damit Klänge der Vergangenheit, die *so* nie Gegenwart waren – und wieder erklingt ein Kinderlied.[32] Was in diesem Verfahren wie das Abtasten der Schallbilder mit einer „virtuellen, digitalen Grammophonnadel"[33] erscheint, ist tatsächlich ein Abtasten der neuen Art; abgetastet wird nicht mehr die Schwingungskurve, sondern deren Information: digitales Sampling.

Aktive Medienarchäologie geht noch weiter, indem sie selbst unwillkürliche Klangüberlieferung, also die *mémoire involontaire* (Marcel Proust), von Aufzeichnungen des Akustischen zu entbergen aufruft. Der Nanophysiker Wolfgang Heckl beschreibt zu diesem Zweck einen „Tonabnehmer" für Klänge aus der Vergangenheit, der auf den Prinzipien eines Elektronenmikroskops

32 Aufnahme Léon-Scotts vom 8. April 1860, Paris: Das Lied „Au clair de la lune, Pierrot répondit"; online anzuhören unter http://www.firstsounds.org/sounds/scott.php (19.9.2012).

33 Haack, Harald (2008). „Die erste Klangaufzeichnung. Eine Audiografie"; online: http://newsbattery.blogsport.de/2008/05/07/die-erste-klangaufzeichnung-eine-audiografie (10.9.2012).

beruht, das atomare Oberflächen abzutasten vermag. Mit Hilfe intelligenter Filteralgorithmen, Spektralanalyse und Differenzverstärkern lassen sich auf diese Weise Signale vom Hintergrundrauschen trennen und sonifizieren.[34]

Medien als Archäologen sonischer Zeit

Die Wiederentdeckung und Wiederhörbarmachung vergangener Klangaufzeichnungen ist das Eine. Das medienarchäologische Gehör aber erhört (in unerwarteter Allianz mit Platons und Keplers Begriff der Sphärenmusik) Musik auch dort, wo sie gar nicht erklingt. In einer Welt, in der sich Schwingungen nicht mehr in Form akustischen Schalls kundtun, werden elektronische Messmedien zu aktiven Archäologen von Klang im epistemologischen Sinn; solche Instrumente waren zumeist „simply the curious byproducts of other research into electrical phenomena" (David Dunn).[35] Tatsächlich vermögen dann elektronische Synthesizer wiederum solche Phänomene in Hörbarkeit für menschliche Ohren zu(rück zu) verwandeln – was Werner Meyer-Eppler einst zur Begriffsprägung der „elektronischen Musik" veranlasste. 1954 zeichnete der damalige Techniker Fritz Enkel ein Diagramm, das „Prinzipschema" des Kölner Studios für elektronische Musik des (heutigen) WDR.[36] Durch vollelektronische Klangquellen wie dem Rauschgenerator oder dem Schwebungssummer werden Signale – die ganz medienarchäologisch so genannten „Urklänge" – erzeugt, die dann im Übertragungskanal technopoietisch gestaltet werden (Modulation, Frequenzbandspreizung und -beschneidung, Dynamik, Rhythmus); die diversen Manipulationen werden dann auf einem Vierspur-Magnetophon zusammengeführt und auf dem Einspur-Magnetophon schließlich bewahrt. Hier unterscheidet sich das damalige diskursstiftende Kölner Studio im Sinne einer medienarchäologischen Diskontinuität (nämlich radikal) von

34 Siehe Heckl, Wolfgang M. (1994). „Fossil voices", in: W. E. Krumbein/P. Brimblecombe/D. E. Cosgrove/S. Staniforth (Hrsg.). *Durability and change. The science, responsibility, and cost of sustaining cultural heritage.* Chichester/New York, Appendix 3, S. 292–298.

35 Siehe Ernst, Walter (2008). „Elektroakustik ohne Musik? Das medienarchäologische Gehör", in: Tatjana Böhme-Mehner/Klaus Mehner/Motje Wolf (Hrsg.). *Elektroakustische Musik. Technologie, Ästhetik und Theorie als Herausforderung an die Musikwissenschaft.* Essen, S. 58–68, hier S. 60.

36 Abgebildet in: Humpert, Hans Ulrich (1987). *Elektronische Musik. Geschichte, Technik, Kompositionen.* Mainz, S. 31.

Pierre Schaeffers Pariser Experimenten. So heißt es von Seiten der Beteiligten (Herbert Eimert, Robert Beyer, Werner Meyer-Eppler) programmatisch 1953:

> *Im Gegensatz zur „musique concrète", die mit Mikrophonaufnahmen arbeitet, verwendet die elektronische Musik ausschließlich Klänge elektro-akustischer Herkunft. Der Klang wird auf einem Klangerzeuger hergestellt und auf dem Tonband festgehalten; erst dann erfolgt seine Verarbeitung mit Hilfe differenzierter Bandmanipulation. Die so erzeugte Musik hat nichts mit der elektronischen Musik der Musikinstrumentenindustrie zu tun* [37]

– denn nicht länger werden herkömmliche Instrumente elektronisch imitiert (wie es noch das Theremin versuchte). Auch der weitgehende Verzicht auf das klassische Inputinterface – die Klaviatur – zeigt den Bruch mit dem handwerklichen Musikinstrument und der musikhistorischen Tradition. Elektronische Musik wird und ist autonom, bis der *cultural lag* diese Ästhetik wieder einholte und alte Musik zum Inhalt der neuen Musikmedien wurde.

Radikale Klanganalyse – bis in den submusikalischen Raum – ergibt einen dynamischen Begriff, resultierend in einem neuen Modus klanglicher Temporalität. Nicht mehr der Ton ist das eigentliche Material der Musik (woran Adorno im Zusammenspiel von *physis* und *logos* noch festhielt[38]). Eine Medienarchäologie des Akustischen bedeutet die technische Erkundung physikalischer Schallwelten, die Erforschung des Akustischen *von Seiten* entbergender Messmedien; die eigentlichen Archäologen sind damit die Apparaturen selbst.

Resonanzräume: Die ahistorischen Zeitweisen des Sonischen (Monochord, Lyra)

Resonanzräume sind nicht auf räumliche Ausdehnungen beschränkt. In Resonanzen ist ebenso eine andere Zeitlichkeit des Akustischen zu ent-decken, welche die üblichen Kulturhistorien unterläuft. In welche Zeitverhältnisse

37 Humpert 1987, S. 30.

38 Siehe Gerber, Tobias (2012). „Hörbare Dynamiken. Von der Verfransung der Künste zu den Dispositiven des Auditiven", in: *positionen. Texte zur aktuellen Musik*, Heft 90 (Schwerpunkt-Thema: „Musik?") (Februar 2012), S. 6–10.

setzen uns sonische Ereignisse? Kittler deutet Europas Seinsgeschichte als ein Spiel der Rekursionen, das unser Wissen immer schon „durchstimmt".[39] Die schwingende Saite ist in diesem Fragezusammenhang von prototypischer Relevanz. Zum Erkenntnismedium wurde sie bekanntlich erstmals, als Pythagoras sie messend hinsichtlich der Intervalle am Monochord vernahm. Möglicherweise gab es ein fassbares Individuum namens Pythagoras gar nicht, sondern erst Archytas mag im Nachhinein seine eigenen Erkenntnisse als die der Pythagoreer hingestellt haben, um Wirkmacht für seine musikmathematischen Wahrheiten zu erzeugen.[40] In welcher Hinsicht aber zählt solche Überlieferungskritik? Anders als schlicht historiographisch überliefertes Wissen ist es die Eigenschaft eines technischen Klangmediums, dass es sich gleichursprünglich zu verhalten mag – wie zeitversetzt auch immer es in Vollzug gesetzt wird. Das Monochord setzt den heutigen Musiktheoretiker in ein gleich unmittelbares Verhältnis zum Klangereignis wie den sogenannten Pythagoras. Es zählt aus medienarchäologischer Perspektive weniger die Frage nach der Individualität des Pythagoras denn jene nach der mit diesem Eigennamen verbundenen Erkenntnis – deren Medium der jeweils Vernehmende ist. Denn jeder tatsächliche Medien(nach)vollzug ist damit geerdet. „Hat man die exakten Wissenschaften einmal in dieser Weise rekonstruiert, so kann man vielleicht auch die Metaphysik dieser Pythagoreer besser verstehen."[41] Im 16. Jahrhundert wird die gleiche Seite am Monochord von Marin Mersenne dann anders vernommen, und zwar hinsichtlich ihrer Schwingungsfrequenz. Heute gezupft, erfahren wir sie gleichursprünglich zu Pythagoras und Mersenne; als gemeinsames Drittes setzt sie historisch grundverschiedene Zeiten in einen unmittelbaren Kurzschluss.

Es gilt hier eine Spaltung zwischen kognitiver („historischer") und affektiver („inneres Zeitbewusstsein", frei nach Husserl) Klangwahrnehmung auszuhalten: Einerseits befindet sich das gegenwärtige Gehör gegenüber vergangenen Tonwelten in einem anderen wissenshistorischen Raum, doch

39 Kittler, Friedrich (2009). *Musik und Mathematik I Hellas 2: Eros.* Paderborn, S. 246.

40 Siehe van der Waerden, B. L. (1943). „Die Harmonielehre der Pythagoreer", in: *Hermes* 78, Heft 2, S. 163–199, hier S. 164.

41 Ebd.

gleichzeitig findet es immediat zum Mediumvorgang die erneute Chance, ihm sein komplexes Eigenwesen, seine implizite Aussage, als bewusstes Wissen zu entlocken.[42] Der Begriff „gleichursprünglich" (*arché*) verkehrt den historisch-temporalen Sinn von „ursprünglich" in das, was fortwährend gilt. Gemeint ist damit Invarianz gegenüber Transformation auf der Zeitachse – dem Zeitpfeil im Sinne von Geschichte. Entgegen aller diskurshistori(sti)schen Relativierung ist hier ein Phänomen am Werk, das uns aus der neurologischen Kognitionslehre vertraut ist: „Äquivalente Wahrnehmungserscheinungen haben in allen Fällen dieselbe Gestalt, und sie definieren eine Gruppe von Transformationen, die die Äquivalente ineinander überführen, die Gestalt aber invariant lassen"[43] – ganz so, wie wir die Botschaft auch dann noch staunend vernehmen, wenn eine erwartete Männerstimme durch Echtzeitvermittlung eines Harmonizers unversehens als Frauenstimme erklingt.

Gerade weil Klang als Medienvollzug physischen Gesetzen und Beschränkungen unterliegt, steht technomathematische Medienzeit eher auf Seiten ahistorischer Logik denn auf Seiten von Kultur- als Ideengeschichte. Von daher heißt der gewiesene Weg nicht allein altphilologische Fachlektüre, sondern auch medienarchäologischer Nachvollzug.

Der Verkulturwissenschaftlichung von Wissenslagen zu widerstehen ist das Schwierigste. Gegenüber der Historisierung von Klangwissen ist das Anliegen der Medienarchäologie operative Reaktivierung als Mitvollzug einer vergangenen Schwingungslage. Unser Wissen über altgriechische Musik ist aus der Perspektive der philologischen Forschung zunächst defekt. Archäologische Funde im klassischen Sinne haben diese Lage zwischenzeitlich verbessert, doch ein qualitativer Sprung in neuartige Zugangsweisen zu antikem Wissen von *mousiké* liegt in einer anderen Archäologie von Gnaden digitaler Medien selbst: Sie machen bislang unspielbare theoretische Annahmen über altgriechische

42 Analog dazu wählte Aby Warburg ausdrücklich die Leydener Flasche als elektrotechnische Metapher für jene affektiven Grundenergien („Pathosformeln"), mit denen das kulturelle Gedächtnis unwillkürlich aufgeladen ist und die sich zu jedem Zeitpunkt kurzschlussartig als Ausdruck entladen können. Diachrone Kulturgeschichte wird durch solche Entladungen blitzartig abgekürzt. Siehe Gombrich, Ernst H. (1992). *Aby Warburg. Eine intellektuelle Biographie.* Hamburg, S. 338.

43 Pitts, Walter/McCulloch, Warren (2000). „Wie wir Universalien erkennen: Die Wahrnehmung visueller und auditiver Formen", in: Warren McCulloch/Rolf Herken (Hrsg.). *Verkörperungen des Geistes.* Wien, S. 47f.

Musikstimmung, gerade weil sie im Kern auf der Gleichstellung von Musik und Mathematik beruhen, im rechnenden Raum und an der Schnittstelle zwischen Mensch und Klangmaschine phänomenologisch nachvollziehbar.

Die Methoden der Medienarchäologie erlauben es damit, wenn schon nicht tatsächlich, so doch in simulationstechnischer Form in diese musikalische Zeit zurückzuspringen und damit antike Zeitobjekte als solche zu re-instanziieren.[44] Martin Carlés Forschungsmethode der *augmented phenomenology* realisiert damit die antike Lyra als Rechenmaschine – ein im besten Sinne anachronistisches *re-enactment*, das dem wissenwollenden Gehör einen verschütteten Zugang wiedereröffnet.

Ausgerechnet die dominante symbolverarbeitende Maschine der Gegenwart zeitigt somit eine privilegierte Nähe zur antiken Allianz von Musik und Mathematik. Beide stellen diesen Zusammenhang im Vollzug her, einmal musikalisch (Antike), einmal signalprozessierend (unsere Gegenwart) – ein sonischer Synthesizer nicht nur musikelektronischer, sondern auch wissensarchäologischer Art.

---

44 In diesem Sinne argumentiert Martin Carlé: Carlé, Martin (2007). „Geschenke der Musen im Streit ihrer Gehörigkeit. Die antike Musiknotation als Medium und Scheideweg der abendländischen Wissenschaft", in: *MusikTheorie. Zeitschrift für Musikwissenschaft*, Themenheft 4 („Zur Aktualität des antiken griechischen Wissens von der Musik"), S. 293–314, bes. S. 313f. Als Zeitmaschine dient hier die musikalische Echtzeitprogrammierumgebung SuperCollider, mit der die Theorie der „Harmonischen Elemente" des Aristoxenos zur Laufzeit einer Melodie implementiert und im Ergebnis als rein intonierte Melodieschritte in die physikalische Klangrealität zurückgespielt wird; siehe ebd., S. 304, Abb. 4.

Literatur

ALLOA, Emmanuel (2009). „Metaxu. Figures de la médialité chez Aristote“, in: *Revue de Métaphysique et de Morale* 106, Heft 2, S. 247–262.

BOULEZ, Pierre (1961). „An der Grenze des Fruchtlandes“, in: *Kommentare zur neuen Musik*, Heft 1/1961, S. 81–97.

CARLÉ, Martin (2007). „Geschenke der Musen im Streit ihrer Gehörigkeit. Die antike Musiknotation als Medium und Scheideweg der abendländischen Wissenschaft“, in: *MusikTheorie. Zeitschrift für Musikwissenschaft*, Themenheft 4 („Zur Aktualität des antiken griechischen Wissens von der Musik“), S. 293–314.

CUSTODIS, Michael (2012). „Schwer von Begriff. Pläne zu einem nicht realisierten Max-Planck-Institut für Musik (1965–1972)“, in: *Die Tonkunst. Magazin für klassische Musik und Musikwissenschaft* 6, Nr. 2 (April), S. 201–211.

ERNST, Walter (2008). „Elektroakustik ohne Musik? Das medienarchäologische Gehör“, in: Tatjana BÖHME-MEHNER/ Klaus MEHNER/Motje WOLF (Hrsg.). *Elektroakustische Musik. Technologie, Ästhetik und Theorie als Herausforderung an die Musikwissenschaft.* Essen, S. 58–68.

ERNST, Wolfgang (2008). „Zum Begriff des Sonischen (mit medienarchäologischem Ohr erhört/vernommen)“, in: PopScriptum X: Das Sonische – Sounds zwischen Akustik und Ästhetik, online: http://www2.hu-berlin.de/fpm/popscrip/themen/pst10/index.htm (23.11.2012).

FLETCHER, Harvey (1947). „An Institute of Musical Science. A Suggestion”, in: *The Journal of the Acoustical Society of America* 19, Nr. 4 (Teil 1) (Juli), S. 527–531.

GERBER, Tobias (2012). „Hörbare Dynamiken. Von der Verfransung der Künste zu den Dispositiven des Auditiven“, in: *positionen. Texte zur aktuellen Musik*, Heft 90 (Schwerpunkt-Thema: „Musik?“) (Februar 2012), S. 6–10.

GOMBRICH, Ernst H. (1992). *Aby Warburg. Eine intellektuelle Biographie.* Hamburg.

HAACK, Harald (2008). „Die erste Klangaufzeichnung. Eine Audiografie“, online: http://newsbattery.blogsport.de/2008/05/07/die-erste-klangaufzeichnung-eine-audiografie (10.9.2012).

HECKL, Wolfgang M. (1994). „Fossil voices”, in: W. E. KRUMBEIN/ P. BRIMBLECOMBE / D. E. COSGROVE/ S. STANIFORTH (Hrsg.). *Durability and change. The science, responsibility, and cost of sustaining cultural heritage.* Chichester/ New York, Appendix 3, S. 292–298.

HEINE, Heinrich (1910). „Lutetia. Berichte über Politik, Kunst und Volksleben" (Berichte für die Augsburger Allgemeine Zeitung), in: Oskar WALZEL (Hrsg.). *Heines Werke in 10 Bänden*. Bd. 6. Leipzig, S. 291ff.

HUMPERT, Hans Ulrich (1987). *Elektronische Musik. Geschichte, Technik, Kompositionen*. Mainz.

KIM-COHEN, Seth (2009). *In the Blink of an Ear: Toward a Non-Cochlear Sonic Art*. New York.

KIRSCHENBAUM, Matthew (2010). *Mechanism. New Media and the Forensic Imagination*. Cambridge (Mass.).

KITTLER, Friedrich/BARBERI, Alessandro (2000). „Weil das Sein eine Geschichte hat. Ein Gespräch mit Friedrich Kittler" (Interview: Alessandro Barberi), in: *Österreichische Zeitschrift für Geschichtswissenschaft* 11, Heft 4, S. 109–123.

KITTLER, Friedrich (2009). *Musik und Mathematik I Hellas 2: Eros*. Paderborn.

LAZZARATO, Maurizio (2002). *Videophilosophie*. Berlin.

LUCIER, Alvin (1995). *Reflections. Interviews, scores, writings 1965–1994*. Köln.

MCLUHAN, Marshall/POWERS, Bruce R. (1995). *The Global Village. Der Weg der Mediengesellschaft in das 21. Jahrhundert*. Paderborn, S. 169–184.

MCLUHAN, Marshall (1997). „The end of the work ethic", in: M. A. MOOS (Hrsg.). *Media research. Technology, art, communication*. Amsterdam, S. 92–109.

MCCULLOCH, Warren/HERKEN, Rolf (Hrsg.) (2000). *Verkörperungen des Geistes*. Wien.

MIYAZAKI, Shintaro (2012). 1800|1878|1949|1977|2012. „Medienarchäologische Da capo-Variationen zum Musikbegriff", in: *positionen. Texte zur aktuellen Musik*, Heft 90 (Schwerpunkt-Thema „Musik?") (Februar 2012), S. 11–13.

MIYAZAKI, Shintaro (2013). *Algorhythmisiert. Eine Medienarchäologie digitaler Signale und (un)erhörter Zeiteffekte*. Berlin.

ROADS, Curtis (2004). *Microsound*. Cambridge (Mass.).

SPITZER, Manfred (2002). *Musik im Kopf. Hören, Musizieren, Verstehen und Erleben im neuronalen Netzwerk*. Stuttgart/New York.

STERNE, Jonathan (2003). *The Audible Past. Cultural Origins of Sound Reproduction*. Durham/London.

STUMMER, Oliver Thomas (2009). *Musik als Sinnmatrize? Ein systemtheoretischer Versuch zur Klärung* (Diplomarbeit Universität Wien, Institut für Publizistik und Kommunikationswissenschaften, Juli 2009), online: http://othes.univie.ac.at/5691/1/2009-07-07_9412413.pdf (20.3.2012).

VAN DER WAERDEN, B. L. (1943). „Die Harmonielehre der Pythagoreer", in: *Hermes* 78, Heft 2, S. 163–199.

VIOLA, Bill (1990). „The Sound of One Line Scanning", in: Dan LANDER/Micah LEXIER (Hrsg.). *Sound by Artists.* Toronto/Banff, S. 39–54.

VIOLA, Bill (1997). „Information (USA 1973). Videotape, Farbe, Klang, 30 Minuten. Abbildung" (Momentphotographie), in: Wulf HERZOGENRATH [u. a.] (Hrsg.). *TV-Kultur. Das Fernsehen in der Kunst seit 1879.* Amsterdam/Dresden.

ZIELINSKI, Siegfried (2010). *Zur Geschichte des Videorekorders.* Potsdam.

Holger Schulze

Die Situation des Klangs – Grundlagen einer Kulturgeschichte des Hörens

I. Kulturgeschichte des Hörens

Zur Rekonstruktion von Hörsituationen als einer Quellenkritik des Klangs
Sie lesen diese Worte und Sie befinden sich an einem Ort, der ein anderer ist als jener Ort, an dem ich mich hier befinde. Der Raum, in dem Sie diesen Text lesen, was für ein Raum ist das?

Bevor ich über das Hören und die Klänge theoretisch zu schreiben beginne, möchte ich ein wenig an diesem konkreten Ort unseres jetzigen Empfindens und Hörens, des Klingens und Handelns verharren; an diesem Ort unserer jetzigen Erfahrung und Vorstellung. Was ist unsere jeweilige Situation des Hörens? Die Vorstellung, das Imaginarium, das sich um unseren Raum – Ihren und meinen – herumrankt, ist für Sie ein anderes als für mich: Mein Raum ist mir seit gerade einmal zwei Jahren vertraut, das Arbeitszimmer einer neuen Wohnung; Ihr Raum ist Ihnen vielleicht schon seit Jahren, Jahrzehnten vertraut – womöglich lesen Sie diesen Beitrag aber auch unterwegs, in der U-Bahn oder in einer Bibliothek, einem Café, das Ihnen nur als seltener Gast bekannt ist? Darüber hinaus vermittelt sich in diesen Räumen eine jeweils zeitlich bestimmte Empfindung, eine sensorische Signatur, sobald unterschiedliche Menschen zu unterschiedlichen Zeiten den vermeintlich gleichen Raum nutzen, bevölkern, bewohnen: zu dieser Uhrzeit, in dieser Jahreszeit – jeweils anders an meinem Ort, an dem ich stehe, oder an Ihrem Ort, an dem Sie sitzen. Wir empfinden – *horribile dictu* – einen äußerlich identisch erscheinenden Ort stets unendlich different: je nach der individuell und subjektiv eingenommenen

Position im Raum, unserer affektiven Lage vor dem Betreten und Einnehmen dieses Raumes sowie nach unserer jeweiligen Veränderung, Bewegung, Regung und Handlung in diesem Raum.

Soweit meine, durchaus körperlich wie auch faktisch begründete Imagination – vielleicht auch nur eine mir genehme Heuristik, um mich in die Sprache und Argumentation dieses Beitrages und die damit verbundene Schreibsituation hineinzuschwingen. Was ich hier für Sie und mit Ihnen erkundet und notiert habe, könnten wir als *eine imaginative, eine argumentative Narration* bezeichnen; eine Narration über eine historisch geprägte und in diesem Moment wirksame, generative Gestaltungsform dieses gegenwärtigen Raumes – in pragmatischer Aneignung zum Nutzen des Schreibens oder Lesens dieses Aufsatzes. Darin eingeschlagen aber finden sich historisch und kulturell sehr spezifische *Wissensformen und Kulturtechniken der Klänge.* Diese aber sind zu rekonstruieren, zu imaginieren und erst dann zu analysieren. Eine *Kulturgeschichte des Hörens*, die ich als eine kritische Kulturanthropologie verstehe, muss archäologisch und kriminalistisch-historisch wie auch futurisch und projektiv vorgehen: Sie rekonstruiert ihre jeweiligen Untersuchungsgegenstände als Hörsituationen und ist darum sowohl imaginativ wie narrativ bezogen auf Wissensformen und Kulturtechniken der Gestaltung der jeweiligen Alltagskultur.

Als Teil der Kulturgeschichte bemühen sich gegenwärtig nicht wenige Wissenschaftlerinnen und Wissenschaftler darum, zur Erforschung des Auditiven auch angemessene Formen der Quellenkritik und der Analyse zu etablieren. Sie folgen damit einem methodologischen Diktum von Peter Burke, der 2004 schrieb:

> *New sources, however, require their own forms of source criticism, and the rules for reading pictures as historical evidence, to take just one example are still unclear.* [1]

1 Burke, Peter (2004). *What is Cultural History?* Cambridge, S. 116. „Neue Quellen bedürfen jedoch auch neuer Formen der Quellenkritik, und die Regeln für die Lektüre von Bildern als historischen Quellen, um hier nur ein Beispiel zu nennen, sind bis heute nicht klar." Vgl. Burke, Peter (2005). *Was ist Kulturgeschichte?* Frankfurt am Main, S. 168.

Letzteres wäre zu diskutieren, da die Bildwissenschaft und die Visual Studies doch indes weit vorangeschritten sind. Angenommen aber, eine *Quellenkritik des Bildes* wäre tatsächlich auch heute noch Desiderat – so gälte dies umso mehr für eine *Quellenkritik des Klangs.* Denn die konkreten Quellen einer Klangkulturgeschichte, also die jeweiligen Klangereignisse, die Klangumgebungen, die Praktiken und Resonanzverhältnisse – sie alle stellen durch ihre hohe Dynamik und extreme Abhängigkeit von räumlich und zeitlich detaillierten Konstellationen ein andauerndes Problem für jede Forschung dar. Unsere Erkenntnisse über ihre Erscheinungsformen der Gegenwart wirken zudem stets auf unsere Untersuchungen der Vergangenheit zurück – und sie prägen, ganz nonchalant, die Gestaltungen und Deutungen von Klangereignissen und Klangumgebungen in naher Zukunft. Ein starres Artefakt, zu untersuchen in fixierter Form, lässt sich dabei kaum finden. Mehr noch: Als Forscher sind wir zu allem Überfluss stets auch Akteure eines jeweils zu untersuchenden Klanggeschehens: wissenschaftstheoretisch eine Trivialität – wissenschaftspraktisch jedoch kaum methodisch eingeholt.

Wie können wir dennoch solche Klangereignisse gegenstandsadäquat, historisch wie systematisch reflektiert und mit einem hinreichend transparenten Erkenntnisinteresse untersuchen? Im Folgenden möchte ich einen möglichen, systematischen Zugang zu einer derart verfassten *Anthropologie des Auditiven* vorstellen: einen Zugang, den ich in den letzten rund zehn Jahren entwickelt habe, mit vielen Kolleginnen und Kollegen aus den Künsten, dem Design sowie den Kultur- und Ingenieurwissenschaften, und zwar im deutschsprachigen wie auch im skandinavischen und angelsächsischen Raum. Zu diesen Grundlagen einer Kulturgeschichte des Hörens lassen sich, so meine Hoffnung, die Methoden, Gegenstände und Begriffe dieser breiten Forschungsrichtung in einem Ansatz zusammenführen, um für möglichst viele unterschiedliche Forschungsfragen und -ansätze nützlich zu werden und um sich in den unterschiedlichsten historischen Epochen und kulturellen Konstellationen als erkenntnisfördernd zu erweisen.

II. Die materialisierten Imaginarien

Über auditive Dispositive und Kulturtechniken des Hörens

An diesem Ort – an dem Sie gerade diese Zeilen lesen, die ich gerade tippe –, an diesem Ort befinden wir uns in materiellen Gegebenheiten. Historisch und kulturell betrachtet sind diese Gegebenheiten weder naiv noch zufällig, weder beliebig noch grundlos. Sie stehen vielmehr in einer Tradition, die sowohl umfassend wie auch spezifisch verfasst ist. Die augenblickliche Situation fußt hierauf. Ein begrifflicher Zugang wird an dieser Stelle bedeutsam, der in den Film- und Medienwissenschaften in den vergangenen Jahrzehnten schon hinreichend diskutiert wurde. Dem einen oder der anderen mag es überflüssig erscheinen, ihn nun noch einmal hervorzuholen; doch tatsächlich ermöglicht er – in methodischer und gegenständlicher Ausweitung – einen erkenntnisreichen Zugang zu Klangereignissen und Klangerfahrungen. Eine solche Ungleichzeitigkeit der Methodenaneignung belegt auch die junge Wissenschaftsgeschichte dieses Feldes, in dem wir uns bewegen. Die Rede ist vom Begriff des Dispositivs.

Es war der Musik- und Medienwissenschaftler Rolf Großmann, der 2008 in einem kleinen Aufsatz, bezeichnenderweise mit dem Titel *Verschlafener Medienwandel*[2] überschrieben, einer kulturhistorisch und medientheoretisch informierten Musikwissenschaft nahelegte, den Begriff der Aufführungspraxis von seinem allein um menschliche Instrumentalisten herum gruppierten Anthropozentrismus zu lösen und diesen älteren, jedoch noch immer gebräuchlichen Begriff durch den Begriff des Dispositivs zu ersetzen. Dieser Begriff des speziell auditiven Dispositivs bündelt nun vielerlei Aspekte der Fragen, die für eine Kulturtheorie des Auditiven, eine Kulturwissenschaft des Hörens wichtig sind: Fragen nach dem Räumlichen, Fragen nach dem Apparativen in einer Hard- und Software, Nutzungsweisen und Handlungsroutinen in einem umfassenden Sinne; schließlich auch Fragen nach einem gewandelten Mensch-Maschine-Verhältnis – verstanden als ein reziproker Servomechanismus aus

2 Grossmann, Rolf (2008). „Verschlafener Medienwandel", in: *Positionen – Beiträge zur Neuen Musik* 74 (Dispositiv[e]), S. 6–9.

Kulturtechniken des Hörens, aus *audile techniques*, wie sie der kanadische Kulturhistoriker Jonathan Sterne nennt.[3] Sterne versteht diese Hörkulturtechniken dabei ganz im Gefolge von Marcel Mauss als *Körpertechniken*:[4] das Hören mit dem Stethoskop, das Hören mit dem Grammophon, das Hören mit dem Kopfhörer im Studio und vieles mehr. Körperpraktiken und technische Apparaturen sind hier unauflöslich miteinander verschränkt.

Dieser Begriff des Dispositivs erlaubt darüber hinaus eine forschungspraktisch sehr produktive Verknüpfung mit der Theorie der *affordances*, dem – holperig eingedeutschten – Angebotscharakter der Dinge nach James Jerome Gibson;[5] und gleichermaßen auch eine Einbettung in komplexere Ding-Mensch-Relationen, wie sie die *Actor-Network-Theory*[6] nach Latour sehr überzeugend beschreibt – wie auch in den Chiasmus aus *Organisation Materielle* (OM) und *Matière Organisée* (MO), wie sie der Kulturhistoriker gesellschaftlicher Übertragungsprozesse Régis Debray sehr überzeugend in seiner *Médiologie*[7] nachgezeichnet hat (wenn auch im deutschen Sprachraum befremdlich wenig rezipiert, verglichen mit der Resonanz in der internationalen Forschung). Diesen Ansätzen folgend sind die Dinge unserer Welt, die Materien und Installationen allerorten *nicht* stumm und neutral. Vielmehr interagieren sie mit uns, sie artikulieren Ansprüche, fordern unser Handeln heraus, bieten sich für bestimmte Handlungen mehr an als für andere und sind schließlich nicht selten handlungsleitender als einzelne menschliche Akteure: nämlich verantwortlich für die Wirkmacht einer Überlieferung oder Übertragung. Sie sind nicht nüchtern oder rein dinghaft – sondern es sind ausdrucksstarke Träger von historisch gebahnten und kulturell befestigten Vorstellungswelten.

3 Sterne, Jonathan (2003). *The Audible Past. Cultural Origins of sound reproduction.* Durham/London.

4 Mauss, Marcel (1936). „Les Téchniques du Corps", in: *Journal de Psychologie* XXXII, Nr. 3–4 (15. März bis 15. April), S. 271–293.

5 Gibson, James Jerome (1979). *The ecological approach to visual perception.* Boston.

6 Latour, Bruno (1991). *Nous n'avons jamais été modernes. Essai d'anthropologie symétrique.* Paris; Latour, Bruno (1999). *Politiques de la nature. Comment faire entrer les sciences en démocratie.* Paris.

7 Debray, Régis (1992). *Vie et mort de l'image. Une histoire du regard en Occident.* Paris; Debray, Régis (1996). *Media Manifestos.* New York; Debray, Régis (2000a). *Introduction à la médiologie.* Paris; Debray, Régis (2000b). *Transmitting Culture.* New York.

Sie sind materialisierte und physisch ihnen und uns eingeschriebene *Imaginarien.*[8] Vorstellungswelten, die Wirklichkeit wurden als bestimmte Maschinen, als die ganz spezifischen und lebenslang eingeübten Nutzungsweisen dieser Maschinen; als Architekturen, in denen diese Maschinen ihren intendierten Zweck erfüllen sollen.

Worauf richten sich nun spezifische *Dispositivanalysen*? Im Rahmen einer Anthropologie des Auditiven können wir vor allem konkret beschreiben, wie der Charakter eines Dispositivs sich jeweils historisch etabliert hat und kulturell fortwährend durch Handlungen der Dispositiv-Affirmation aufrechterhalten wird; etwa am Beispiel des gegenwärtig sehr machtvollen Dispositivs des *Dolby Surround 5.1*-Systems, dem architektonischen Dispositiv des Kirchenschiffs, dem Phonautographen des 19. Jahrhunderts und aller seiner Nachfolger; am Beispiel der stark dispositiv wirkenden graphischen Benutzeroberflächen zeitgenössischer Klangbearbeitungssoftware wie etwa *ProTools*, der überaus raffinierten und auditiv voraussetzungsreichen Hardware akustischer Hörhilfen wie auch der Geschichte gestaltender Mikrophonaufnahmen, etwa in der künstlerisch-wissenschaftlichen Tradition der kanadischen *Soundscape Composition* nach Murray Schafer. In all diesen Beispielen lässt sich ein jeweils spezifisches, apparativ-habituelles Dispositiv historisch rekonstruieren und anhand dieser Rekonstruktion die darin impliziten Konzepte des Hörens und der Bewertung auditiver Wahrnehmungsfähigkeiten nachzeichnen und untersuchen. Eine solch apparativ orientierte Strömung der Forschung, wie ich sie für eine Kulturgeschichte des Hörens umreiße, wird seit einiger Zeit in den Kulturwissenschaften als ein *New Materialism* oder *Neue Materialitätsforschung*[9] diskutiert: zwischen den *Sensory Studies*[10] zur Erforschung individueller, kulturspezifischer *Sensologien*[11] einerseits und den

---

8 Hierzu ausführlicher: Schulze, Holger (2012). „Imaginarien und Genese“, in: Ders. (2012). *Intimität und Medialität. Anthropologie der Medien.* Berlin, S. 359–396.

9 Miller, Daniel (2005). *Materiality.* Durham; Miller, Daniel (2008). *The Comfort of Things.* Cambridge; Miller, Daniel (2010). *Stuff.* Cambridge.

10 Howes, David (2004). *The Empire of the Senses.* Oxford.

11 Perniola, Mario (1991). *Del sentire.* Turin; Perniola, Mario (2004). *Contro la communicazione.* Turin; Perniola, Mario (2005). *Wider die Kommunikation.* Berlin; Perniola, Mario (2009). *Über das Fühlen.* Berlin.

Thing Studies[12] zur Klärung der vielfältigen Bezugnahmen menschlicher Akteure auf die sie umgebenden Dinge andererseits. Tatsächlich schließen diese materialitätsfreudigen Forschungen aber nicht nur ironisch an die Tradition des kritischen Materialismus marxistischer Prägung an; denn Rolf Großmann etwa leitet sein Verständnis des Dispositivs ganz ausdrücklich von den filmwissenschaftlichen und eben dezidiert materialistischen Interpretationen durch Jean-Louis Baudry[13] her – und nicht von Michel Foucaults Anwendung als Ergänzung seiner Deutung diskursiver Praktiken. So wie Baudry im Jahre 1970 die Projektion, die Produktion und die Perzeption durch ein Subjekt material beschrieb – mit dem Ziel, diese „effets idéologique" (die „ideologischen Effekte") zu untersuchen, die in dieser Apparatur liegen –, wurden ebenso die apparatischen Dispositive des Auditiven bislang schon durch Jonathan Sterne oder Karin Bijsterveld untersucht.[14] Diese dinghaften Machstrukturen eines Dispositivs – worauf Foucault 1977[15] und verstärkt Agamben 2006[16] hinwiesen – lassen sich so derart auch in den Apparaten des Auditiven nachvollziehen: bei Sterne etwa die historische Lobbyarbeit, Werbetätigkeit und Finanzoptimierung im Rahmen der Propaganda für den Phonographen und die dazugehörige Entwicklung neuer Übertragungsstandards (Sterne 2012), bei Bijsterveld etwa die prekäre und ganz offensichtlich interessengeleitete wie sozial verstärkte Agitation gegen oder für den Klang oder Lärm von neuen Maschinen im öffentlichen Raum (Bijsterveld 2008). Bei all diesen Beispielen lassen sich auditive Dispositive als apparatisch-habituell zu beschreibende Kulturtechniken des Hörens rekonstruieren.

---

12 Attfield, Judith (2000). *Wild Things. The Material Culture of Everyday Life.* Oxford; Fowles, Severin (2010). „People Without Things", in: Mikkel Bille (Hrsg.). *The Anthropology of Absence: Materializations of Transcendence and Loss.* New York/Dordrecht/Heidelberg/London, S. 23–41.

13 Baudry, Jean-Louis (1970). „Cinéma: effets idéologiques produits par l'appareil de base", in: *Cinéthique* 7–8, S. 1–8; Baudry, Jean-Louis (1975). „Le dispositif: approches métapsychologiques de l'impression de réalité", in: *Communications* 23 (Psychanalyse et cinéma), S. 56-72.

14 Sterne 2003; Bijsterveld, Karin (2008). *Mechanical Sound. Technology, Culture and Public Problems of Noise in the Twentieth Century.* Cambridge (Mass.)/London.

15 Foucault, Michel (2003). *Dits et Ecrits. Schriften in vier Bänden.* Bd. 3: *1976–1979*, Frankfurt am Main, S. 392–395.

16 Agamben, Giorgio (2006). *Che cos'è un dispositivo?* Rom. (dt.: Was ist ein Dispositiv? Zürich/Berlin 2008).

In der Gegenwart können nun – mit dem Philosophen Mario Perniola[17] gesprochen – neben den ideologischen auch die *„sensologischen Effekte*" untersucht werden, die in all diesen Apparaturen liegen: Wie prägen diese Dispositive unser Hören und Sehen, unser Empfinden und Schmecken, unsere Unsicherheit und unser Begehren? Nach Perniola wird die Gegenwart des 21. Jahrhunderts weniger durch schriftkulturelle Ideologien als durch apparative und produktförmige *sensologia*, also *„Sensologien*", beherrscht, die nicht erst unser logisch-propositionales Denken, Argumentieren und Urteilen bestimmen, sondern bereits unsere vorreflexiven Möglichkeiten der Empfindung, des Gefühls und der Erfahrung begrenzen und bahnen. So bestimmen etwa die vorgenannten technischen Apparaturen, architektonischen Raummaschinen und die daran angelagerten Praktiken des Hörens unsere Sinneskulturtechniken in der Gegenwart. Jede Form und jede Situation des Hörens ist also nicht nur in ein spezifisches Dispositiv eingeschlagen – sondern auch durch eine Sensologie bestimmt, die klischierte und formatierte Erfahrungen und Gefühle uns zuerst abfordern, sogenannte *ready-felts* (ähnlich den *ready-mades*: warenförmige Empfindungen). Die Artefakte und ihre Architekturen, in denen Sie und ich – zum Beispiel: genau *jetzt, in diesem Raum* – uns aufhalten, diese Architekturen schließen uns ein in ganz spezifische Vorstellungswelten vergangener Epochen der Kulturgeschichte, in *materialisierte Imaginarien* dieser Apparaturen und Sensologien.

Bietet nun eine Konzentration auf dieses, wie es heißt, „mediale Apriori"[18] einen Ansatz historischer Interpretation, der sich vom Anthropozentrismus tradierter geisteswissenschaftlicher Geschichtsschreibung lösen kann? Oder bedeutet eine solche Konzentration auf Apparaturen, Technologien und Medien nicht womöglich sogar eine Steigerungsform der Zentrismen europäisch geprägter Kulturgeschichte: eurozentrisch, androzentrisch, heteronormativ und anthropozentrisch? Theoriehistorisch möchte ich an dieser Stelle auf den Entstehungszusammenhang einer technik- und literaturgeschichtlich informierten Medientheorie hinweisen, etwa nach Friedrich Kittler, nach Vilém

17 PERNIOLA 1991; PERNIOLA 2004; PERNIOLA 2005; PERNIOLA 2009.
18 Beeindruckend eingeführt in: KITTLER, Friedrich (1985). *Grammophon, Film, Typewriter.* Berlin, S. 7–33.

Flusser oder auch nach Niklas Luhmann. Die Anfänge dieser Medientheorie waren vor allem motiviert durch einen historisch absolut notwendigen Widerstand gegen radikal technikfeindliche und kulturpessimistische Positionen; im letzten Drittel des 20. Jahrhunderts schienen diese noch hegemonial. Die Errungenschaften eines „medialen Apriori" haben die deutschsprachig geprägten Kulturwissenschaften nachhaltig umgewälzt. Es war dies ein Umbruch, der in anderen Forschungskulturen häufig eher durch die Vertreter der *critical theory*, der *actor-network-theory* und der *postcolonial studies* vorangetrieben worden war, um auch aus jenen Forschungskulturen die historisch gewachsenen und nun erkenntnishinderlichen Zentrismen und Ontologisierungen auszutreiben. Diese historische Situation, in der das „mediale Apriori" als provozierend deviante Theorieposition etabliert werden konnte und musste, mit dem strategischen Ziel, der Technik – oder dem *Technium*,[19] wie Kevin Kelley es zuletzt anthropomorphisierend formulierte – einen gewissen eigenen Willen, eine *agency* und einen Eigensinn zuzuschreiben, diese historische Situation aber hat sich in ihr Gegenteil verkehrt. Die Ludditen von damals sind heute nicht einmal mehr satisfaktionsfähig.

Als *common sense* gilt nun, im beginnenden 21. Jahrhundert, dass die kulturhistorische Auseinandersetzung mit Technik als solcher, dass das Betrachten des vermeintlich Nichtsubjektiven, des Überindividuellen, des Dispositiven und Objekthaften der einzig mögliche Weg wäre, um einschränkenden Anthropozentrismen, ja allen westlichen Zentrismen, zu entfliehen. Das Gegenteil aber scheint nicht selten der Fall zu sein: Das hierdurch verdrängte, oft auch aggressiv verhöhnte Subjektive und Idiosynkratische individueller Erfahrung, das Unbewusste, auch Unheimliche der Empfindung, des Schmeckens und der Neigungen, es drängt sich umso machtvoller in den Vordergrund solch rein technikzentrierter Argumentationen.

Wenn eine kulturhistorische Untersuchung sich möglichst ausschließlich auf die dokumentierte Rekonstruktion von Entstehung, Entwicklung, Patentierung und Verbreitung bestimmter Artefakte und Artefaktkonstellationen

---

19 Kelley, Kevin (2010). *What Technology Wants.* New York.

im Felde der Medien und Technologien konzentriert und im Gegenzug die stets widersprüchliche und halbherzige, oft eher desinteressierte Nutzung sowie den ganz gängigen, produktiv unlauteren Missbrauch und die Umnutzung durch gesellschaftliche Akteure als marginal bis irrelevant ansieht, so zeigt sich darin ein bestimmter idiosynkratischer Gestus und eine unbewusste anthropologische Konzeption. Unausgesprochen glorifizieren solche Studien – allein qua Selektion und Konzentration – den menschlichen Einfallsreichtum und die umstürzlerisch-visionäre Kraft bestimmter einzelner Forscher oder Erfinder, Entdecker und Ingenieure der jüngeren westlichen Kulturgeschichte, nicht selten aus der national-imperialistischen Epoche des 19. Jahrhunderts, ganz eurozentrisch, androzentrisch, heteronormativ: Den dynastisch-patriarchalen Genealogien des Bildungsbürgertums der Gründergeneration folgen solch technizistische Hagiographien – kaum kritisch gegenüber machtstrategisch ausgebeuteten Privilegien des Standes oder der Geschlechterrolle. Anstatt, wie gerne behauptet, postanthropologisch die Aktivitäten von einzelnen Menschen als eingebunden, verflochten und hervorgebracht durch technologische und apparative Dispositive darzustellen, entsteht allein durch die übermäßige Betonung einzelner Erfindungen und ihrer Erfinder oft der Eindruck, hier werde der Humanismus der Dichter und Philosophen in einen Humanismus der Erfinder und Ingenieure überführt, und dies begleitetet vom alten Loblied von Eroberungsgeist und Ermächtigungsbedürfnis. Ein nur aufgefrischter Anthropozentrismus des *homo faber*: Das technische Artefakt ist hier das neue kanonische Gedicht, das verkannte Forschergenie ist der neue verkannte Dichter.

Wer *nur* über Artefakte spricht, redet eben genau *nicht* über die Obsessionen und Gewalttaten der Akteure, die sie fertigen und betreiben. Doch deren anthropologisches Konzept liegt morphologisch und symbolisch in diesen medialen Apparaturen vor: als materialisiertes Imaginarium der Sinne, ihrer Repräsentation und Übertragung. Eine alleinige Technikgeschichte dieser Apparaturen operiert in letzter Konsequenz dann nur rein affirmativ in diesen anthropo-narzisstisch überlieferten und objekthaft auskristallierten Vorstellungswelten und Wunschphantasien einer bestimmten Epoche und einer bestimmten, sozial privilegierten und hegemonialen Gruppe – ohne sie grundlegend zu hinterfragen, zu dekonstruieren und kritisch neu zu denken. Diese technischen Imaginarien zu affirmieren und zu archivieren in all ihren burlesken Verästelungen, Sackgassen und gewundenen Pfaden der Entwicklung, dies kommt einer *apparatimmanenten Interpretationspraxis* schon recht nahe. Die strikt verdrängten Idiosynkrasien und Obsessionen der menschlichen Erfinder obsiegen aber in genau dieser erotisiert-schwärmerischen Exegese der Schalt- und Laborpläne, der Formelbeweise und Programmiersprachen, der Instruktionsbücher und Patentschriften im Lobpreis der Nachgeborenen. Die Junggesellenmaschine dieser Forschung bevorzugt den *hardbody* der Apparatur, irritiert von den nicht-linearen Turbulenzen der *soft machines*: eine Männerphantasie.

III. Der idiosynkratische Leib

Über sonische Corpora und die Inkommensurabilität des Sensorischen

Klänge ereignen sich in einer konkreten Situation. Diese ist – wie eben dargelegt – zum einen historisch geprägt und aufgestapelt auf vielen kulturell ineinander verflochtenen Imaginarien. Während im vorangegangenen Teil dieses Beitrags nun genau diese historisch gewachsenen und kulturell hegemonialen Vorstellungswelten, die uns materiell allerorten umstehen, von uns erwarten, sachgerecht bedient und in unser Leben eingegliedert zu werden, also diese *auditiven Dispositive* und ihre *Kulturtechniken des Hörens* erkundet wurden, so möchte ich mich in diesem Teil nun den Spezifika der Erfahrung und der Empfindung zuwenden: in einer ganz konkreten, einzelnen und raumzeitlich nahezu mikroskopischen Situation.

Denn ein Flechtwerk aus Imaginarien wird individuell jeweils anders aktualisiert und erlebt in einer jeweils anderen Intensität und Spezifik. Der menschliche Körper – oder, richtiger mit der Phänomenologie zu sprechen: der *Leib* – ist hierbei das einzige denkbare und mögliche Medium der Erkenntnis. Individuelle Wahrnehmung lässt sich – nachvollziehbarerweise – nicht objektivistisch prozeduralisieren. Akteure der Erkenntnis in allen Wissenschaften sind nicht und waren noch nie anonyme, geschlechtslose, obsessionsfreie, kulturenthobene oder geschichtslose Entitäten: das ominöse *anonyme Erkenntnissubjekt*, das die Grundlage der allermeisten aktuell maßgeblichen Wissenschaftstheorien bildet, es existiert schlichtweg nicht; zumindest nicht empirisch – es ist eine reine Spekulation, im besten Fall eine kluge Konstruktion. Die Wissenschaften arbeiten hier mit der Fiktion einer Objektivität: ein weiteres, ganz materiell niedergelegtes, kulturelles Imaginarium. Aus diesem Grund ist es notwendig, eine *Kulturgeschichte des Hörens* auch als eine Geschichte von historisch und kulturell sich wandelnden und sich voneinander unterscheidenden Körperkonzepten und Körperpraktiken zu untersuchen. Der zweite große, analytisch fruchtbare Begriff für die Erforschung des Auditiven ist darum der Begriff des *Corpus*, genauer: des *sonischen Corpus*. *Corpus* ist hier körpertheoretisch und anthropologisch gemeint – anschließend an die Leib-Begrifflichkeit der Phänomenologie nach Merleau-Ponty[20] oder Schmitz[21] – und eingeführt durch Jean-Luc Nancys Theorie des angespannten und des unablässlich in Resonanzen sich befindenden Körpers:

> *Un corps, c'est donc une tension. Et l'origine grecque du mot est ,tonus', le ton. Un corps et un ton. Et je ne dis rien là qu'un anatomiste ne puisse approuver: un corps, c'est un tonus.*[22]

Diese lakonische Argumentation Nancys ist dabei eine durchaus provozierende Kritik an aktuell hegemonialen Körperkonzepten – in Medizin, in Medientechnik und politischer Verwaltung. Die Körperkonzeptionen, die hier jeweils historisch und zumeist westlich, eurozentrisch, androzentrisch, heteronormativ und objektivistisch geprägt entwickelt wurden, sind zum Verständnis des Auditiven zunächst einer grundsätzlicheren Kritik zu unterziehen. Nancys

20 Merleau-Ponty, Maurice (1945). *Phénomenologie de la perception*. Paris.

21 Schmitz, Hermann (1990). *Der unerschöpfliche Gegenstand. Grundzüge der Philosophie*. Bonn.

22 Nancy, Jean-Luc (1992). *Corpus*. Paris, S. 126. „Ein Körper ist folglich eine Spannung [tension]. Und die griechische Wurzel des Wortes ist tonos, der Ton. Ein Körper ist ein Ton. Und damit sage ich nichts, dem ein Anatom nicht zustimmen könnte: Ein Körper ist ein Tonus." Nancy, Jean-Luc (2003). *Corpus*. Berlin, S. 124.

Grundfrage lautet: Können wir körperliches Erleben auf eine körperliche Weise denken? Nicht auf eine semiotische, ikonographische, mathematische, ökonomische, informationstheoretische und skulpturale – sondern auf eine Weise, die dem Körperlichen entspricht? Denn wenn die beeindruckende Wissenschaftsgeschichte der letzten Dekaden uns eines gelehrt hat, so vor allem, dass die Beschreibungsmodelle, die Metaphern, die unsere Wissenschaftskultur gegenwärtig gerne nutzt (etwa: „Daten verarbeiten", „Speichern", „Prozessieren"), dass genau diese aktuell sehr populären Metaphern, Metaphern auch für das Denken, das Leben, die Gesellschaft und ihren Austausch, dass sie mit an Sicherheit grenzender Wahrscheinlichkeit aus Sicht der Wissenschaftsgeschichte des 22. oder 23. Jahrhunderts als reichlich beschränkt, grotesk unreflektiert und im Ganzen als eher albern erscheinen werden. Ähnlich wie schon frühere Konzepte der Geschichte uns heute genau so erscheinen: sei es, dass der Körper ein „elektrostatisches Netz" sei (etwa in Konzepten aus der Mitte des 20. Jahrhunderts: Kalof/Bynum, 2010), eine „Dampfmaschine" (in Konzepten aus der Mitte des 19. Jahrhunderts: Sappol/Rice, 2010), ein Uhrwerk (in Konzepten aus der Mitte des 18. Jahrhunderts: Reeves, 2010) oder auch ein „Behältnis für Säfte" oder für „brennende Feuer" (in antiken griechischen und mittelalterlichen Konzepten und immer noch dominant im 17. und bedeutend bis ins 18. und 19. Jahrhundert hinein: Scully, 1995). Von Nutzen sind diese Konzepte eher zur Analyse jeweils zeittypischer, gesellschaftlicher Obsessionen und Selbstbilder. Demgegenüber versucht Jean-Luc Nancy den Körper eben vom anatomisch modellierten, vom technik-narzisstisch metaphorisierten und vom religiös funktionalisierten Denken abzulösen.

Diese Kritik der westlichen, christlich-kapitalistisch geprägten Körpertheorie ist nicht naiv. Sie ist auch nicht kurzerhand abzuschließen. Nancy hat demgegenüber ins Zentrum seiner Überlegungen eine jeweils unterschiedliche, individuelle und oft idiosynkratische Erfahrungsweise des Körpers gestellt: die *Inkommensurabilität von Körpererfahrungen.* Was selbstverständlich nicht bedeutet, dass wir uns nicht über diese Erfahrungen verständigen könnten; doch ist die grundsätzlich schwere Vermittelbarkeit individueller Erfahrungsweisen zunächst anzuerkennen und zu würdigen. Die westliche, bürgerliche geprägte Literatur und Kunst und ihr Ringen um ein Subjekt der Empfindung ist deutlich gezeichnet von diesem Bemühen – umso stärker, je mehr diese Erfahrungsweisen gesellschaftlich eingeebnet, nivelliert und funktionalisiert zu sein scheinen. Und selbstverständlich trägt auch diese Herangehensweise Nancys nichts anderes als die kulturgeschichtliche Signatur unserer Epoche und seiner eigenen Biografie, doch mit einem entscheidenden neuen Schritt. Nancy bemüht sich darum, eine Kategorie neu einzuführen, die wissenschaftsgeschichtlich bedeutsam, jedoch im Zuge des Bemühens um Allgemeingültigkeit und -verständlichkeit der Erkenntnisse zumeist unter die Räder kam oder gar belächelt wurde: Es ist dies die Situativität und die Spezifik körperlicher Erfahrung und Differenz.

Ein Blick in die Medizin- und Wissenschaftsgeschichte ist hier hilfreich. Der französische Arzt und Wissenschaftshistoriker George Canguilhem – ein Schüler von Gaston Bachelard und einflussreicher Lehrer von Michel Foucault, Pierre Bourdieu und Alain Badiou – erkundete in den 1970er und 1980er Jahren noch die Entstehung, Wirkung und Bedeutung des Konzeptes der Gesundheit – und der Körperlichkeit. Vieles an seinem Ansatz ist eminent bedeutsam für die Kultur- und Medienwissenschaften – vor allem aber seine harsche Kritik am noch heute (vermittels der WHO, der „World Health Organisation") vorherrschenden *Konzept absoluter Gesundheit.* Für unsere Frage der Leiblichkeit in Bezug zum Klangempfinden ist nun aber vor allem sein – in Bezug auf andere Medizinhistoriker und Philosophen seiner Zeit entwickeltes – alternatives Körperkonzept von Interesse: Canguilhem betont die *en détail* stets unvorhersehbare Dynamik, die Nicht-Linearität und die reaktive Morphologie biologischer Lebensformen, die er an der corporealen Empirie entwickelt hat. Gegen ein ganz funktional-mechanizistisches Verständnis der Organ-Ökonomie, einer „Regierung von Hygienikern" – „Der Hygieniker bemüht sich, eine Bevölkerung zu regieren",[23] polemisiert er –, stellt er einen anderen Ansatz: nämlich einen solchen, der tatsächlich zu einem Leben animieren soll, das auch Selbstverschwendung, Verschleiß und Erschöpfung impliziert; ein

23 Canguilhem, Georges (2004). *Gesundheit – eine Frage der Philosophie.* Berlin, S. 63.

Leben auch in fröhlich lärmender Feier und in Ekstase, in Versehrung auch. Canguilhem wörtlich:

> *Die ängstliche Bestimmtheit, Situationen zu vermeiden, die ein katastrophales Verhalten hervorbringen, das Streben nach schlichter Erhaltung eines Rests an Fähigkeiten, ist Ausdruck eines Lebens unter Verlust an ‚Responsivität'.*[24]

Für Canguilhem verliert ein solches Leben, das nur um Sicherheit und physisch messbare Gesundheit besorgt ist – überwiegend nach einem andro- und eurozentrischen, einem heteronormativen und jegliche Idiosynkrasien negierenden Modell –, ein solches Leben verliert seine ihm wesentliche Fähigkeit, tatsächlich individuell zu reagieren, sich zu entwickeln und Neues zu erleben, zu genießen. Mit seinen Überlegungen zerstört Canguilhem unser schulisch und institutionell gelerntes, das hegemoniale Konzept des Körpers der westlichen Welt: Er schafft die Idee eines einzigen – auf Anatomietafeln etwa oder 3D-Visualisierungen abstrahierten – Körpers ab. Die Industrialisierungskonzeption einer gewarteten Maschine überwindet er durch eine, meines Erachtens, der Empirie deutlich nähere, tendenziell unendliche Vielfalt an Körpermorphologien, an Individualitäten und Idiosynkrasien: ein Körperleben, dessen Ambition deutlich weiter reicht als nur bis zum bloß dürftigen Selbsterhalt – es reicht bis zum anthropologischen Bedürfnis nach Expansion und Generativität als individuell erfahrener Vitalität. Verstanden als sensorisches und sonisches Corpus sind die Körper menschlicher (oder auch anderer) Wesen ein Kollektiv nicht-reduzierbarer Differenzen. Der technologisch expandierte Körper ist dabei dezidiert Teil dieser Idee.

Eine solche radikal anders, da hochidiosynkratisch verstandene, nicht mehr reduktive, nicht mehr geschlechtlich oder idealisch reduzierte Konzeption des Körpers nun wirkt sich unmittelbar auf die Erforschung des sensorischen Erlebens aus: Es ist der idiosynkratisch erlebte Leib, der das einzige Medium und Instrument auch kulturhistorischer Forschung ist, um die individuelle,

24 Ebd., S. 43.

die situative und leibliche Wirkung von Klängen zu erkennen, zu beschreiben und in seiner Subtilität zu untersuchen. Ein Hören mit dem Körper wird zur bevorzugten Methode der Forschung, welche die Soundscape-Forscherin Hildegard Westerkamp wie folgt umreißt:

> *Start by listening to the sounds of your body while moving. They are closest to you and establish the first dialogue between you and the environment. If you can hear even the quietest of these sounds you are moving through an environment which is scaled on human proportions. In other words, with your voice or your footsteps for instance, you are ‚talking' to your environment which then in turn responds by giving your sounds a specific acoustic quality.*[25]

Die Leiblichkeit des Hörens, die Westerkamp hier in ihrer Reichweite und ihren epistemischen Qualitäten erläuterte, wurde zuletzt von Autoren wie Brandon LaBelle[26] oder Julian Henriques[27] sowohl klangkünstlerisch-stadtforscherisch als auch ethnographisch und musikästhetisch erkundet. In all diesen Fällen ist es die individuelle, persönliche Erkundung der Umgebung durch den eigenen Körper der Forschenden, die erkenntnisleitend wirkt. Der Leib, das sonische Corpus der Forscher selbst, ist in diesen Studien nicht mehr ein überständiges Individuum, das der allgemeingültigen Erkenntnis im Wege steht; sondern die individuelle Empfindsamkeit wirkt forschungsleitend, und ihre Verfeinerung, die Steigerung der Empfindungs- und Wahrnehmungsfähigkeit sowie die Ausweitung der sensorischen (nicht allein begrifflichen) Differenzierungs- und Verknüpfungsmöglichkeiten, entspricht einer fortschreitenden ingenieurischen Verbesserung der Präzision der Forschungsinstrumente. Dieses Maß der Präzision ließe sich dann etwa im Begriff der „Empfindungsgenauigkeit"[28]

---

25 Westerkamp, Hildegard (1974). „Soundwalking", in: *Sound Heritage* III, Nr. 4; wieder abgedruckt in: Carlyle, Angus (2007). *Autumn Leaves, Sound and the Environment in Artistic Practice.* Paris, S. 49.

26 LaBelle, Brandon (2010). *Acoustic Territories. Sound Culture and Everyday Life.* New York.

27 Henriques, Julien (2011). *Sonic Bodies. Reggae Sound Systems, Performance Techniques, and Ways of Knowing.* New York.

28 Schulze, Holger (2012). „Empfindungsgenauigkeit", in: Ders. (2012). *Intimität und Medialität. Eine Anthropologie der Medien.* Berlin, S. 312–358; Schulze, Holger (2012). „Empfindungsgenauigkeit. Eine Syrrhese", in: Ders. (Hrsg.) (2012b). *Gespür – Empfindung – Kleine Wahrnehmungen. Klanganthropologische Studien.* Berlin, S. 9–22.

beschreiben. Denn nicht allein ins Numerische quantifizierbare Erkenntnisse besitzen eine skalierbare Präzision, sondern auch die sensorischen und propriozeptiven, die hochsituativen und -idiosynkratischen Erkenntnisse anhand konkret gestalteter Artefakte und Prozesse lassen sich in ihrem Grad der Genauigkeit differenzieren. Während westlich geprägte Kulturen einer linear messbaren und berechenbaren Genauigkeit immer noch einen übermäßig hohen Wert in all ihren institutionalisierten Prozeduren zuschreiben, so wird das Erleben des einzelnen Individuums im konkreten Moment des Wahrnehmens und Empfangens nach wie vor von einem jeweils differenten Gespür des Angemessenen, des *aptum*, in dieser Situation beherrscht. Dieses Gespür, dieser *bodily felt sense* (Gendlin 1992), entzieht sich keineswegs aller diskursiven Differenzierung und Kritik – sondern es verlangt wie jedwede Körper- und Kulturtechnik eine spezifische Schulung und eine diskursive Praxis: eine Verbesserung der Forschungsinstrumente. Solche „Affektübertragung"[29] (Imorde 2004) als Artikulation von und als Streit um eine bestimmte Empfindungsgenauigkeit fußt auf dieser Annahme, dass wir uns als sensorischer *corpus* unaufhörlich in den Materien, den *percepts* (Deleuze/Guattari 1996), befinden. Die Materien der Realität fließen und dringen und vibrieren durch uns hindurch, wie Klaus Theweleit es beschreibt:

> *Wir sind Figuren aus Licht und Wasser, einer Reihe von Säuren und ein paar Mineralien, und äußern uns in Wellen. Alle unsere Körperzellen nehmen ständig nicht nur Nahrung, sondern Licht und Wellen auf, mediale Reize und Reize aus der Luft, darunter eine ungeheuere Menge an Reizen, die von anderen Körpern, von anderen Personen ausgehen. Nur für die gröbsten dieser Reize haben wir ein bewusst ausgearbeitetes Sensorium. Wir nehmen sofort die ‚Laune' von Personen wahr, wenn sie den Raum betreten; besonders von Personen, die wir gut kennen. Aber wenn wir sagen: ‚Der oder die war aber ›geladen‹', dann sind wir uns dessen sicher auch bei Personen, die wir kaum oder gar nicht kennen – und wie geht das? ‚Vorsicht! Explodieren gleich.' Einen Teil davon nehmen wir mit dem Auge*

29 Imorde, Joseph (2004). *Affektübertragung*. Berlin.

> *wahr, Haltung, Gesichtsausdrücke. Vielleicht ‚riechen' wir auch hier (ohne es zu merken) die Wut. Aber die Person ‚strahlt auch aus'. Bestimmte Zellstrukturen ihres Körpers senden: Wut. Und bestimmte Zellstrukturen unseres Körpers, die dafür empfänglich sind, warnen uns: Vorsicht, Explosivstoff.*[30]

Wendet sich die kulturgeschichtliche Forschung diesen idiosynkratischen und spürsinnigen Leibern ebenso sorgsam zu wie den delikaten Dispositiven, die sie umsorgen, so ist mindestens eine ebenso große Empfindungsgenauigkeit in der Synchronie nötig wie historische Genauigkeit in der Diachronie. Der forschende Leib kann dann nicht mehr anonym sein und wissenschaftsüblich seine Allwissenheit, Allbelesenheit, sein Allverständnis behaupten; es nutzte auch nichts und wäre nur erkenntnisverhindernd. Es braucht dagegen Forscherinnen und Forscher, die bereit sind, tatsächlich zu *hören* in aller Situativität, Individualität und Subtilität. Hören als leibliche Technik wird dann zum ebenso grundlegenden Handwerkszeug der Kulturanalyse wie drei andere uns gut vertraute und fast unhinterfragte leibliche Techniken der Forschung: das Lesen (von Dokumenten), das Ablesen (von Messanzeigen) und das Sehen (von Bild- oder Filmdokumenten). Jede dieser epistemischen Techniken besitzt ein großes Maß an auslegungsbedürftigen Vagheiten und Varianzen; doch solche Interpretationsspielräume scheinen nur dem verstörend und verunsichernd, der absolute Sicherheit gleich zu Anfang eines Erkenntnisprozesses erwartet (was selbst ein Erkenntnisprozess nach Modellen des härtesten Positivismus kaum leisten könnte). Das Wahrnehmen, Durchdringen, das Zuordnen, das versuchsweise Ausdeuten, das Revidieren, das im Streit neu Zuordnen und Ausdeuten, das Erkennen von merkenswürdigen Einzelheiten, das alles braucht eine gewisse, eher länger als gedachte Zeit und einen dafür geeigneten und förderlichen Raum – sowie vor allem eine hinreichend *empfindungsgenaue Person*, die befähigt ist, sich eine solche Forschungsumgebung zu nehmen oder aufzubauen und eine bestimmte Erkenntnis sich darin wirksam ausbreiten zu lassen. Beim Lesen historischer Dokumente; beim Ablesen technischer

30 Theweleit, Klaus (2007). *Übertragung. Gegenübertragung. Dritter Körper. Zur Gehirnveränderung durch die Medien.* Köln, S. 26.

Anzeigen; beim Sehen von Film- und Bilddokumenten. Und so auch beim Hören von vorliegenden Tondokumenten, von Tonsituationen. Diese Empfindungsgenauigkeit der Forschung insgesamt umfasst damit ein langsames, ein vor dem eilfertigen Sprechen und Artikulieren, dem versierten Argumentieren und Plädieren mit Hilfe wohlvertrauter Redefiguren zurückscheuendes Schmecken und Spüren zunächst, ein zögerndes Erkunden des inkommensurabel Sensorischen. Eine (in Worten, Bildern, Filmen, Klängen dokumentierte) Situation soll sich zunächst leiblich auswirken können: „il n'y a rien dans la sapience qui n'ait passè par la bouche et le goût, dans la sapidité."[31] Es ist diese situative Artikulation der Klänge sowie ihrer jeweils anderen Resonanz und Brechung im jeweils ganz anders ausgeformten, geschichtlich gewachsenen und performativ sich darbietenden und hörenden menschlichen Körper in all seinen Idiosynkrasien, denn erst diese Artikulation des körperlichen Hörens erfasst auf angemessene Weise die Situation eines Klangs.

IV. Die Situation des Klangs

Sonic Fictions on Aural Architectures

Es könnte nun scheinen, dass diese beiden Zugangsweisen und Begriffe, die ich in diesem Beitrag eingeführt und erläutert habe, wie unvereinbar nebeneinanderstehen: Wie lässt sich eine historische, auch materialistische Untersuchung der Apparaturen und Regularien zur Klangverarbeitung, - aufzeichnung und -wiedergabe mit einer situativen, einer bewusst subjektivistischen und idiosynkratischen Erfahrung des Hörens verbinden? Bedeuten beide Zugangsweisen nicht einander vollkommen entgegengesetzte Theorietraditionen und Denkzusammenhänge? Eine solch radikale, auch nur methodisch-analytische Trennung der individuellen Leiblichkeit von einem apparativen Dispositiv – wie von mir in diesem Aufsatz bislang aus Gründen argumentativer Ökonomie

31 Serres, Michel (1985). *Les Cinq Sens: philosophie des corps mêlés.* Paris, S. 177. „Nichts ist in der Weisheit, in der Kunst des *sapere*, das nicht zuvor durch Mund und Geschmackssinn gegangen ist." Vgl. Serres, Michel (1993). *Die Fünf Sinne. Philosophie der Gemenge und Gemische.* Frankfurt am Main, S. 219.

und Dramaturgie vorgenommen – suggeriert einen Dualismus von Anorganischem und Organischem, von Materialem und Leiblichem, von Nichtmenschlichem und Menschlichem: eine Dualität, die historisch lediglich wiederum nur erkenntnishinderliche, da anthropozentrische Denktraditionen überliefert. Tatsächlich sind beide isolierte Begriffe kaum mehr als interpretative Perspektiven, die eine kulturhistorische Studie wahlweise einnehmen könnte. Einzelne Situationen des Klangs könnten hinsichtlich der historisch entwickelten Imaginarien aus Kulturtechniken und Dispositiven, aus Architekturen und Apparaten untersucht werden. Sie könnten jedoch ebenso hinsichtlich der leiblich-faktisch erlebten, sensorischen Idiosynkrasie in einer genau bestimmbaren Situation in all ihrer vielfältigen Materialität und Physiologie analysiert werden. Eine solche Trennung der Perspektiven ist allerdings kaum mehr als ein forscherisches Artefakt, das interpretativ nutzbar gemacht wird. Sinnvollerweise kann eine Situation des Hörens und des Klangs nur als eine kaum simpel aufzulösende Durchdringung und Vermischung von Apparativem und Idiosynkratischem, von Imaginarien und Materien, von Kulturtechniken und Leiblichkeit, von Dispositv und Erfahrung gedacht und beschrieben werden. Leibliche Idiosynkrasie ist unauflöslich verflochten mit der imaginierten Materialität um uns, durch uns und an uns. Leibliche Empfindung denkt durch diese Dinge und Vorstellungswelten hindurch: sie artikuliert sich darin – als Hörsituation in ihrer gesamten Komplexität und ihrer ganz gewöhnlichen Widersprüchlichkeit und Dialektik.

Wie kann dies methodisch gelingen? Wie können wir etwa diese Hörsituation *jetzt* – ich an Tastatur und Monitor, diesen Text überarbeitend, Sie vielleicht in einer Bibliothek, bei sich zuhause, in öffentlichen Verkehrsmitteln, im Urlaub oder ebenfalls am Rechner – derart untersuchen, dass wir die Kulturtechniken und Imaginarien, die Sie und ich gerade aktualisieren, als repräsentiert und transformiert durch Ihre und meine individuelle Empirie und Sensorik beschreiben?

Es braucht hierzu wohl eine doppelte, eine oszillierende Vorgehensweise, um unserer situativ wie historisch geprägten Pendelbewegung aus *Reflexion* und *Sensorik* gerecht zu werden. Eine solche gedoppelte Vorgehensweise halte ich für absolut notwendig nicht nur für Forschungsansätze im Feld der *Sound Studies*, sondern ebenso auch in den vielen noch un- oder kaum erforschten Feldern der *Sensory Studies* zum Riechen und Schmecken, Essen und Tänzeln, Berühren und Spüren in Situationen des täglichen Lebens. Diese doppelte Methode verknüpft eine *historische Archivforschung* und analytische Kritik vorliegender Quellen und Dokumente einerseits mit einer *situativen Feldforschung*, die das subtil verflochtene Erfahrungsgefüge in seinen historisch-biographischen wie sensorisch-physischen Erlebnisanteilen nachvollziehbar macht. Fehlt eine Hälfte in diesem Doppel, geht die gesamte Methode fehl.

Um eine einzelne, konkrete Situation – hier und jetzt – also umfassend im Sinne der *Sound Studies* zu verstehen, ist sie als eine hörbare, als eine *aural architecture* zu begreifen – die wir durch eine idiosynkratische, hochpersönliche Hörerzählung, eine *sonic fiction*, aktualisieren, untersuchen und verstehen können. In diesem Doppel verbinden sich zwei Ansätze, die im Feld der *Sound Studies* zunehmend zentral erscheinen: zum einen der Ansatz einer auditiv orientierten Raum-, Situations- und Architektur-Analyse als *aural architecture* (erstmals vorgeschlagen von Barry Blesser und seiner Frau Linda Ruth-Salter im Jahre 2006, ein unvermuteter Ausläufer von Blessers Entwicklungsarbeit des ersten digitalen, algorithmischen Raumhalls in den 1970er Jahren); zum anderen den Ansatz eines sprachlich innovativen und erkenntnissuchenden, essayistischen Erzählens eines persönlichen Klangerlebens in all seinen imaginativen wie diskursiven und begrifflich-poetischen Weiterungen – beispielhaft formuliert und vorgeschlagen durch den britischen DJ und Musikkritiker Kodwo Eshun in seinem radikalen, idiosynkratisch-inkommensurablen Buch aus dem Jahr 1998 mit dem Titel „More Brilliant Than The Sun. Adventures in Sonic Fictions".[32]

Zum einen gilt als Untersuchung der *aural architecture* solch eine Analyse, die nicht die physikalische Seite der Raumakustik als Gegenstand allein untersucht, sondern Technikgeschichte und individuelles Raumerleben (vergleichbar etwa, wenn auch weniger systematisch, mit der Raumsoziologie von

32 Eshun, Kodwo (1998). *More Brilliant than the Sun. Adventures in Sonic Fiction.* London.

Martina Löw[33]) als Gegenstand der Architektur einführt. Nichtarchitekten und Nichtraumplanern scheint ein solcher Zugang üblicherweise trivial, doch tatsächlich ist ein solch situatives, auditiv responsives, phänomenologisch-subjektives Raumerleben der Arbeitsschwerpunkt noch weitgehend einzelner, randständiger Theoretiker und Avantgardisten der Architektur; im Alltag der Wettbewerbe, der Baupläne und stummen, im Hubschrauberüberflug präsentierten 3D-Renderings von Bauvorhaben und Stadtplanungen spielt all dies tatsächlich nicht die geringste Rolle. Es bietet sich auch hier ein noch weitgehend unbestelltes Feld der Empfindungen dar: Wie wir Räume hören und empfinden, wie ein Ort „sonically illuminated"[34] wird – also, wie Resonanzen, durch die Materie fortgetragene Vibrationen und Erschütterungen die physische Umgebung eines Ortes sensorisch erkennbar, spürbar und deutlich werden lassen? Oder wie weit reicht unser „acoustic horizon"[35] jeweils, sprich: Wie weit können wir durch die vermeintlichen Grenzen des Visuellen und Haptischen (Mauern, Maschinen, Stoffe, Dinge, Menschen) jederzeit viel weiter hören und wahrnehmen? Sonisch gedacht, sind viele vermeintlichen Grenzen tatsächlich gar kein Hindernis, sondern eher filternde und übertragende Membranen, die teils faktisch dämpfen, teils aber auch verstärken und am Ende erst für Mediatisierungen sorgen können. Eine Medientheorie der auditiven Architektur – die erst noch zu schreiben wäre – würde tatsächlich zahllose Kategorien der Sinne und überkommene, nur vermeintliche Demarkationen radikal umkehren und vielfach kontraintuitiv denken. Als Teil einer Medientheorie des Auditiven wäre sie damit – wie wohl schon deutlich wurde – notwendigerweise auch eine Anthropologie, eine reflektierte, nicht mehr anthropozentrische, sondern symmetrische Anthropologie.

Einen Ansatz hierfür bietet wie angedeutet die Untersuchungsmethode der *sonic fiction*. Denn innerhalb einer symmetrisch-anthropologisch geprägten Kulturtheorie des Hörens ist die Forscherin oder der Forscher tatsächlich das erste Medium der Erkenntnis – und da diese als Personen nicht anonym,

33 Löw, Martina (2001). *Raumsoziologie*. Frankfurt am Main.

34 Blesser, Barry/Salter, Linda-Ruth (2007). *Spaces Speak, Are You Listening? Experiencing Aural Architecture*. Cambridge (Mass.)/London, S. 12–19.

35 Ebd., S. 20–34.

körperlos, abstrakt und ahistorisch sind, sondern spezifische, kenntliche Subjekte, muss eine jeweils individuelle Artikulation einer Hörsituation und ihrer Hörerfahrung im Zentrum stehen. Genau dies tut nun Kodwo Eshun in seinen höchst subjektiven, rhapsodisch erzählten *sonic fictions*, seinen klanglichen Imaginationen. Diese Subjektivierungsleistung bildet aber als Inkorporation, als nachvollziehendes *embodiment* die notwendige Grundlage für jede nachfolgende intersubjektive Kritik und Analyse. Eshun schreibt, zum Anlass einer Schallplattenfiktion:

> *Sonic Fictions, PhonoFictions generate a landscape extending out into possibility space. These give the overwhelming impression that the record is an object from the world it releases. This interface between Sonic Fiction and track, between concept and music, isn't one of fiction vs reality or truth vs falsity. Sonic Fiction is the packaging which works by sensation transference from outside to inside. The front sleeve, the back sleeve, the gatefold, the inside of the gatefold, the record itself, the label, the cd cover, Sleevenotes, the cd itself; all of these are surfaces for concepts, texture-platforms for PhonoFictions. Concept feeds back into sensation, acting as a subjectivity engine, a machine of subjectivity that peoples the world with audio hallucinations.*[36]

Wie kann dies nun also gelingen? Zunächst ist anzuerkennen, dass sich einer spezifischen Wahrnehmungssituation, einer auditiven Architektur etwa, auch ein idiosynkratisches Sensorium einpasst. Da ein Leib idiosynkratisch geprägt und gewachsen ist, gilt dies ebenso für unsere Sinneswahrnehmung, zudem sie kulturell und historisch eigensinnig geformt ist. Die Subjektivierung einer Hörerfahrung muss darum *genau nicht* auf allgemeine Zustimmung in jeder Detailbeschreibung und -bewertung zielen oder schielen, sondern sollte die Aufmerksamkeit vor allem auf das Besondere, das Befremdliche, das Verstörende und vielleicht von keiner zweiten Kreatur, von keinem zweiten Sensorium in

36 Eshun 1998, S. 121.

Geschichte, Gegenwart und Zukunft vergleichbar Wahrgenommene lenken. Oder in den Worten von Michel Serres:

> *Il faut écrire au plus près du buisonnement agité, de la capacité des sens ouverte, offerte par le sensible. J'entends le sensible bien nommé, par l'infinie capacité du sens. Des peubliers les feuilles sessiles écrivent et disent le sensible, à lire, ici, et à ouïr.*[37]

Solche Artikulationen sonischen Empfindens als eigensinniger Imagination bieten dann eine tatsächlich informative, wertvolle und selbst für künftige Geschichtsschreibung und Analyse nützliche Grundlage; eine Grundlage, die das allgemein Anerkannte, das Normative und Kommensurable höchstens als Folie der Wiedererkennbarkeit, als gleichverteiltes Hintergrundrauschen einer mittleren Ebene bieten kann. Denn die Generativität der Artikulation ist notwendiges Merkmal jeder *sonic fiction*: Jede Artikulation einer Hörerfahrung, die sich um größtmögliche Normativität und Normhörigkeit bemüht, ist schlichtweg uninteressant, nicht anregend und unwirksam. „Ich habe überhaupt zu nichts ein unambivalentes Verhältnis, jedenfalls nur in sehr seltenen Augenblicken."[38] Allein eine Hörerfahrung, die uns verstört, überrascht – sowohl stilistisch als auch inhaltlich –, hat forscherisch überhaupt irgendeinen Wert. Erst sie ist generativ und kann Debatten, Streitigkeiten, begriffliche Verfeinerungen und Differenzierungen auslösen: „good music / i dance. / no good music: / i not dance."[39] Das allgemein Anerkannte zu artikulieren stabilisiert hingegen einen vermeintlich allgemeingültigen Status quo der Wahrnehmung – und unterschlägt und verdeckt die Pluralität und Inkommensurabilität eigener Klangwahrnehmungen. „Man sagt immer, die poetische Sprache sei künstlich. Aber in Wahrheit ist das die einzige nicht arrangierte Sprache, wenn

37 Serres 1985, S. 125. „Unser Schreiben muss sich möglichst nahe an das erregte Rauschen, die eröffnete Möglichkeit von Sinn halten, die das sinnlich Wahrnehmbare bietet. Das sinnlich Wahrnehmbare ist wohlbezeichnet durch die unendliche Möglichkeit von Sinn. Die zitternden Blätter der Pappeln schreiben und sagen das sinnlich Wahrnehmbare, so dass wir es lesen und hören können." Vgl. Serres 1993, S. 156.

38 Habermas, Jürgen (1985). *Die Neue Unübersichtlichkeit.* Frankfurt am Main, S. 203.

39 T-Shirt-Aufschrift.

ein Gefühl da ist."[40] Je unverständlicher, inkommensurabler, je devianter und erratischer die Wahrnehmungsweise eines hörenden Forschers scheint, umso fruchtbarer kann sie möglicherweise sein. Nicht das Verleugnen und Negieren forscherischer Individualität und Personalität ist in dieser Epistemologie also das Medium der Erkenntnis, sondern genau das Betonen, Herauskehren und weidliche Ausnutzen solch spezifischer Empfindsamkeiten und besonderer Neigungen wie Abneigungen – wie etwa in diesem Schriftdokument aus dem 19. Jahrhundert:

> *Wie lange und wie oft kann man am Ufer sitzen und den anlaufenden Wogen zusehen! Ihre rhythmische Bewegung, welche doch im Einzelnen fortdauernden Wechsel zeigt, bringt ein eigenthümliches Gefühl von behaglicher Ruhe ohne Langeweile hervor, und den Eindruck eines mächtigen, aber geordneten und schon gegliederten Lebens. Wenn die See ruhig und glatt ist, kann man sich eine Weile an ihren Farben freuen, aber sie gewährt keine so dauernde Unterhaltung, als wenn sie wogt. Kleine Wellen dagegen auf kleineren Wasserflächen folgen sich zu hastig und beunruhigen mehr, als dass sie unterhalten.*[41]

Solch eine zarte, noch ungelenke, fast ängstliche *sonic fiction*, eine persönliche Erzählung über ein hochidiosynkratisches Klang- und Raumerleben, solch eine sensorisch dichte Erzählung verkörpert zugleich das situative Hören einer bestimmten Landschaft und Umgebung, einer historischen Epoche und Kultur. Im Erzählen dieser Situation verweist der spätere Gründer und Präsident der Physikalisch-Technischen Reichsanstalt in Berlin, Hermann von Helmholtz, auf eine Theorie des Hörens als Empfinden im vollen Sinne – welche unter den Bedingungen kantianischer Epistemologie seiner Zeit jedoch nicht zu verwirklichen war. Die *condition humaine comme auditive* konnte zunächst nur mittels der Übertragungen in zählbare Signale und elektrische Zeichen aufgeschrieben und erforscht werden. Für eine Kulturgeschichte des Hörens und der Klänge

40 Peter Handke im Interview 2007, in: Müller, André (2011). *Sie sind ja wirklich eine verdammte Krähe. Letzte Gespräche und Begegnungen.* München, S. 78.

41 Helmholtz, Hermann (1863). *Die Lehre von den Tonempfindungen als Physiologische Grundlage für die Theorie der Musik.* Braunschweig, S. 387f.

allerdings sind *sonic fictions* die einzigen aussagekräftigen und sensorisch tiefen Zeugnisse jenseits reduktiver Theorien der Signalverarbeitung. Sie sind Beiträge zu einer „Anthropologie der Medien".[42] „Et si la philosophie du savoir n'avait pas commencé?"[43]

42 SCHULZE, Holger (2012a). *Intimität und Medialität. Eine Anthropologie der Medien.* Berlin.

43 SERRES 1985, S. 181. „Das Feuer sorgt für eine Verschmelzung der Dinge. Das Rohe bietet uns Einfaches und Elementares in zarter Frische, die Küche erfindet Verbindungen. Die Analyse zerschneidet und zerteilt brutal; die Synthese bedarf des Feuers. Mit einem Male steht die Synthese auf der Seite des Wissens und der Kultur, während die Analyse der rohen Natur verhaftet bleibt. Und wenn die Philosophie des Wissens noch gar nicht begonnen hätte?" Vgl. SERRES 1993, S. 225.

Literatur

AGAMBEN, Giorgio (2006). *Che cos'è un dispositivo?* Rom.

ALTMAN, Rick (Hrsg.) (1992). *Sound Theory, Sound Practice.* New York.

ATTFIELD, Judith (2000). *Wild Things. The Material Culture of Everyday Life.* Oxford.

BAUDRY, Jean-Louis (1970). „Cinéma: effets idéologiques produits par l'appareil de base", in: *Cinéthique* 7–8, S. 1–8.

BAUDRY, Jean-Louis (1975). „Le dispositif: approches métapsychologiques de l'impression de réalité", in: *Communications* 23 (Psychanalyse et cinéma), S. 56–72 (Engl.: *Camera Obscura, Fall 1976*, in: Philip ROSEN [1986]. *Narrative, Apparatus, Ideology.* New York).

BIJSTERVELD, Karin (2008). *Mechanical Sound. Technology, Culture and Public Problems of Noise in the Twentieth Century.* Cambridge (Mass.)/London.

BLESSER, Barry/SALTER, Linda-Ruth (2007). *Spaces Speak, Are You Listening? Experiencing Aural Architecture.* Cambridge (Mass.)/London.

BURKE, Peter (2004). *What is Cultural History?* Cambridge.

BURKE, Peter (2005). *Was ist Kulturgeschichte?* Frankfurt am Main.

CAGE, John (1981). *Empty Words: Writings 73–78.* Hanover (USA).

CANGUILHEM, Georges (2004). *Gesundheit – eine Frage der Philosophie.* Berlin.

DEBRAY, Régis (1992). *Vie et mort de l'image. Une histoire du regard en Occident.* Paris.

DEBRAY, Régis (1996). *Media Manifestos.* New York.

DEBRAY, Régis (2000a). *Introduction à la médiologie.* Paris.

DEBRAY, Régis (2000b). *Transmitting Culture.* New York.

DELEUZE, Gilles/GUATTARI, Félix (1996). *Was ist Philosophie?* Frankfurt am Main.

ESHUN, Kodwo (1998). *More Brilliant than the Sun. Adventures in Sonic Fiction.* London.

FOUCAULT, Michel (1994). *Le jeu de Michel Foucault* (1977), in: Daniel DEFERT/François EWALD (Hrsg.) (1994). *Dits et écrits.* Bd. 3: 1976–1979. Paris, S. 298–329.

FOWLES, Severin (2010). „People Without Things", in: Mikkel BILLE (Hrsg.). *The Anthropology of Absence: Materializations of Transcendence and Loss.* New York/Dordrecht/Heidelberg/London, S. 23–41.

GENDLIN, Eugene T. (1992). „The Wider Role of Bodily Sense in Thought and Language“, in: Maxine SHEETS-JOHNSTONE (Hrsg.). *Giving the Body its Due*. Albany 1992, S. 192–207.

GIBSON, James Jerome (1979). *The ecological approach to visual perception.* Boston.

GOODMAN, Steve (2010). *Sonic Warfare. Sound, Affect and the Ecology of Fear.* Cambridge (Mass.)/London.

GROSSMANN, Rolf (2008). „Verschlafener Medienwandel“, in: *Positionen – Beiträge zur Neuen Musik* 74 (Dispositiv[e]), S. 6–9.

HABERMAS, Jürgen (1985). *Die Neue Unübersichtlichkeit* (Kleine Politische Schriften V). Frankfurt.

HELMHOLTZ, Hermann (1863). *Die Lehre von den Tonempfindungen als Physiologische Grundlage für die Theorie der Musik.* Braunschweig.

HENRIQUES, Julien (2011). *Sonic Bodies. Reggae Sound Systems, Performance Techniques, and Ways of Knowing.* New York.

HOWES, David (2004). *The Empire of the Senses.* Oxford.

IMORDE, Joseph (2004). *Affektübertragung.* Berlin.

KELLEY, Kevin (2010). *What Technology Wants.* New York.

KITTLER, Friedrich (1986). *Grammophon, Film, Typewriter.* Berlin.

LABELLE, Brandon (2010). *Acoustic Territories. Sound Culture and Everyday Life.* New York.

LATOUR, Bruno (1991). *Nous n'avons jamais été modernes. Essai d'anthropologie symétrique.* Paris.

LATOUR, Bruno (1999). *Politiques de la nature. Comment faire entrer les sciences en démocratie.* Paris.

LÖW, Martina (2001): *Raumsoziologie.* Frankfurt am Main.

MAUSS, Marcel (1936): „Les Téchniques du Corps", in: *Journal de Psychologie* XX-XII, Nr. 3–4 (15. März bis 15. April), S. 271–293.

MERLEAU-PONTY, Maurice (1945). *Phénomenologie de la perception.* Paris.

MILLER, Daniel (2005). *Materiality.* Durham.

MILLER, Daniel (2008). *The Comfort of Things.* Cambridge.

MILLER, Daniel (2010). *Stuff.* Cambridge.

MÜLLER, André (2011). *Sie sind ja wirklich eine verdammte Krähe. Letzte Gespräche und Begegnungen.* München.

NANCY, Jean-Luc (1992). *Corpus.* Paris.

NANCY, Jean-Luc (2003). *Corpus.* Berlin.

NANCY, Jean-Luc (2007). *Listening.* New York.

PERNIOLA, Mario (1991). *Del sentire.* Turin.

PERNIOLA, Mario (2004). *Contro la communicazione.* Turin.

PERNIOLA, Mario (2005). *Wider die Kommunikation.* Berlin.

PERNIOLA, Mario (2009). *Über das Fühlen.* Berlin.

SCHAFER, Raymond Murray (1977). *The Soundscape. Our Sonic Environment and the Tuning of the World.* New York.

SCHMITZ, Hermann (1990). *Der unerschöpfliche Gegenstand. Grundzüge der Philosophie.* Bonn.

SCHULZE, Holger (Hrsg.) (2008). *Sound Studies: Traditionen – Methoden – Desiderate.* Bielefeld.

SCHULZE, Holger (2012a). *Intimität und Medialität. Anthropologie der Medien.* Berlin.

SCHULZE, Holger (Hrsg.) (2012b). *Gespür – Empfindung – Kleine Wahrnehmungen. Klanganthropologische Studien.* Bielefeld.

SERRES, Michel (1985). *Les Cinq Sens: philosophie des corps mêlés.* Paris.

SERRES, Michel (1993). *Die Fünf Sinne. Philosophie der Gemenge und Gemische.* Frankfurt am Main.

SERRES, Michel (2009). *The Five Senses. A Philosophy of Mingled Bodies.* New York.

STERNE, Jonathan (2003). *The Audible Past. Cultural Origins of sound reproduction.* Durham/London.

THEWELEIT, Klaus (2007). *Übertragung. Gegenübertragung. Dritter Körper. Zur Gehirnveränderung durch die Medien.* Köln.

WESTERKAMP, Hildegard (1974). „Soundwalking", in: *Sound Heritage* III, Nr. 4, S. 18–27 (wieder abgedruckt in: CARLYLE, Angus [2007]. *Autumn Leaves, Sound and the Environment in Artistic Practice.* Paris).

Kathrin Dreckmann

„Abhören und Strafen“: Die Geburt der akustischen Überwachung aus dem Geiste der Phonographie

Einleitung

Das Thema „Überwachen (und Strafen)“ gehört spätestens seit den Arbeiten von Michel Foucault zu den großen Diskursfeldern der Kulturphilosophie und -theorie. Folgt man den Theorien Foucaults, so konstituieren sich Diskurse und gesellschaftliche Formationen mittels Strategien des Ausschlusses und der Sanktionierung. Ein gewichtiger Teil solcher Strukturierungsprozesse geht dabei von (Macht-)Praktiken des Überwachens aus: Die Etablierung der modernen Gefängnisse im 18. Jahrhundert sorgte dafür, so Foucault, dass verurteilte Subjekte überwacht und abweichende Verhaltensweisen durch disziplinierende Maßnahmen in ein normenkonformes Verhalten überführt werden konnten. Durch diese moderne Machtpraxis habe (stark zusammengefasst) das Subjekt sich selbst diszipliniert, und zwar indem es sich das Ausmaß der Strafen vor Augen führte, die ihm im Falle einer Straftat drohten. Zugespitzt formuliert „überwacht“ sich das Subjekt demnach selbst. Die Bestrafung wird so zu einer komplexen gesellschaftlichen Funktion.

Die Foucaultsche Unterscheidung zwischen subjektlos wirkender Macht einerseits und institutionengebundener Herrschaft andererseits hat neuerdings eine besondere Aktualität erlangt, indem der US-amerikanische Auslandsgeheimdienst NSA[1] den Blick auf den Zusammenhang von Digitalität und

1 Die National Security Agency (NSA) ist der größte und finanziell am üppigsten ausgestattete Auslandsgeheimdienst der Vereinigten Staaten. Sie ist zuständig für die weltweite Überwachung, Entschlüsselung und Auswertung elektronischer Kommunikation und arbeitet vor allem mit den europäischen Geheimdiensten zusammen (*Süddeutsche Zeitung*, 24.6.2013). Neben der Datenspeicherung und der Echtzeit-Überwachung von Online- und Telekommunikation der großen US-amerikanischen Internetunternehmen (u. a. Apple, Microsoft,

Überwachungsstrategien gelenkt hat. Deutlich wird dadurch das Folgende: Die technologischen Medien beschleunigen den institutionell gelenkten Prozess und die Praxis der permanenten Überwachungs- und Kontrollmechanismen, an dem das Subjekt selbst mitwirkt. In den „flüchtigen Überwachungsmedien" der sozialen Netzwerke und elektronischer Datenspeicherung hinterlässt es all seine (elektronischen) Daten und Spuren, die auf den Mega-Datenservern der Welt gespeichert werden und auf Vorrat unter dem Diktum der „neuen Sicherheit" abrufbar sind. Disziplinierungs- und Sicherheitsaspekte sind auf diese Weise eng miteinander verbunden, eine Deutungsdimension, die Foucault in seinen Überlegungen noch völlig ausschloss.[2]

Es lässt sich daher die Aussage treffen, dass seit der Erfindung technologischer Speicherungsmedien eine Theorie über den Zusammenhang von Überwachen und Strafen neu entworfen werden müsste, die besonders die mediale Datenspeicherung als eine komplexe Erweiterung gesellschaftlich-staatlicher Machttechniken begreift. Eine Genealogie, die die Mikrophysik der Strafmacht vor dem Hintergrund technologischer Überwachungspraktiken skizziert, muss die verschiedenen Formen und Gesten technologischer Überwachungsszenarien zunächst phänomenologisch nachzeichnen. In dem vorliegenden Aufsatz soll daher die in medienarchäologischer Hinsicht am frühesten auftretende Form und Geste medientechnologischer „Überwachungsphänomene" behandelt werden: das Abhören. Das „Abhören" als machtpolitische Überwachungsgeste ist seit der Erfindung akustischer Datenspeicherung phänomenologisch differenziert, wobei das Abhören fremder Kulturen als eine archäologische Vorstufe technologischer Überwachungspraktiken gelten kann.

Facebook, Google, Skype) seien weltweit Glasfaserkabel angezapft worden (vgl. *Spiegel Online*, 3.8.2013, und *Die Zeit*, 5.8.2013), darunter nicht nur diejenigen Kabel, die durch einzelne europäische Länder verlaufen (und an nationale Server-Verbünde angeschlossen sind), sondern auch die transatlantischen Seekabel (TAT-14 und Atlantic Crossing 1). Vgl. *Spiegel Online*, 21.7.2013, 20.7.2013 und 31.7.2013.

2 Diese Verbindung hatte Foucault ausgeschlossen bzw. strikt getrennt. Vgl. zu der aktuellen Debatte zur „Flüchtigen Überwachung" das Gespräch von: Bauman, Zygmunt/Lyon, David (2013). *Daten, Drohnen, Disziplin. Ein Gespräch über flüchtige Überwachung.* Berlin, S. 15ff.

Die akustische Überwachung

Spätestens seit dem Beginn des 20. Jahrhunderts steht eine Praxis im Mittelpunkt der technologischen Überwachungsstrategien: die akustische Überwachung. (Akustische) Überwachung ist technologisch immer auch an die Möglichkeit der Speicherbarkeit von Datenmengen gebunden. Der Umfang der Speicherbarkeit richtet sich nach dem jeweiligen „Aufschreibesystem“, das verwendet wird, um Daten nutzbar und abrufbar machen zu können. Dabei gilt: Je größer und effizienter das Speichervolumen ist, umso umfassender und ökonomischer ist eine akustische Überwachung angelegt.

Unterschiedliche Gesten des „Abhörens“ können also phänomenologisch und mediengeschichtlich unterschieden werden. So gibt es eben beispielsweise ein „Abhören“ als ein geheimes, aber bloßes Mithören eines Gespräches, ein technologisches „Abhören“, bei dem jemand auf einer anderen „Leitung“ ein Gespräch mithört und das Gesprochene mitschreibt (mit der Hand oder mit der Schreibmaschine), oder ein „Abhören“, das ein ganzes Gespräch auf Band festhält, oder schließlich – so erleben wir es heute – gar ein Abhören, bei dem gleich alle geführten Gespräche einer einzelnen Person auf einem externen (ausländischen) Mega-Datenserver[3] gespeichert und mit weiteren von dieser Person gespeicherten Daten in Verbindung gebracht werden.[4]

Eine solche Phänomenologie von verschiedenen Praktiken des „Abhörens“ zu entwerfen, würde dazu führen, den Zusammenhang zwischen Überwachen und Strafen und die damit verbundene Wissenskontextualisierung neu zu erfassen und zu entfalten. Dabei wäre eine Auseinandersetzung mit den gängigen Mediengeschichten zentral.[5] So wäre zum Beispiel das Ab- und

---

3 PRISM, Boundles Informant, XKeyscore (XKeyscore ist ein Spionagewerkzeug und wird vom Bundesnachrichtendienst und vom Bundesamt für Verfassungsschutz genutzt; siehe Spiegel Online, 21.7.2013; vgl. auch: BND und BfV setzen Spähprogramm XKeyscore ein (Spiegel Online, 20.7.2013) und NSA-System XKeyscore: Die Infrastruktur der totalen Überwachung (Spiegel Online, 31.7.2013)).

4 Gemeint sind damit vor allem Verbindungsdaten zu Telefonaten, Emails, SMS und Chatbeiträgen.

5 Dies leisten mit Hilfe einer moralisch-ethischen Fragestellung Bauman/Lyon 2013. Sie gehen dabei von der These aus, dass totalitäre Systeme diesen Prozess in Gang gesetzt haben.

Mithören einer Telefonleitung am Anfang des 20. Jahrhunderts, wie es in dieser Verwendung seit 1906 belegt ist,[6] nicht gleichzusetzen mit den kilometerlangen Mitschnitten auf Tonband,[7] wie sie etwa in der DDR vom Ministerium für Staatssicherheit produziert wurden.

Vor diesem Hintergrund zeigt sich, dass für eine solcherart konturierte Auseinandersetzung eine (Medien-)Archäologie der Praktiken zu entwerfen ist.[8] An dieser Stelle soll nun aber zunächst der Blick auf eine archäologische Vorstufe gerichtet werden, zu der eine andere Form des Abhörens gehört, nämlich das „Abhören" von (fremden) Kulturen.

Kultur und Medien

Die Machttechnik des Überwachens ist wie die des „Abhörens" immer auch an Phänomene der Medialität von Wissen gebunden. Vermittelbar ist dabei alles, was innerhalb von Kultur(en) medial zirkuliert und was (um einen Begriff von Jan Assmann heranzuziehen) über eine so genannte „konnektive Struktur" verfügt. Demnach bildet grundsätzlich jede Kultur „etwas aus, das man ihre *konnektive Struktur* nennen könnte".[9]

Assmann definiert die „konnektive Struktur" als eine verbindliche Sinnstruktur, die kohärent ist und bei der Konstituierung von Kultur bestimmten Gesetzen folgt. Alles, was das kulturelle Gedächtnis oder eine Kultur betrifft, muss auf diese sich daraus ergebenden „allgemeinverbindlichen Regeln, Grenzen, Normen"[10] eines „kulturellen Sinns" Bezug nehmen, um Teil des kulturellen Gedächtnisses zu sein. Hieraus ergeben sich kulturelle Codes, die auf jedes

6 Vgl. Richter, Rudolf (1983). Art. Abhören, in: *Deutsches Wörterbuch von Jacob und Wilhelm Grimm.* Herausgegeben von der Akademie der Wissenschaften der DDR in Zusammenarbeit mit der Akademie der Wissenschaften zu Göttingen. 1. Band. Leipzig, S. 398–400, hier S. 398.

7 Vgl. Oberhack, Silvia/Jurichs, Katrin/Steinbach, Elke (2010). „Die Töne der Staatssicherheit – die Audioüberlieferung des MfS", in: *Info* 7, S. 10–13. Seit der Verabschiedung des Stasi-Unterlagengesetzes im Bundestag im Jahre 1991 und der archivalischen Rettung und Nutzung konnten vom Bundesbeauftragten für die Unterlagen des Staatssicherheitsdienstes der ehemaligen Demokratischen Republik (BStU) 111 Kilometer Akten, 1.750 Fotografien, 2.800 Filme und 28.400 Tonbänder sichergestellt werden.

8 Dies soll im Rahmen meiner Dissertation geschehen.

9 Assmann, Jan (2005). *Das kulturelle Gedächtnis. Schrift, Erinnerung und politische Identität in frühen Hochkulturen.* München, S. 16.

10 Ebd., S. 124. Zwar bezieht Assmann diesen Konnex auf den Innovationsschub des alten Griechenland. Gleichzeitig überträgt er diesen Begriff ja bekanntlich auf die Kanonik ideologischer Formationen im 20. Jahrhundert. Vgl. dazu ebd., S. 127.

intrakulturelle System bezogen, also strukturell verbindend und verbindlich sind. Nur dasjenige medial Vermittelbare, das über die Möglichkeit der Dechiffrierung kultureller Codes weiterhin in einer Kultur zirkuliert und damit nicht einem Vergessen anheimfällt, ist und bleibt Teil einer Kultur: „Die Kultur ist ihrem eigentlichen Wesen nach gegen das Vergessen gerichtet.“[11] Nach dem Kultursemiotiker Jurji Lotmann bleibt nur dasjenige im Gedächtnis, das in einen Mechanismus des Bewahrens und Erhaltens verwandelt wird:

> *(E)rst die konstruktive, generative Leistung der Aktivierung von gespeicherten Daten im Medium der Erzählung (und anderen Medien der Kodierung, Speicherung und Zirkulation von* kulturellem Sinn, *also: Vektoren), welche die Zeithorizonte einer gegebenen Gesellschaft synchronisiert, macht aus ihnen das kulturelle Gedächtnis.* [12]

Kurzum: Kultur ist also alles, was bleibt, indem Medien „die Zeithorizonte einer gegebenen Gesellschaft synchronisier[en]“. Diese Medien kursieren innerhalb einer Gesellschaft, wobei der Umstand zentral für sie ist, dass sie verfügbar und abrufbar bleiben. Aleida Assmann bezeichnet dieses kulturelle Gedächtniskonzept als das *Funktionsgedächtnis* einer Kultur. Daneben gibt es immer auch ein so genanntes *Speichergedächtnis* einer Kultur, das potentiell Wissen (meist in Form real existierender, schriftlich organisierter Archive) für eine Gesellschaft bereithält, auf das zurückgegriffen werden kann, dabei jedoch nicht immer präsent ist[13]. Neben diesen zwei Konzepten gibt es aber noch eine andere Variante kulturellen Wissens, das die Kehrseite medial zirkulierenden Wissens ausmacht und auch nicht unter die Gattung des klassischen Archivs zu subsumieren ist. Der epistemologische Status solcher „schwarzer“

11 Lotman, Jurij M./Uspenskij, Boris A. (1989). „Zum semiotischen Mechanismus der Kultur“, in: Karl Eimermacher (Hrsg.). *Semiotica Sovietica. Sowjetische Arbeiten der Moskauer und Tartuer Schule zu sekundären modellbildenden Zeichensystemen (1962–1973).* Band 2. Aachen, S. 853–880, hier S. 859. Zitiert nach: Ernst, Wolfgang (2000). „Im Namen des Speichers. Eine Kritik der Begriffe ‚Erinnerung‘ und ‚Kollektives Gedächtnis‘“, in: Moritz Csáky/Peter Stachel (Hrsg.). *Speicher des Gedächtnisses. Bibliotheken, Museen, Archive.* Teil 1: *Absage an und Wiederherstellung von Vergangenheit. Kompensation von Geschichtsverlust.* Wien, S. 99–127, hier S. 104.

12 Ebd. (Hervorhebung im Original).

13 Vgl. Assmann, Aleida (2010). Archive und Bibliotheken, in: Christian Gudehus/Ariane Eichenberg/Harald Welzer (Hrsg.). *Gedächtnis und Erinnerung. Ein interdisziplinäres Handbuch.* Stuttgart/Weimar, S. 165–170, hier S. 167.

Wissensordnungen ist selbst binnendifferenziert. So besteht ein großer Korpus legaler illegaler Archive, die durch juristische und machtpolitische Rahmungen bestimmt sind. So existieren staatlich legitimierte Mitschneidearchive wie die der Stasi, denen heute unter moralisch-ethischen Gesichtspunkten ein eher prekärer Status zukommt. Gleichzeitig bestehen staatlich verordnete, aber unter rechtsstaatlichen Aspekten illegal eingerichtete Archive der Geheimdienste. Daraus ergeben sich wechselnde Konstituenten eben für solche Wissensarchive, die heute oder eben nach Ablauf der 30-jährigen Sperrfrist unter Berücksichtigung bestimmter Nutzer-Reglements zugänglich sind. Das, was hier als „schwarzes Archiv" oder „schwarzes Wissen" verstanden wird, unterliegt also immer einer prekären Ordnung, selbst wenn Geheim-Archive zum Teil öffentlich zugänglich sind. Unter diesen Voraussetzungen ist es notwendig, die Vorgeschichte dieser Archive sowie ihre Entstehungsbedingungen zu untersuchen.

Diese „geheim" gespeicherten Informationen bestehen nur durch ein (meist staatlich verordnetes) Mit-Hören und Speichern mündlicher Redezusammenhänge am Telefon und bleiben einer Kultur bis zu ihrer Öffnung und Erschließung durch Archivare und Historiker für lange Zeit verborgen.

Innerhalb dieses Spannungsverhältnisses von existentem Wissen einerseits und dessen Benutzung in kleinen, geheimen (und politischen) Wissenszirkeln andererseits lässt sich ein frühes medientechnisches Abhören situieren. Angesichts dieser diskursiven Zusammenhänge kann das Phänomen des „Abhörens" zugleich als ein mediengeschichtliches und kulturtheoretisches Phänomen gelten, das sich immer auch auf der Schwelle von Erinnern und Vergessen bewegt.

In der medientechnischen Geschichte des „Abhörens" sind so sehr früh Archive angelegt worden, die nicht immer „geheim" waren, aber deren Wissen heute (nahezu) in Vergessenheit geraten ist. An ihrer Verfasstheit und Geschichte lässt sich ein neuer, medientechnologischer Zusammenhang von Macht und Wissen demonstrieren, bei dem keine Machtbeziehung besteht, ohne dass sich ein entsprechendes Wissensfeld konstituiert hat.[14]

14 Vgl. Foucault, Michel (1995). *Überwachen und Strafen: die Geburt des Gefängnisses.* Frankfurt am Main, S. 39ff.

Die Frühgeschichte des „Abhörens“: das Berliner Phonogramm-Archiv

Dieser medientechnische und kulturtheoretische Zusammenhang von Speichern und Bewahren traf so am Ende des 19. Jahrhunderts aus medienhistorischer Sicht auf zwei Konstellationen: Im Jahre 1877 erfand Thomas Alva Edison den Phonographen, mit dem es fortan möglich wurde, das zuvor flüchtig gesprochene oder gesungene Wort und seinen „Sound“ (als dasjenige, was das „Unaufschreibbare an der Musik und unmittelbar ihre Technik“[15] ist) auf Wachswalzen zu speichern. Auf diese Weise konnten mündlich tradierte Wissensformate jenseits von symbolischen Notationszusammenhängen gespeichert, gesammelt und bewahrt werden.

Diese Erfindung traf den Nerv der Zeit. So wurde der Phonograph, der im Alltag als eine Art „Diktiergerät“ Verwendung finden sollte, in der (Kultur-) Wissenschaft um 1900 zu einem Messapparat für kulturanthropologische und ethnologische Fragestellungen eingesetzt. Denn zu diesem Zeitpunkt waren kulturanthropologische Forschungen in den deutschen Kolonialgebieten sehr beliebt, wobei die Reisen in diese Gebiete freilich nur sehr wenigen privilegierten Forschern oder Privatgelehrten vorbehalten blieben. Hinzu kam, dass die starke koloniale Präsenz der europäischen Staaten in Kontinenten wie Afrika und Ozeanien spezifische und über lange Zeiträume gewachsene Kulturen verschwinden ließ oder diese stark von der Kultur der europäischen Kolonialmächte beeinflusst wurden. Mit anderen Worten: Das in diesen fremden Kulturen generierte Wissen wurde mehr und mehr verdrängt, so dass Teile davon oder gar die gesamten Kulturen ausstarben.

Die Erfindung der Phonographie nutzten deutsche Wissenschaftler und Anthropologen nun, um das Wissen fremder Kulturen in den deutschen Kolonialgebieten aufzunehmen und zu speichern. Ärzte, Musikwissenschaftler, Physiologen und Anthropologen erblickten hierin die Möglichkeit, das gesprochene Wort wie einen archäologischen Fund aufzubereiten und es schließlich nach

15 Kittler, Friedrich A. (1993). „Der Gott der Ohren“, in: Ders., *Draculas Vermächtnis. Technische Schriften.* Leipzig, S. 130–148, hier S. 133; bzw. die erste Fassung: Ders. (1982). „Pink Floyd, Brain Damage“, in: Klaus Lindemann (Hrsg.). *Europalyrik 1775 – heute. Gedichte und Interpretationen.* Paderborn, S. 467–477.

Deutschland bzw. nach Berlin zu schaffen.[16] Es waren der Musikpsychologe Carl Stumpf und sein Assistent Erich von Hornbostel, die darauf drängten, diese mündlich organisierten Kulturproduktionen zu sammeln und zu speichern und sie schließlich in Berlin zu archivieren. Sie gründeten im Jahre 1900 das Deutsche Phonogramm-Archiv in Berlin, das sich fast ausschließlich für die Aufnahmen von außereuropäischen Musikstücken[17] interessierte.[18] Hornbostel fasste die Programmatik und die Motivation der kulturanthropologisch orientierten Aufnahmen wie folgt zusammen: „Die Gefahr ist groß, daß die rapide Ausbreitung der europäischen Kultur auch die letzten Spuren fremden Singens und Sagens vertilgt. Wir müssen retten, was zu retten ist."[19]

Stumpf und Hornbostel haben den Nutzen der avancierten Technik erkannt und den Phonographen als naturwissenschaftliches „Messgerät" verstanden. Fremde Kulturen mit einem wissenschaftlich begründeten epistemologischen Interesse „abzuhören", stand so unter dem Vorzeichen der neuesten technologischen Errungenschaften.[20]

---

16 Ein wichtiger Kontext, in dem das Sammeln fremder Gesänge auf Phonogrammwalzen stand, war das „salvage paradigm", der Rettungsanthropologie, der zufolge die „Naturvölker" der Erde durch das Vorrücken der westlichen Zivilisation verschwinden würden und deshalb in all ihren ursprünglichen Lebensformen dokumentiert werden müssten.

17 Vgl. Ziegler, Susanne (2000). „Die akustischen Sammlungen. Historische Tondokumente im Phonogramm-Archiv und im Lautarchiv", in: Horst Bredekamp/Jochen Brüning/Cornelia Weber (Hrsg.). *Theater der Natur und Kunst. Wunderkammern des Wissens.* Band 2: *Essays.* Berlin, S. 197–207, hier S. 198.

18 „Obwohl also jeder Sammler, der für das Berliner Phonogramm-Archiv Tonaufnahmen machte, angehalten war, sich auf die Aufnahmen von Musik zu konzentrieren, gibt es trotzdem einige hundert Walzen mit Sprachaufnahmen, vorzugsweise von Linguisten aufgenommen, beispielsweise von Carl Meinhof, Otto Dempwolff, Paul Berger (alle Ostafrika), J. C. G. Jonker (Timor) u. a. mehr." Zitiert aus: Ziegler, Susanne (2006). *Die Wachszylinder des Berliner Phonogramm-Archivs.* Berlin, S. 21.

19 Hornbostel, Erich Moritz von (1905). „Die Probleme der vergleichenden Musikwissenschaft", in: *Zeitschrift der Internationalen Musikgesellschaft,* H. 3/7, S. 85–97, hier S. 97. Zitiert nach: Gauss, Stefan (2009). *Nadel, Rille, Trichter. Kulturgeschichte des Phonographen und des Grammophons in Deutschland (1900–1940).* Köln/Weimar/Wien, S. 357f. Vortrag, gehalten in der Ortsgruppe Wien der Internationalen Musikgesellschaft (IMG) am 24. März 1905.

20 Zwar wurde im Jahre 1888 von Emil Berliner das qualitativ hochwertigere Grammophon erfunden, allerdings hatte es als Aufnahmegerät „im Feld" weitaus mehr Nach- als Vorteile. Das Grammophon war zwar in der Lage aufzuzeichnen, jedoch mussten dafür spezielle Aufzeichnungsmaschinen montiert werden. Vgl. dazu Lechleitner, Franz (2005). „Die Technik der wissenschaftlichen Schallaufnahme im Vergleich zu ihrem kommerziellem Umfeld", in: Hanno Segeberg/Frank Schätzlein (Hrsg.). *Sound. Zur Technologie und Ästhetik des Akustischen in den Medien.* Marburg, S. 16–22. Dies war technisch sehr aufwendig und konnte auch nicht an Ort und Stelle erledigt werden. Hinzu kam, dass das Grammophon im Gegensatz zum Phonographen sehr viel mehr an Gewicht hatte und daher als schwieriger zu transportieren galt. Vgl. dazu Ziegler 2000, S. 198, und Schüller, Dietrich (1990). „Die Schallaufzeichnung als historisches Dokument", in: *Fortschritte der Akustik. Plenarvorträge und Kurzreferate der 16. Gemeinschaftstagung der Deutschen Arbeitsgemeinschaft für Akustik.* Wien, S. 71–87, hier S. 75.

Eigene Aufnahmen fertigten die Archivgründer jedoch nicht an: Stattdessen stellten sich Anthropologen, Missionare und Forschungsreisende[21] in der Regel in den Dienst der archivischen Feldforschung. Sie wurden von Hornbostel im Phonogramm-Archiv mit einem Phonographen ausgestattet und erhielten eine begrenzte Zahl an Wachswalzen, auf denen sie fremde Gesänge, Sprichworte und Erzählungen aufnehmen konnten. Das mündliche Wort und die Gattungen der mündlich gesprochenen, aber formalisierten Rede standen bei solchen Aufnahmen von vornherein im Mittelpunkt der „Datenspeicherung“.

Das Aufnahmeprozedere war so organsiert, dass ein Anthropologe, Arzt oder Missionar Mitglieder der „fremden“ Kulturen bat, ein typisches Lied, ein Musikstück, eine Erzählung oder ein Märchen in den Trichter des Phonographen zu sprechen:

„Jeder Reisende in einem noch wenig erforschten Gebiete sollte mit einem phonographischen Apparate ausgerüstet sein und möglichst viele *typische* Musikstücke (Einzelgesang, Orchester usw.) aufnehmen“,[22] so der Arzt Felix von Luschan, einer der Direktoren des Berliner Museums für Völkerkunde, das mit den Initiatoren des Phonogramm-Archivs zusammenarbeitete, im Jahre 1904.[23]

Da auf dem Speichergerät, also der Wachswalze, nur eine sehr begrenzte Speicherkapazität (circa zehn bis zwölf Sekunden) vorhanden war, musste die Aufnahmesituation vorher genau geplant werden. Dafür wurden oft die einzusprechenden Passagen vor der Aufnahme auf ein Papier notiert, um die Sprechzeit auf die Speicherzeit der Walze abzustimmen. Es kam dabei häufig zu Problemen, da das oral organisierte Wissen, das auf der Walze eingefangen werden sollte, nicht den Gesetzen eines fixen Textverständnisses folgte. So hielten sich die Aufzunehmenden nicht an den zuvor verabredeten Text, so dass das Gewünschte nicht in der vorgegebenen Zeit eingesprochen werden

21 Zu den sogenannten „Freien Mitarbeiterin“ des Archivs zählten musikinteressierte Wissenschaftler [...] [wie] Ethnologen, Linguisten, Ärzte, Psychologen, Geographen, Orientalisten usw., aber auch viele Missionare, Kolonialbeamte und Offiziere“. Siehe: Ziegler 2006, S. 23.

22 Luschan, Felix von (1904). „Anleitung für ethnographische Beobachtungen und Sammlungen in Afrika und Ozeanien“, in: *Königliches Museum für Völkerkunde in Berlin*, S. 61 (Hervorhebung von der Verf.).

23 Hornbostel und Felix von Luschan waren zugleich Mitglieder der Berliner Gesellschaft für Anthropologie, Ethnologie und Urgeschichte. Vgl. Ziegler, Susanne (2009). „Felix von Luschan als Walzensammler und Förderer des Berliner Phonogramm-Archivs“, in: Peter Ruggendorfer/Hubert D. Szemethy (Hrsg.). *Felix von Luschan (1854–1924). Leben und Wirken eines Universalgelehrten.* Wien/Köln/Weimar, S. 113–140, hier S. 115.

konnte. Oft gab es daher gleich mehrere Aufnahmeversuche. Das Resultat wurde in der Regel nicht vor Ort abgehört, da bei dem „Abhören" der erstellten Positive immer auch ein Teil der eingeschriebenen Informationen verloren ging.[24] Erst in Berlin wurden die Negative der frisch produzierten Walzen erstellt, um sie in beliebiger Zahl zu vervielfältigen.

Einer der Pioniere der phonographischen Aufzeichnungen war der Wiener Arzt Rudolf Pöch. Er war sowohl mit dem im Jahre 1899 gegründeten Phonogramm-Archiv in Wien als auch mit demjenigen in Berlin eng verbunden. Zu seinen ersten ethnologischen Arbeiten inspiriert wurde er durch die Vorlesungen über Anthropologie und Ethnographie bei Felix von Luschan. Er begab sich von 1904 bis 1906 auf eine Expedition nach Neuguinea und Australien, wobei er aus Neuguinea zwei Sammlungen mit phonographischen Aufnahmen[25] lieferte, die zum größten Teil aus musikalischen Vorträgen fremder Kulturen bestand.

In einem Forschungsbericht zu Aufnahmen, die er 1904 in Neuguinea unternommen hatte, beschrieb er die Aufnahmesituation im „Feld", wobei Pöch das Vertrauen der Aufzunehmenden dadurch zu gewinnen suchte, indem er ihnen bereits angefertigte Aufnahmen aus Europa vorspielte, um „das Vertrauen und Interesse der Leute selbst an diesen Aufnahmen wachzurufen und dann zu benützen":[26]

> *An europäische Lieder muß das Ohr dieser Leute erst einmal gewöhnt werden, obwohl sie sonst recht musikalisch sind. Am meisten interessieren sich die Leute natürlich für ihre eigenen Lieder, und sobald sich einmal einer entschlossen hatte, in den Trichter hineinzusingen und ich dann den Gesang vor der staunenden*

24 Dies hatte vor allem eine technische Ursache: Bei den in fremden Ländern angefertigten Walzen mit Tiefenschrift handelte es sich nämlich noch um Originale, von denen erst in Berlin sogenannte Galvanos (also Negative) angefertigt wurden. Von diesen Negativen konnten dann schließlich beliebig viele Positive hergestellt werden, die eben auch erst am Ort der Matrizenherstellung von Hornbostel „abgehört" wurden.

25 Vgl. Ziegler 2006, S. 368.

26 Pöch, Rudolf (1907). „Reisen in Neu-Guinea in den Jahren 1904-1906", in: *Zeitschrift für Ethnologie* 39, S. 382–400. Zitiert nach: Stangl, Burkhard (2000). *Ethnologie im Ohr. Die Wirkungsgeschichte des Phonographen.* Wien, S. 159.

Zuhörerschaft reproduziert hatte, meldete sich einer nach dem anderen zum Hineinsingen in den Apparat.[27]

Hatte Pöch den geeigneten „Gewährsmann“ gefunden, ließ er „verschiedene, schwer nachzuahmende Laute verschiedener eingeborener Sprachen festhalten; ferner Zahlwörter, einzelne Worte, freie Erzählungen, Lieder und Chorgesänge. Spiel mit [den] Instrumenten Flöte, Maultrommel und Handtrommel; ferner Ausrufen und Schreien, Lachen und eine Beschwörungsformel.“[28]

Aufgenommen wurden also ausschließlich das mündlich zu Produzierende, Wort und Gesang. Dass Pöch und auch andere Feldforscher es allerdings nicht immer leicht hatten, sich überhaupt über die zu tätigenden Aufnahmen zu verständigen, zeigt ein Beispiel aus seinem Bericht zu den Aufnahmen in Neuguinea. Pöch beschrieb, wie er sich mit Händen und Füßen verständlich machte, um Sprachaufnahmen von den Eingeborenen zu gewinnen:

> *Ich ließ zunächst an den Fingern bis zehn zählen und erhielt so die Zahlwörter. Dann deutete ich auf meinen Kopf, die Augen, Nase, Mund u. s. w. und erhielt so die Worte hierfür [...] dann empfiehlt es sich, Dinge, die in der Nähe sind und die der Betreffende sicher kennt, nennen zu lassen, z. B. Ethnologica, die er selbst mitgebracht hat – jedenfalls soll man in einem solchen Falle nicht über die naheliegendsten und konkretesten Dinge hinausgehen, wenn man einen brauchbaren Beitrag zur Sprachforschung geben will.*[29]

Nach ihrer Produktion wurden diese Aufnahmen nach Deutschland verschickt und anschließend im Berliner Phonogramm-Archiv ausgewertet, wobei in der

---

27 Pöch, Rudolf (1905). „Bericht über Aufnahmen mit einem Archivphonographen der kaiserlichen Akademie der Wissenschaften in Wien, unter Monumbo auf Neu-Guinea vom 28. Juli bis 24. November 1904“, in: *Phonographische Aufnahmen in Indien und Neu-Guinea* (gemeinsam mit Felix M. Exner), S. 899–904 bzw. *Sitzungsberichte der kaiserlichen Akademie der Wissenschaften in Wien. Mathematisch-naturwissenschaftliche Klasse*, Bd. 114, Abt. 2a, S. 897–904. Zitiert nach: Stangl 2000, S. 158.

28 Pöch, Rudolf (1906). „Dritter Bericht über meine Reise nach Neu-Guinea (Neu-Süd-Wales, vom 21. Juni bis 6. September 1905, Britisch-Salomoninseln und British-Neu-Guinea bis zum 31. Jänner 1906)“, in: *Sitzungsberichte der kaiserlichen Akademie der Wissenschaften in Wien. Mathematisch-naturwissenschaftliche Klasse*, Bd. 115, Abt. 1, S. 601–615, hier S. 613. Zitiert nach: Stangl 2000, S. 161.

29 Pöch 1905, S. 903. Zitiert nach: Stangl 2000, S. 158.

Regel musikwissenschaftliche und physiologische Fragestellungen leitend waren. In Berlin erledigte dies Erich von Hornbostel, dessen Anspruch es war, „die vor der alles nivellierenden Zivilisation rasch dahinschwindenden musikalischen Äußerungen aller Völker der Erde zu sammeln und für vergleichende Studien auf den Gebieten der Musikwissenschaften, Ethnologie, Anthropologie, Völkerpsychologie und Ästhetik bereitzustellen".[30]

Unter diesen epistemologischen Voraussetzungen lässt sich hier recht einfach belegen, dass die „Völker der Erde" zu einem Wissensobjekt stilisiert wurden, und zwar innerhalb der Anatomie des kolonialpolitischen Körpers.[31] Wie schon bei Foucault in „Überwachen und Strafen" formuliert wurde, dienen hier innerhalb dieser Anatomie die Gesamtheit der materialen Elemente und Techniken den Macht- und Wissensbeziehungen, um den „fremden" menschlichen Körper zu besetzen und ihn sich zu unterwerfen, eben indem aus ihnen Wissensobjekte gemacht wurden.

Hornbostel nahm die Aufnahmen aus den kolonialisierten „exotischen" Ländern in Berlin in Empfang, hörte das Aufgesprochene ab, wertete die Walzen aus und überführte die Ergebnisse in Form von musikalischen Notationen und Transkriptionen in musikethnologische Fragestellungen. Auf diese Weise sei medientechnisch und wissenschaftlich „ein Archiv dauerhafter musikalischer Dokumente exotischer Musik zu begründen", forderte Hornbostel. Dabei verfolgte er das Ziel, „dass die wissenschaftlichen Institute sich dieser Aufgabe bald annähmen, da die rapide Ausbreitung der europäischen Kultur die Ursprünglichkeit der exotischen Musik zu verwischen droht".[32]

Dieses Zitat zeigt deutlich das Spannungsfeld, in dem sich die Archivarbeit bewegte: Auf der einen Seite wollten die Forscher dasjenige erhalten, was durch zunehmende Kolonialisierung bald zu verschwinden drohte, während auf der anderen Seite dasjenige, was durch die Kolonialisierung und Missionierung selbst verdrängt wurde, für die *europäische* Wissenschaft erhalten bleiben sollte.

---

30 Hornbostel, Erich von (1933). „Das Berliner Phonogramm-Archiv", in: *Zeitschrift für vergleichende Musikwissenschaft* 1, S. 40–45.

31 Vgl. Foucault 1995, S. 39ff.

32 Hornbostel, Erich von (1904). *Über die Bedeutung des Phonographen für die vergleichende Musikwissenschaften.* Berlin, S. 222–236, hier S. 231.

Dabei galt den Wissenschaftlern der Phonograph als geeignetes Instrument, um akustische Ereignisse zu *objektivieren.* Der Phonograph wurde als Messinstrument stilisiert, der in der Lage sei, die Musik der Eingeborenen so aufzunehmen, wie sie sich „real“ gestaltete. Hornbostel sprach von dem Phonographen als einem „Hilfsmittel“ der Musikwissenschaft, das in der Lage sei, die „musikalischen Äußerungen aller Völker in exakter Weise zu fixieren und eine streng wissenschaftliche Bearbeitung zu ermöglichen“.[33]

Und mehr noch: Die angewandte Methode akustischer „Messungen“, wie sie hier vorgenommen wurden, steht in einem Zusammenhang mit demjenigen, was Foucault die „Genealogie der modernen Seele“ genannt hat; denn aufgenommen wurde dasjenige, was diese Menschen kulturell verinnerlicht und zu ihrer kulturellen Identität ausgeformt hatten. Mittels ihrer Stimme gaben sie dieses Wissen den Wissenschaftlern vor Ort preis. Diese interessierte dabei jedoch nur dasjenige, was in den Trichter hineingesprochen wurde, nicht aber der Funktionszusammenhang, in dem das Gesprochene oder Gesungene innerhalb der Kultur vorgetragen wurde (wie etwa in Ritualen und bei Festen). So wie bei Foucault avanciert auch in diesem Zusammenhang die Seele zum Bezugspunkt einer bestimmten Technologie der Macht über den Körper und wird auch hier erzeugt durch eine Prozedur der (kolonialen) Repression und Überwachung[34] am Beispiel der Praxis des „Abhörens“. Die Seele wird dabei zu einem Element, in dem sich die Wirkungen dieser bestimmten Macht und ihr Gegenstandsbezug miteinander verflechten.

Bei den Aufnahmen der typischen Lieder, Gesänge und Erzählungen mussten sich die beteiligten Wissenschaftler auf die Mitteilungen der Gewährsleute verlassen. Verständigungs- und Übersetzungsprobleme sorgten dafür, dass Kontextwissen zu den entsprechenden Liedern und Gesängen meistens gar nicht in Erfahrung zu bringen war. Einige Feldforscher wie Pöch, der ein außerordentlich archivisch-dokumentarisches Interesse an den Kulturen hatte, versuchten das Problem zu umgehen, indem sie umfassende Protokolle und Beschreibungen zu den phonographierten Kulturen anlegten.

33 Hornbostel 1905, S. 86. Zitiert nach: Gauss 2009, S. 352.

34 Vgl. Foucault 1995, S. 41.

Allerdings hatten diejenigen Feldforscher, die „diese Arbeiten auf Expeditionen im Nebenamt“[35] (Missionare, Ärzte, Privatgelehrte etc.) erledigten, nur wenig Kontextmaterial zu den jeweiligen Kulturen liefern können, so dass zum Teil oft nur das „Aufgesprochene“ oder Gesungene als ein typisches kulturelles Erzeugnis dieser Kulturen angenommen wurde.

Zwar hielten akribisch arbeitende Forscher wie Pöch dazu an, den Ablauf der Aufnahmen genau zu dokumentieren. So sollten „Dokumentationen auf Protokollblättern festgehalten werden, die schließlich Angaben zur Person oder den Personen, die aufgenommen wurden, zum Aufnehmer, zum Inhalt der jeweiligen Aufnahme“ und zu dem Aufnahmeort und dem Aufnahmedatum beinhalten. Auch sollten „Angaben betreffend die technische Ausrüstung bzw. die Aufnahmemodalitäten sowie die Aufnahmebereiche“[36] gemacht werden. Dennoch war nach der Einsicht in diese Daten und „Akten“ sicherlich nicht immer zu entschlüsseln, welchen repräsentativen kulturellen Wert eine Aufnahme ausgewählter „Informanten“ besaß. Schließlich wählten die Feldforscher aus, was alsbald in europäischen Wissenszirkeln rezipiert werden sollte. Für den Ethnologen Burkhard Stangl bedeutet dies: „Das heißt, der Blick oder das Ohr auf das ‚Fremde‘ ist abhängig davon, inwieweit sich der Forscher/die Forscherin auf das ‚Unerhörte‘ einläßt, ohne zugleich begreifen zu wollen.“ Nur wer umfassend dokumentierte, was er vor Ort wahrgenommen und umgesetzt hatte, konnte also ein besseres, aber eben kein objektives Bild von der Aufnahmesituation und der Auswahl des Musikstückes vermitteln. Um Standards wissenschaftlicher Objektivität zu genügen, gab Pöch Hinweise darauf, wie „[a]ußer den wissenschaftlichen Beobachtungsergebnissen [...] die Reisebeschreibungen tendenziell auch durch die persönliche Involvierung der Forscher in den Feldforschungsprozeß bestimmt [sind] und [...] objektive, den

35 Pöch, Rudolf (1917). „Technik und Wert des Sammelns phonographischer Sprachproben auf Expeditionen“, in: *Sitzungsberichte der kaiserlichen Akademie der Wissenschaften in Wien. Mathematisch-naturwissenschaftliche Klasse*, Bd. 126, Abt. 3, S. 3–15, hier S. 13. Zitiert nach: Stangl 2000, S. 162.

36 Lechleitner, Gerda (1999). „Zukunftsvisionen retrospektiv betrachtet: Die Frühzeit des Phonogrammarchivs“, in: *Das audiovisuelle Archiv* 45, S. 7–15, hier S. 7.

Forschungsgegenstand betreffende Sachverhalte neben subjektive Aussagen, den Erlebnishintergrund [stellen]“.[37]

Die nächste Frage, inwieweit diese Aufnahmen auch eine Authentizität und Realität der rituellen Gesänge und Erzählungen abbilden, muss vor dem Hintergrund der vor dem Phonographen inszenierten Sprech- und Singsituation betrachtet werden. Es wurden in diesem Sinne ja keine „Live-Aufnahmen“ von den an einen bestimmten Zeitpunkt oder an ein bestimmtes Ereignis gebundenen rituellen „Performances“ gemacht, sondern Lieder und Gesänge wurden *außerhalb* ihres lebendigen Funktionszusammenhangs in den Trichter gesprochen, so als fände das Ereignis statt, an das Lied und Text gebunden waren. So darf davon ausgegangen werden, dass die Aufnahmen immer schon ein Stück weit eine Inszenierung wissenschaftlicher Objektivierungsdispositive abbildeten. Dies hatte vor allem auch technische Gründe. So mussten für eine einzige Aufnahme immer die gleichen technischen Voraussetzungen geschaffen werden, damit eine gute Aufnahme gelingen konnte. Pöch beispielsweise hielt deshalb dazu an, hauptsächlich in geschlossenen Räumen zu phonographieren, was die „Performance“ eines rituellen Tanzes und Gesanges vollständig aus seinem Kontext riss. Ein Vorverständnis desjenigen, der aufnimmt, und desjenigen, der auswertet, zeichnete sich offenbar bereits im Zuge der ersten akustischen Speicherungsvorgänge ab.[38]

System von Ausschlüssen und Reduktion

Diese kurze Skizze von klassischen Aufnahmeprozeduren um das Jahr 1900 zeigt, dass die Aufnahmen, die getätigt wurden, weniger objektiv waren, als von einigen Zeitgenossen angenommen wurde. Eine Objektivierung akustischer Ereignisse, wie sie sich Erich von Hornbostel, aber auch viele seiner Zeitgenossen von dem neuen phonographischen „Messgerät“ versprochen

---

37 Stangl 2000, S. 162.

38 So wirft der Ethnologe Kubik der europäischen Musikwissenschaft vor, dass sie sich „jahrzehntelang mit außereuropäischen Musikkulturen nur an der Oberfläche befaßt“ habe, „um in erster Linie festzustellen, wie die eigenen Konzepte in anderen Kulturen vorkommen, daß jede Untersuchung vorerst sogar dahin tendiere, in den anderen Kulturen nur das Eigene wiederzufinden“. Zitiert nach: Stangl 2000, S. 162.

hatten, war unter Berücksichtigung der kulturellen Codes der fremden Kultur offenbar gar nicht möglich.

Für Hornbostel stellte sich dieses Problem jedoch erst einmal nicht. Sein Interesse beim „Abhören" der nach Berlin gesandten Walzen bestand nämlich vor allem darin, das aufgenommene Material akribisch zu transkribieren und zu notieren: „Im Gegensatz zu den Ethnologen und anderen Forschungsreisenden, die mit dem Phonographen Musik vor Ort aufnahmen, werteten Hornbostel und seine Kollegen die Tonaufnahmen aus, transkribierten und analysierten sie."[39] Auch ihm standen schließlich „nur" die Aufnahmen zur Verfügung, die von den Feldforschern ausgewählt worden waren. Darin suchte er nach akustischen Mustern, und zwar „zum Zusammenhang von Sprechtonfall und Melodieverlauf, von Intonation und rhythmischer Gestalt in afrikanischer Musik",[40] und verfasste Hypothesen zum musikalisch-theoretischen Gesamtkomplex.

Allerdings – so lässt sich belegen – ist Hornbostels Verständnis von Musik wesentlich von ihrer empirischen Messbarkeit abhängig. Hornbostel hatte nämlich nur die akustisch messbaren Dimensionen der musikalischen Aufnahmen im Blick, worauf vor allem seine Beschäftigung mit der Kunst der Isadora Duncan im Jahre 1904 hindeutet, als er den Zusammenhang von Musik und Tanz sowie die Frage untersuchte, inwieweit „künstlerische Sinnesempfindungen" mitteilbar sind. In dieser Arbeit wird ganz deutlich, dass Hornbostel davon ausgeht, dass Tanz akustisch vermittelt ist. Eine Auseinandersetzung mit dem Tanz vor dem Hintergrund seines lebendigen Kommunikationszusammenhangs und seinen „motionalen Aspekten", mit dem Tanz als „körperlich-musikalischer Gesamtkomplex" zu begreifen ist, findet dagegen nicht statt. Darauf weist auch der Ethnologe Gerhard Kubick hin, indem er nicht nur die Frage nach der Anzahl und Repräsentativität der Aufnahmen kritisiert, sondern auch den Umstand, dass Hornbostel seine Deutungsweisen metrorhythmischer Musikzugänge entwirft, ohne die motionalen Komponenten einzubeziehen und die intrakulturellen Codes und Konzepte zur Kenntnis zu

39 Vgl. Ziegler 2009, S. 114.

40 Klotz, Sebastian (Hrsg.) (1998). *„Vom tönenden Wirbel menschlichen Tuns". Erich M. von Hornbostel als Gestaltpsychologe, Archivar und Musikwissenschaftler.* Berlin, S. 7–43, hier S. 21.

nehmen.[41] Grundsätzlich gilt: Hornbostel nimmt Musik vor dem Hintergrund empirischer Forschung und des Traditionszusammenhangs der abendländischen Kunstmusik[42] wahr.

Für ihn sind Körperbewegung und Gesang voneinander getrennt;[43] er beschreibt sie gerade in Bezug auf die Beurteilung afrikanischer Rhythmen und Musiksysteme als zwar aufeinander bezogen, begreift sie dabei jedoch als zwei völlig voneinander geschiedene Bereiche.[44] Auf diese Weise umgeht Hornbostel das Dilemma mangelnder Daten über ein ihm fremdes intrakulturelles System und „objektiviert“ die einst in lebendigen Zusammenhängen zelebrierten Gesänge, Tänze und Rituale zu abendländischen, musiktheoretischen Kategorien, sortiert nach Melodie, Harmonie, Mehrstimmigkeit, Rhythmus und Aufbau.

Auf diese Weise zeigt sich, dass das Körperliche als (intra-)kultureller Träger von kulturellem Wissen und seinen Codes hier von vornherein ausgeschlossen ist und die Seele zu einem Bezugspunkt medientechnologischer Machtmedien über den Körper verkommt. Besonders deutlich wird diese Analogie zu den Foucaultschen Genealogien der modernen Seele, wenn eine Trennung von Körper und Seele durch den Anblick eines Phonographen von den Eingeborenen selbst antizipiert wird.[45] Die Trennung von Körper und Seele durch die Aufnahme der Stimme ist ebenfalls ein Topos der Medientechnikgeschichte in Deutschland. Eines der bekanntesten Beispiele hierfür ist ein Gedicht des Lyrikers Ernst von Wildenbruch aus dem Jahre 1897, in dem es heißt:

---

41 Vgl. Kubik, Gerhard (1984). „Einige Grundbegriffe und -konzepte der afrikanischen Musikforschung“, in: *Jahrbuch für musikalische Volks- und Völkerkunde* 11, S. 57–102, und ders. (1983). „Kognitive Grundlagen afrikanischer Musik“, in: Artur Simon (Hrsg.). *Musik in Afrika*. Berlin, S. 327–400.

42 Vgl. dazu: Grupe, Gerd (1998). „E. M. von Hornbostel und die Erforschung amerikanischer Musik aus der armchair-Perspektive“, in: Sebastian Klotz (Hrsg.). *„Vom tönenden Wirbel menschlichen Tuns“. Erich M. von Hornbostel als Gestaltpsychologe, Archivar und Musikwissenschaftler*. Berlin, S. 105–115.

43 Vgl. dazu: Waterman, Christopher A. (1991). „The Uneven Development of Africanist Ethnomusicology: Three Issues and a Critique“, in: Bruno Nettl/Philip V. Bohlman (Hrsg.). *Comparative Musicology and Anthropology of Music*. Chicago/London, S. 169–186.

44 Vgl. Hornbostel, Erich M. von (1925). „Die Einheit der Sinne“, in: *Melos* 5, Nr. 6, S. 290–297.

45 Im „aufgeklärten Schweden“ wurden beispielsweise Sprachaufnahmen getätigt, zu denen sich eine Bäuerin äußert. Sie beschreibt den Protokollen zufolge, dass sie mit dem „Dreck“ nichts zu tun haben wolle, „denn sie müsse ihre Seligkeit bewahren“. An andere Stelle wird das „Zauberding“ als „unchristlich“ beschrieben. Nachzulesen bei: Stangl 2000, S. 160.

Das Antlitz kann schmeichelnd das Auge betrügen,
Der Klang der Stimme kann nicht betrügen,
Darum erscheint mir der Phonograph als der Seele wahrhafter Photograph,
Der das Verborgne zutage bringt und das Vergangene zu reden
zwingt. Vernehmt denn aus dem Klang von diesem Spruch die
Seele von Ernst von Wildenbruch.[46]

Mit dem Phonographen treten also auch die körperlosen Stimmen in die Welt, während die Stimmen dabei als vom Körper getrennt und als materiale Träger der Seele interpretiert werden. Die Auflösung der Einheit von Körper und Geist spiegelt sich auch in den wissenschaftlichen Fragehorizonten der Physiologie, Psychologie und Musikwissenschaft wider, und zwar dahingehend, dass die menschliche Stimme über die physiologisch-psychologischen Konstitutionsbedingungen von Sprache und Gesang Aufschluss geben soll.

Für Carl Stumpf, dessen Ergebnisse auf den Arbeiten von Hornbostel aufbauten, waren so Fragen nach dem Zusammenhang von psychischen und physiologischen Prozessen vordringlich („Prinzip der psychophysischen Isomorphie“[47]), ebenso wie solche nach der Struktur und Konstitution von Erscheinungen, die durch psychologische Reize hervorgerufen werden (Primat der Phänomenanalyse gegenüber der Reizanalyse“[48]) oder solche nach dem „Primat der Ganzheitlichkeit“ gegenüber einem Elementarismus.[49]

An dieser Stelle wird schnell klar, dass das *Abhören* der Walzen ganz entscheidend zu einer neuen Informationsspeicherung beigetragen hat. Es lässt sich daher festhalten, dass die Analysen Hornbostels mit Hilfe der von Stumpf

---

46 Zitiert aus: Kittler, Friedrich (1986). *Grammophon, Film, Typewriter.* Berlin, S. 124.

47 Sprung, Lothar/Sprung, Helga (1995). „Carl Stumpf und die Anfänge der Gestaltpsychologie an der Berliner Universität“, in: Jaeger, Siegfried/Stäuble, Irmingard/Sprung, Lothar/Brauns, Horst-Peter (Hrsg.). *Psychologie im soziokulturellen Wandel – Kontinuitäten und Diskontinuitäten.* Frankfurt am Main, S. 259–268, hier S. 264. Zitiert nach: Müller, Martin (1998). „Erich M. Hornbostel: Gestaltpsychologie und kulturvergleichende Forschung“, in: Sebastian Klotz (Hrsg.). *„Vom tönenden Wirbel menschlichen Tuns“. Erich M. von Hornbostel als Gestaltpsychologe, Archivar und Musikwissenschaftler.* Berlin, S. 169–183, hier S. 175.

48 Ebd.

49 Ebd.

erarbeiteten theoretischen Grundlagen der „Tonpsychologie“ zur Begründung der Disziplin einer vergleichenden Musikwissenschaft geführt haben.[50]

So lässt sich in einer ersten Zwischenbilanz formulieren, dass die Figur des „Abhörens“ als ein Erfassen, Kategorisieren und Speichern einerseits dem Erhalt dessen dient, das es bald nicht mehr geben würde, und sich in historisch spezifischen Herrschafts- und Dialogbeziehungen andererseits als Machttechnik des Wissens entpuppt.

Dass sich mit den Forschungen von Hornbostel und anderen beispielsweise überhaupt erst eine Musikethnologie und -wissenschaft etablieren konnte und dies, wie gezeigt, im Kontext von Wissensproduktion und Kolonialmacht geschah, ist ein Beispiel dafür. Verschärfend kommt ein weiterer Gedanke hinzu: Viele dieser Aufnahmen, die damals gemacht wurden, sind heute das einzige Dokument, das die Existenz dieser Kulturen belegt. Das Wissen dieser Kulturen existiert in der Tat heute wirklich nicht mehr, zum einen, weil es sich um orale Kulturen handelte, und andererseits, weil sie durch die Kolonialisierung verdrängt oder ausgelöscht wurden. Die Ergebnisse dieser Forschungen sind daher auf der Grundlage einer heute „toten“ Kultur überhaupt erst möglich geworden und finden sich in musikethnologischen Terminologien und Theoremen wieder, die in die abendländische Wissenschaftsgeschichte überführt wurden.

Eine neue, weitere Dimension des Abhörens fremder Völker erreichte die archivische Sammlungsarbeit mit dem Ausbruch des Ersten Weltkrieges, die von dem Englischlehrer Wilhelm Doegen betrieben wurde.

Das Berliner Phonogrammarchiv und die Aufnahmen aus dem Lautarchiv

Bis 1914 gelangten etwa 9.000 mit Musik und Gesang bespielte Wachswalzen in das Berliner Phonogramm-Archiv; wobei das Gros dieser Aufnahmen aus Afrika und aus dem südlichen Pazifik stammten.[51] Mit dem Beginn des Ersten Weltkrieges jedoch konnten die Wissenschaftler des Deutschen Reiches, das als Verbündeter Österreich-Ungarns gegen England, Frankreich, Belgien und das Zarenreich kämpfte, nicht mehr in der außereuropäischen

50 Vgl. Müller 1998, S. 175.

51 Vgl. Ziegler 2006, S. 20f., und Ziegler 2000, S. 203.

Welt arbeiten. Stattdessen gelangte nun die „Welt" in Gestalt von Kriegsgefangenen aus den Staaten der europäischen Kriegsgegner wie auch aus den kolonialisierten Gebieten Afrikas, Asiens und Ozeaniens in deutsche und österreichisch-ungarische Kriegsgefangenschaft. In diesen deutschen (und auch österreichisch-ungarischen) Lagern wurde phonographiert – dieses Mal im Auftrag einer sogenannten Phonographischen Kommission, die vom preußischen Kultusministerium im Jahre 1915 ins Leben gerufen worden war. Unter dem Vorsitz des Musikwissenschaftlers Carl Stumpf und des Englischlehrers Wilhelm Doegen, der diese Aufnahmen epistemologisch und programmatisch anleitete, entstanden bis Dezember 1918 insgesamt 1.650 (grammophonische) Wachsplatten, die qualitativ weitaus hochwertiger waren als die phonographischen Wachswalzen. Doegen schrieb in dem Antrag zur Einrichtung einer Phonographischen Kommission, dass nach Kriegsausbruch „die Sprachen, Musik und die Laute aller in deutschen Kriegsgefangenenlagern weilenden Völkerstämme nach methodischen Grundsätzen und systemisch [...] aufgenommen werden" sollten.

Die Ethnologin Britta Lange, die sich in ihrer jüngst publizierten Dissertation mit den Aufnahmen in den österreichisch-ungarischen Kriegsgefangenenlagern befasste, ist eine der wenigen Wissenschaftler, die in den vergangenen Jahren Zugang zu dem Archiv hatte. Sie fasst den aktuellen Umfang des Bestandes wie folgt zusammen: „Neben Liedern enthalten die Grammophonaufnahmen der Phonographischen Kommission aus den Lagern Gedichte, Gebete, Prosatexte, Rätsel und Scherze, Fabeln und Märchen, Anekdoten und persönliche Texte sowie in weiten Teilen Wortlisten und Zahlen."[52]

Bei diesen Aufnahmen, die in den Kriegsgefangenenlagern gemacht wurden, handelte es sich vor allem um kulturelle Erzeugnisse, die typisch mündlichen Erzählformen zuzuordnen sind. Hinzu kommt, dass in den Kriegsgefangenenlagern (wie auch schon bei den Aufnahmen in Afrika und Ozeanien) Menschen aus Kulturen aufgenommen wurden, die sogenannten oralen Kulturen

52 Lange, Britta (2012). „Was wir hören: Aus dem Berliner Lautarchiv", in: Anette Hoffmann/Britta Lange/Regina Sarreiter (Hrsg.). *Was wir sehen. Bilder, Stimme, Rauschen. Zur Kritik anthropometrischen Sammelns.* Berlin, S. 61–78, hier S. 64.

entstammten. Wie schon im Phonogramm-Archiv wurden schließlich auch diese „Daten“ in neue Ordnungen des Wissens überführt, allerdings mit einem wesentlichen Unterschied: Doegen nutzte den Status der abgehörten Personen als Kriegsgefangene aus und verwendete das gewonnene „Material“ ohne Angabe von Kontextinformationen für kommerzielle Zwecke.

Dabei war das „Stimmen-Material“, das die Sprecher lieferten, schließlich vollständig „entsubjektiviert“ und entkontextualisiert. Ein gutes Beispiel hierfür ist die von der Lautabteilung der Preußischen Staatsbibliothek publizierte Reihe „Lautbibliothek. Phonetische Platten und Umschriften“, in der Wilhelm Doegen Schallplatten mit den in den Kriegsgefangenenlagern getätigten Sprachaufnahmen mit begleitenden Texten herausgab. Diese Aufnahmen wurden beispielsweise als Sprachlernspiele für „arabische und berberische Dialekte“[53] verkauft, wobei der Umstand, dass diese Aufnahmen in Kriegsgefangenenlagern getätigt wurden, nicht weiter erwähnt wurde.[54]

In dem von ihm im Jahre 1925 herausgegebenen Sammelband „Unter fremden Völkern – Eine neue Völkerkunde“[55] thematisierte Doegen hingegen ganz explizit und ungeniert das „Kriegsgefangenenlager als Quelle von Wissen und Medien“. In seiner Doppelfunktion als Herausgeber und Aufnahmeleiter entschied er über den Wert dessen, was auf Platte gesagt worden war. Doegen profilierte sich so als Übervater dessen, was gesagt werden kann, und entlässt es anschließend in die Welt. Doegen hat im ursprünglichen Sinne des Wortes den fremden Kulturen also etwas „abgehört“, mit dem er dann weiterarbeitete, wobei er die Informationen zu neuen Formaten umwandelte, die ganz im Sinne von Erkenntnis und Wissensproduktion stehen. Dass es sich dabei auch um einen gewalttätigen Akt handelt, der nicht nur psychisch begründet ist, kann vor dem Hintergrund der Quellenlage als durchaus wahrscheinlich gelten. Dies lässt sich auch für die österreichisch-ungarischen Kriegsgefangenenlager belegen. Von den Unzugänglichkeiten des Archivs abgesehen, ist die Ethnologin Lange sich sicher, dass die Tonaufnahmen heute „fraglos eine

53 Lange 2012, S. 68.
54 Ebd., S. 64.
55 Ebd., S. 68.

sensible Sammlung" darstellen – „eine Sammlung, die unter Ausnutzung einer militärischen und kolonialen Machtposition, unter Überschreitung von kulturellen, religiösen, sozialen, möglicherweise auch körperlichen Grenzen der Sprecher"[56] zustande gekommen ist.

„Abhören" als ein Akt, der die Selbstbestimmung des Einzelnen wesentlich unberücksichtigt lässt, indem die „abgehörten" Informationen ohne die Zustimmung des Sprechers in neuen Kontexten Verwendung finden, ist vor allem seit den Aufnahmepraktiken in den Kriegsgefangenenlagern als ein Akt der Machtausübung zu verstehen. Die Ethnologin und Politikwissenschaftlerin Regina Sarreiter geht davon aus, dass eine „epistemische Gewalt", also „eine Gewalt, die sich in Wissensproduktion und Definitionsmacht äußert [...] ebenso wie strukturelle und körperliche Gewalt untrennbar mit dem Kolonialismus verbunden"[57] sei. „Durch die technischen Möglichkeiten des Phonographen konnten Sprachen und Musik außerdem als technisch reproduzierte Stimmen und Töne zu Sammelobjekten verwandelt werden."[58]

Fazit

Anhand der Schilderung der frühen Aufnahmen außereuropäischer Kulturen in deutschen Kolonialgebieten und Kriegsgefangenenlagern ist deutlich geworden, dass es hierbei nicht um Kontroll- und Herrschaftsmechanismen im Foucaultschen Sinne geht. Dennoch kann die akustische „Datenspeicherung" im Kontext von Kolonialismus und Krieg als eine Erweiterung der Dispositive der Macht verstanden werden. Die Aufnahmen in den Kriegsgefangenenlagern sind dabei als eine machtpolitische Verlängerung der Aufnahmen in den Kolonialgebieten zu verstehen, ebenso wie das Eindringen in den fremden, kolonialisierten Kulturraum in mehrfacher Hinsicht als ein gewaltsamer „Störfall" zu begreifen ist.

Die „konnektive Struktur" von Kultur wird nicht nur durch die Präsenz der Kolonialmächte aufgeweicht, sondern selbst die Überlieferung der „fremden"

56 Ebd.
57 Ebd., S. 48.
58 Ebd., S. 55.

Kultur wird von den Kolonialmächten übernommen. Fragmentarisch werden „typische“ Lieder aufgenommen, wobei der Aufnehmende die Auswahl dessen übernimmt, wer und was sich als speicherungswürdig erweist. Was aus einem Konglomerat an Wissensvorräten überliefert werden soll, wird daher nicht nach den Kriterien bestimmt, nach denen das Wissen der Kulturen in ihren Strukturen kommuniziert ist und wird, sondern nach Maßgabe der nach Ansicht des Europäers für wertvoll erachteten Kulturproduktionen. Viele dieser Kulturen, wie die der sogenannten Feuerländer, gibt es heute nicht mehr. Das einzige, was heute von ihnen überliefert ist, sind in der Tat die Aufnahmen der Feldforscher von einst. In diesem antizipierten Spannungsfeld vom Untergang einer (fremden) Kultur und dem technischen Erhalt ihres Kulturgutes bewegen sich vor allem die Aufnahmen in den Kolonialgebieten.

Den Walzen und Platten ist auf diese Weise die staatliche Machtpolitik von vornherein schon eingeschrieben, was vor allem wegen der Forderung nach gleichsam wertfreien Wissenschaftspraktiken problematisch ist. Wie schon bei Nietzsche zu erkennen ist, zeigt sich bei diesen Aufnahmen, dass das Erkennen und Benennen selbst eine Machtgeste ist, die sich hier als Geist der Zeit für phonographische Aufnahmen ganz besonders als ein dezidiert kulturanthropologisches Epistem erwiesen hat, eine Wissenschaftspraxis, die eben zur „Disziplinierung“ der Gesellschaft geführt hat.

Aus dieser Haltung heraus lässt sich also bereits mit der Frühgeschichte des gespeicherten Datenmaterials, das dem Abhören fremder Kulturen geschuldet ist, auch eine neue Ordnungsstruktur und zugleich der Versuch einer Objektivierung der Daten feststellen, indem das Einzelschicksal des Abgehörten von Beginn an keine Rolle spielt.

Das Sammeln auf Vorrat stand bei dem Aufnahmeprozedere an erster Stelle. Dies zeigen einige Beispiele der Sammlungen, die vor einigen Jahren im Kontext eines künstlerischen Ausstellungs- und Filmprojektes neu übersetzt worden sind. Britta Lange resümierte in einem jüngst erschienenen Aufsatzband zu der Ausstellung „Was wir sehen“,[59] dass der Inhalt der Aufnahmen

59 Die Ausstellung war im Pergamon-Palais der Humboldt-Universität zu Berlin vom 15. Mai bis zum 6. Juli 2012 zu sehen.

„bedrückend" sei. Sie bezieht sich dabei auf die im Jahre 2010 in Auftrag gegebenen Übersetzungen der Filmemacherin Sarah Vanagt. Diese ließ einige Aufnahmen übersetzen, die unter der Leitung des Anthropologen und Arztes Carl Meinhof von den Kriegsgefangenen gemacht worden waren. Seine phonographischen Sammlungen sind Teil des Phonogramm-Archivs und gelten als zentral für den überlieferten Bestand.[60]

Ein Sprecher namens Jámafáda aus dem heutigen Burkino Faso, gefangen im sogenannten „Halbmondlager" in Wünsdorf, sprach am 8. Dezember 1917 mittags um zwanzig nach zwölf eine „Erzählung" in den Trichter:

> *Sie haben mich geholt und den Weißen übergeben. Sie haben mich in den Krieg gebracht. Krieg interessiert mich nicht. Wir sind fortgegangen. Ich habe meine Frau nicht vergessen. Ich habe sie zurückgelassen, und dann bin ich in den Krieg gezogen. [...] Wir sind mitten im Krieg. Seit drei Jahren habe ich meine Mutter und meinen Vater nicht gesehen. Ich weiß nicht, ob Mutter und Vater von meiner Abreise erfuhren. [...] Seit drei Jahren habe ich mein Kind nicht gesehen.*[61]

Diese Übersetzung darf in gewisser Weise als „einzigartig" gelten. Ob dieser Fund eher Zufall war, wird in der Darstellung nicht gesagt. Davon abgesehen, dass nur die wenigsten von den Kriegsgefangenenaufnahmen nach ihrer Aufnahme ein weiteres Mal übersetzt worden sind, darf davon ausgegangen werden, dass nur sehr wenige solcher Meta-Reflexionen den Weg ins Berliner Lautarchiv geschafft haben. Wie diese Aufnahme überhaupt in den Bestand gelangte, gilt als unklar.[62]

Deutlich wird aber, dass hier selbst ein „Störfall" thematisiert wird, nämlich indem die Meta-Reflexion eines betroffenen Individuums geschildert wird. Da das Archiv weithin unzugänglich ist und davon auszugehen ist, dass nur sehr wenige der Aufnahmen heute noch einmal übersetzt würden, ist eine Rekonstruktion der historischen Aufnahmebedingungen sicherlich

60 Vgl. ZIEGLER 2000, S. 197.
61 LANGE 2012, S. 67.
62 Ebd.

schwierig. Meta-Kontextualisierungen auf den Platten in der Art des Sprechers Jámafáda zeigen jedoch, dass dieser Aufgenommene nicht nur ein „Opfer“ der Doegenschen Aufnahmepolitik war – seine Stimme ist zwar als „Material“ in den Bestand gelangt, jedoch nutzte er die Situation und die Sprach-Unkenntnis der Aufnehmenden dazu, Teile seiner disparaten Situation in eine andere Zeit, in unsere Gegenwart hineinzutragen. Seine subjektive Darstellung trotzte offenbar dem Objektivierungswillen der Zeitgenossen als eine Art „Flaschenpost“, so dass die Konterbande seiner Subjektivität heute (fast 100 Jahre nach ihrer Aufzeichnung) das erste Mal wahrgenommen werden kann.

Zusammenfassend lässt sich also Folgendes festhalten: Wenn man sich die epistemologisch jeweils unterschiedlichen Diskurse im Kraftfeld verschiedener Phänomenologien vor Augen führt, werden diese einen jeweils unterschiedlichen Wissensfundus bereitstellen. Die frühe Geschichte des ersten Abhörens zeigt die Verschränkung von Medientechnologie, Wissensproduktion und Wissensspeicherung, während Einzelne in der Lage waren, sich der Kontrolle des Aufnehmenden zu entziehen. Ja, mehr noch: Nicht nur Individuen werden der Verwendung ihrer Stimme beraubt, sondern vielmehr ganze Kulturen ausgelöscht, wobei sich die Überlieferung ihrer Geschichte auf die Wissensobjekte europäischer Wissenschaftsgeschichte beschränkt. Diese Macht- und Wissenskorrelationen sind entstanden durch dasjenige, was Foucault den „politischen Körper“ genannt hat, der wiederum weitgehend mit der europäischen Kolonialpolitik identifiziert werden kann. Denn dieser Körper bildet sich nach Foucault aus der „Gesamtheit der materiellen Elemente und Techniken, welche als Waffen, Schaltstationen, Verbindungswege und Stützpunkte“ zu bestimmen seien. Daraus ergeben sich „Macht- und Wissensbeziehungen“, welche „die menschlichen Körper besetzen und unterwerfen, indem sie aus ihnen Wissensobjekte machen“. Die Bestrafungstechniken, die sich „an die Seele wenden, sind in die Geschichte dieses politischen Körpers einzuordnen“. Dieser Passus scheint angesichts der vorausgegangenen Schilderungen so evident wie verstörend: Die Verdrängung und die daraus häufig folgende Auslöschung vieler traditionaler Kulturen in Afrika und Ozeanien erfolgten einerseits im

Kontext des Kolonialismus (dies betrifft auch die Aufnahmen im Kriegsgefangenenlager) und seines „politischen Körpers“, der die Menschen unterwirft, ihre Kultur „stört“ und ihnen ihre Überlieferung nimmt. Dies geschieht nicht nur materialiter im Zuge der kolonial-anthropometrischen Forschungen, sondern auch im Kontext traditioneller ritueller Überlieferungstechniken, die so etwas wie eine kulturelle Identität evozieren und symbolisieren.

So sind die Strafpraktiken wie bei Foucault nicht eine Folge des Rechts, sondern „ein Kapitel politischer Anatomie“.[63] Es kann daher von vornherein davon ausgegangen werden, dass Archive wie die „schwarzen“ Wissensarchive immer einen prekären Status genießen und dass das frühe, medientechnologische Abhören am Phonographen das Spannungsfeld zwischen Politik, Macht und Wissen(schaft) in paradigmatischer Weise unmittelbar mit einschließt.

63 Foucault 1995, S. 40.

Literatur

Assmann, Jan (2005). *Das kulturelle Gedächtnis. Schrift, Erinnerung und politische Identität in frühen Hochkulturen.* München

Bauman, Zygmunt/Lyon, David (2013). *Daten, Drohnen, Disziplin. Ein Gespräch über flüchtige Überwachung.* Berlin.

Ernst, Wolfgang (2000). „Im Namen des Speichers. Eine Kritik der Begriffe ‚Erinnerung' und ‚Kollektives Gedächtnis'“, in: Moritz Csáky/Peter Stachel (Hrsg.). *Speicher des Gedächtnisses. Bibliotheken, Museen, Archive.* Teil 1: *Absage an und Wiederherstellung von Vergangenheit. Kompensation von Geschichtsverlust.* Wien, S. 99–127.

Foucault, Michel (1995). *Überwachen und Strafen: die Geburt des Gefängnisses.* Frankfurt am Main.

Gauss, Stefan (2009). *Nadel, Rille, Trichter: Kulturgeschichte des Phonographen und des Grammophons in Deutschland (1900–1940).* Köln/Weimar/Wien.

Grupe, Gerd (1998). „E. M. von Hornbostel und die Erforschung amerikanischer Musik aus der armchair-Perspektive“, in: Sebastian Klotz (Hrsg.). *„Vom tönenden Wirbel menschlichen Tuns“. Erich M. von Hornbostel als Gestaltpsychologe, Archivar und Musikwissenschaftler.* Berlin, S. 105–115.

Hornbostel, Erich M. von (1904). *Über die Bedeutung des Phonographen für die vergleichende Musikwissenschaften.* Berlin.

Hornbostel, Erich M. von (1925). „Die Einheit der Sinne“, in: *Melos* 5, Nr. 6, S. 290–297.

Hornbostel, Erich M. von (1933). „Das Berliner Phonogramm-Archiv“, in: *Zeitschrift für vergleichende Musikwissenschaft* 1, S. 40–45.

Kittler, Friedrich A. (1982). „Pink Floyd, Brain Damage“, in: Klaus Lindemann (Hrsg.). *Europalyrik 1775 – heute. Gedichte und Interpretationen.* Paderborn, S. 467–477.

Kittler, Friedrich A. (1986). *Grammophon, Film, Typewriter.* Berlin.

Kittler, Friedrich A. (1993). „Der Gott der Ohren“, in: Ders., *Draculas Vermächtnis. Technische Schriften.* Leipzig, S. 130–148.

Klotz, Sebastian (Hrsg.) (1998). *„Vom tönenden Wirbel menschlichen Tuns“. Erich M. von Hornbostel als Gestaltpsychologe, Archivar und Musikwissenschaftler.* Berlin.

Kubik, Gerhard (1984). „Einige Grundbegriffe und -konzepte der afrikanischen Musikforschung“, in: *Jahrbuch für musikalische Volks- und Völkerkunde* 11, S. 57–102.

KUBIK, Gerhard (1983). „Kognitive Grundlagen afrikanischer Musik", in: Artur SIMON (Hrsg.). *Musik in Afrika.* Berlin, S. 327–400.

LANGE, Britta (2012). „Was wir hören: Aus dem Berliner Lautarchiv", in: Anette HOFFMANN/Britta LANGE/Regina SARREITER (Hrsg.). *Was wir sehen. Bilder, Stimme, Rauschen. Zur Kritik anthropometrischen Sammelns.* Berlin, S. 61–78.

LECHLEITNER, Franz (2005). „Die Technik der wissenschaftlichen Schallaufnahme im Vergleich zu ihrem kommerziellem Umfeld", in: Hanno SEGEBERG/Frank SCHÄTZLEIN (Hrsg.). *Sound. Zur Technologie und Ästhetik des Akustischen in den Medien.* Marburg, S. 16–22.

LECHLEITNER, Gerda (1999). *„Zukunftsvisionen retrospektiv betrachtet: Die Frühzeit des Phonogrammarchivs"*, in: *Das audiovisuelle Archiv* 45, S. 7–15.

LUSCHAN, Felix von (1904). „Anleitung für ethnographische Beobachtungen und Sammlungen in Afrika und Ozeanien", in: *Königliches Museum für Völkerkunde in Berlin.*

MÜLLER, Martin (1998). „Erich M. Hornbostel: Gestaltpsychologie und kulturvergleichende Forschung", in: Sebastian KLOTZ (Hrsg.). *„Vom tönenden Wirbel menschlichen Tuns". Erich M. von Hornbostel als Gestaltpsychologe, Archivar und Musikwissenschaftler.* Berlin, S. 169–183.

OBERHACK, Silvia/JURICHS, Katrin/STEINBACH, Elke (2010). *„Die Töne der Staatssicherheit – die Audioüberlieferung des MfS"*, in: *Info* 7, S. 10–13.

RICHTER, Rudolf (1983). Art. Abhören, in: *Deutsches Wörterbuch von Jacob und Wilhelm Grimm.* Herausgegeben von der Akademie der Wissenschaften der DDR in Zusammenarbeit mit der Akademie der Wissenschaften zu Göttingen. 1. Band. Leipzig, S. 398–400.

SCHÜLLER, Dietrich (1990). „Die Schallaufzeichnung als historisches Dokument", in: *Fortschritte der Akustik. Plenarvorträge und Kurzreferate der 16. Gemeinschaftstagung der Deutschen Arbeitsgemeinschaft für Akustik.* Wien, S. 71–87.

STANGL, Burkhard (2000). *Ethnologie im Ohr. Die Wirkungsgeschichte des Phonographen.* Wien.

WATERMAN, Christopher A. (1991). „The Uneven Development of Africanist Ethnomusicology: Three Issues and a Critique", in: Bruno NETTL/Philip V. BOHLMAN (Hrsg.). *Comparative Musicology and Anthropology of Music.* Chicago/London, S. 169–186.

ZIEGLER, Susanne (2000). „Die akustischen Sammlungen. Historische Tondokumente im Phonogramm-Archiv und im Lautarchiv“, in: Horst BREDEKAMP/ Jochen BRÜNING/Cornelia WEBER (Hrsg.). *Theater der Natur und Kunst. Wunderkammern des Wissens.* Band 2: *Essays.* Berlin, S. 197–207.

ZIEGLER, Susanne (2006). *Die Wachszylinder des Berliner Phonogramm-Archivs.* Berlin.

ZIEGLER, Susanne (2009). „Felix von Luschan als Walzensammler und Förderer des Berliner Phonogramm-Archivs”, in: Peter RUGGENDORFER/Hubert D. SZEMETHY (Hrsg.). *Felix von Luschan (1854–1924). Leben und Wirken eines Universalgelehrten.* Wien/Köln/Weimar, S. 113–140.

Sigrid Weigel

Walter Benjamins Musiktheorie – Zur Geburt der Musik aus der Klage und zur Beziehung zwischen Oper, Trauerspiel und Musikdrama

Benjamins Theorie ist als Bilddenken bekannt; vermutlich ist das der Grund, warum seine musiktheoretischen Ausführungen bislang wenig Beachtung gefunden haben:[1] die Überlegungen des jungen Benjamin zur Musik, die ein Seitenstück zur sprachtheoretischen Grundlegung seines Denkens überhaupt darstellen, ebenso wenig wie die Auseinandersetzung mit der Oper. Das Thema der Oper klingt bei ihm an verschiedenen Stellen an, so etwa in „Goethes *Wahlverwandtschaften*", am explizitesten aber im Trauerspielbuch, in jenem Abschnitt des zweiten Teils des Kapitels „Allegorie und Trauerspiel", der der vielzitierten Diskussion zum Zusammenhang von Klangfigur und Schrift anhand von Johann Wilhelm Ritters Buch *Fragmente aus dem Nachlass eines jungen Physikers* (1810) vorausgeht. Da es sich hierbei um Überlegungen zum *Thema* der Musik handelt, insbesondere *über* die Oper, sollen diese am Anfang stehen.

1925: Die *Passage de l'Opera* im Trauerspielbuch

Die genannte Passage umfasst wenig mehr als zwei Seiten. Darin nähert sich Benjamin aus zwei unterschiedlichen Perspektiven der Oper. Einerseits führt er die Oper in einer eher gattungsgeschichtlichen Perspektive ein; andererseits verfolgt er eine thematische Spur, in der es sehr viel grundsätzlicher um die

1 Um dem zu begegnen, hat das *Zentrum für Literatur- und Kulturforschung* 2010 ein Symposium organisiert, aus dem eine Publikation hervorgegangen ist: Klein, Robert Tobias (Hrsg.) (2013). *Klang und Musik bei Walter Benjamin.* München. Benjamins Überlegungen zur Musik fehlen im *Benjamin-Handbuch* vollständig.

Musik in ihrem Verhältnis zur Bedeutung geht. Beide Linien überkreuzen sich und ergeben ein durchaus widerstreitendes Bild, eine Art gegenstrebiger Fügung. In gattungsgeschichtlicher Perspektive bewertet Benjamin einzelne dramaturgische Formen des Trauerspiels als „opernhafte" Formelemente und erklärt damit den Übergang vom Trauerspiel zur Oper: „Zur Oper drängte ferner die musikalische Ouvertüre, die dem Schauspiel bei Jesuiten und Protestanten voranging" (I.1, 385).[2] Diese Entwicklung mündet für ihn in der Auflösung des Trauerspiels, welcher der Übergang zur Oper einhergeht. All das bleibt im Rahmen der vertrauten Geschichte von Theater und Oper. Und im Unterschied zur Kritik an Nietzsches Behandlung der Tragödie im Kapitel über „Trauerspiel und Tragödie", wo er Nietzsches „Verzicht auf eine geschichtsphilosophische Erkenntnis des Mythos" im Banne einer „wagnerschen Metaphysik" beklagt (281), beruft er sich hier durchaus auf *Die Geburt der Tragödie.* An dieser Stelle scheint kurz der Name Wagners als Widerpart zur barocken Oper auf. Nietzsche habe „Wagners ‚tragisches' Gesamtkunstwerk gegen die spielerische Oper, welche im Barock sich vorbereitete", abgehoben (386). Die zitierte kritische Sicht Nietzsches auf die Oper bezieht sich allerdings auf die Anfänge der Operngeschichte am Ende des 16. Jahrhunderts, all dies im 19. Abschnitt der *Geburt der Tragödie*, in dem Nietzsche die Oper als Erfindung des kunstohnmächtigen Menschen ohne dionysische Tiefe bewertet.[3] Aufgrund dieses Mangels habe der unkünstlerische Mensch „den Musikgenuß zur verstandesmäßigen Wort- und Tonrhetorik der Leidenschaft im stilo rappresentativo und zur Wohllust der Gesangeskünste" verwandelt (386). Im Anschluss an das längere Nietzsche-Zitat charakterisiert Benjamin – ohne Absatz und Übergang – die Oper als Verfallsprodukt des Trauerspiels, womit er jedoch eine ganz andere Urszene in den Blick nimmt. Diese unterscheidet sich auch von der kanonisierten Historiographie der Oper, die die Entstehung der Oper auf jenes Missverständnis zurückführt, das dem Projekt einer Wiederentdeckung

2 BENJAMIN, Walter (1972–1999). *Gesammelte Schriften.* Hrsg. von Ralf Tiedemann und Hermann Schweppenhäuser. 7 Bände. Frankfurt am Main. Aus dieser Ausgabe wird im Text nur unter Angabe von Band und Seitenzahl zitiert.

3 NIETZSCHE, Friedrich (1980). *Die Geburt der Tragödie oder Griechentum und Pessimismus*, in: *Werke in sechs Bänden.* Hrsg. von Karl Schlechta. Bd. 1. München, S. 103ff. Der Text ist bei Schlechta mit dem Titel der zweiten Auflage 1886 abgedruckt; die erste Auflage hieß *Die Geburt der Tragödie aus dem Geiste der Musik* (1872).

der antiken Tragödien im ausgehenden 16. Jahrhundert in der Florentiner *Camerata* einherging – weil deren *Riforma melodramatica* unter der Annahme betrieben wurde, dass die Griechen und Römer ihre Tragödien „vollständig sangen".[4] Benjamin verlagert die Szene hingegen sowohl von Athen als auch von Italien weg und verschiebt sie nach Norden, ins deutsche Barock.

Diese Verschiebung wird nur durch einen kleinen Einschub angezeigt, der Benjamins eigenen Blickwinkel benennt: von der Dichtung und vom Trauerspiel aus gesehen. Während er den Vergleich mit der Tragödie „für die Erkenntnis von der Oper" nämlich als unzulänglich bewertet, ist es nach ihm unverkennbar, dass „von der Dichtung und zumal vom Trauerspiele aus die Oper als Verfallsprodukt erscheinen muß" (386). Dabei entfernt sich Benjamins Begründung der Verfallsthese vollständig von Nietzsche. Für Benjamin sind es Merkmale wie das Verschwinden der „Hemmung der Bedeutung" und, damit verbunden, das Verschwinden der Trauer, die den Übergang vom Trauerspiel zur Oper ausmachen und diese im Banalen enden lassen, im widerstandslosen Abrollen von Opernfabel und Opernsprache. Auch „die schwelgerische Lust am bloßen Klang" habe „ihren Anteil am Verfall des Trauerspiels" (387). Hemmung und Trauer sind also verknüpft, und deren Verschwinden ist Symptom des beschriebenen Übergangs. Damit kommt Benjamin auf Überlegungen aus seinen früheren Ausführungen zur Musik zurück; doch davon später.

Mit dem Gegensatz zwischen einer Hemmung der Bedeutung im Trauerspiel und einem widerstandslosen Abrollen von Fabel und Sprache in der Oper nimmt Benjamin den Faden eines Motivs wieder auf, mit dem der ganze Abschnitt über die Oper einsetzt und mit dem er eine Spur jenseits der Gattungsgeschichte und auch jenseits von Nietzsches Argumenten verfolgt. Der Abschnitt über die Oper setzt nämlich mit der phonetischen Spannung in der Sprache des 17. Jahrhunderts ein, eine Spannung, die Benjamin aus dem Auseinandertreten von Laut und Bedeutung ableitet, *dem* Kernmotiv der in dem gesamten Kapitel untersuchten allegorischen Struktur, die er dort ansonsten an der bildlichen Allegorie analysiert: als „Abgrund zwischen bildlichem Sein

4 So der Musiker Jacopo Peri, einer der Akteure der frühen Stunde der Operngeschichte, zit. nach Carter, Tim (1998). „Das siebzehnte Jahrhundert", in: Roger Parker (Hrsg.). *Illustrierte Geschichte der Oper*. Stuttgart, S. 11.

und Bedeuten" (342). Im Phonetischen, so die Ouvertüre zur Opern-Passage, führe die Spannung „geradezu auf die Musik". Die Musik wird hier also „als Widerpart der sinnbeschwerten Rede" eingeführt (385); sie kommt damit als Gegenpol zum Sinn in der Sphäre des Lautlichen ins Spiel – als eine Ausdrucksweise also, in der der Sinn zerfällt, verlöscht oder versagt.

Im Ergebnis der beiden skizzierten Argumentationslinien erhalten Klang und Musik eine zweifache, gegenläufige Bewertung: einerseits als schwelgerische Lust am bloßen Klang, mit dem Opernhandlung und Opernsprache „widerstandslos" dahinrollen und das dramatische Gefüge entleert wird; andererseits als Musik, die in der Sphäre von Klang und Laut den Widerpart zum Sinn darstellt. Auch deswegen folgt der Verfallsthese bei Benjamin ein gewichtiges *Aber*: „Demungeachtet *aber* ist Musik – nicht dem Gefallen der Autoren, sondern ihrem eigenen Wesen nach – dem allegorischen Drama innig vertraut." (387)[5] Während die Oper aus gattungsgeschichtlicher Sichtweise als Verfallsprodukt des Trauerspiels erscheint, gewinnt Benjamin aus den Reflexionen zu Bedeutung und Laut die These von der Verwandtschaft zwischen Musik und Trauerspiel. Die zum Gattungsvergleich alternative Betrachtung mündet damit in einer innigen Vertrautheit zwischen Musik und allegorischem Drama – einer Vertrautheit ihrem Wesen, nicht ihrer Gattung nach. Merkmale dieser Verwandtschaft sind Hemmung und Trauer.

Die beiden Linien, Gattungsgeschichte und eine Art Musikontologie, überkreuzen sich im Motiv der „Leidenschaft für das Organische", die Benjamin als Signum des Barock ausmacht, Symptom von Weltflucht, Naturverfallenheit und widerhistorischer Haltung in der Schädelstätte des Barock. Während Benjamin das Problem der Allegorie zuvörderst am Bild entfaltet, geht es im Abschnitt über Oper und Musik um die Frage, wie sich der entsprechende Widerstreit zwischen Bild und Bedeutung für die Dichtung darstellt: „Die ‚Leidenschaft für das Organische', von der man längst beim bildlichen Barock gesprochen hat, ist nicht so leicht im dichterischen zu umreißen." (385) Die damit formulierte Aufgabenstellung gewinnt ihr Gewicht durch die Erläuterung,

5 Hervorhebung S. W.

dass es nicht so sehr um die äußere Gestalt als um die Innenräume des Organischen gehe. Wenn dann die Stimme als „organisches Moment der Dichtung" ins Spiel gebracht wird, dann keineswegs als Repräsentant oder Verkörperung des Organischen. Vielmehr ist es die Stimme, die aus den Innenräumen dringt – Ausdruck einer Sphäre, in die man nicht eindringen und nicht hineinschauen kann, aus der jedoch etwas herausdringt. Will man mehr über die Rolle der Stimme als Ausdruck des Gefühls und Träger des Wortes erfahren, will man die bemerkenswerte Rolle der Hemmung für die Trauer genauer verstehen, dann muss man sich an die Bemerkung in Benjamins Widmung des Trauerspielbuches halten: „Entworfen 1916 Verfaßt 1925" (203).

1916: Vom Naturlaut über die Klage zur Musik

Aus dem Jahr, das Benjamin als Entwurfsjahr für das Trauerspielbuch angibt, stammen tatsächlich Aufzeichnungen zu *Trauerspiel und Tragödie* und zur *Bedeutung der Sprache in Trauerspiel und Tragödie*, Texte, die somit als Monade für seine Habilitationsschrift gelten müssen. Die beiden kurzen Texte gehören zu fünf Arbeiten, die der junge Benjamin im Jahre 1916 geschrieben hat. Deren Reihenfolge[6] beschreibt einen thematischen Bogen von der Antike über das Trauerspiel zur biblischen Sprache. Die erste Arbeit, *Das Glück des antiken Menschen*, handelt von der *hybris*, als die den Griechen der „Versuch" erschien, „sich selbst – das Individuum, den innern Menschen – als Träger des Glückes darzustellen" (II.1, 128), weshalb das Glück den antiken Menschen nur in Gestalt des Sieges heimsuchen konnte. Die zweite Arbeit, *Sokrates*, teilt mit Nietzsche den antisokratischen Gestus. Allerdings sieht Benjamin in Sokrates nicht die Verkörperung eines der Philosophie geschuldeten Untergangs der Tragödie; vielmehr wird Sokrates bei ihm zur Zielscheibe einer beißenden Kritik am Prinzip des pädagogischen Eros, weil in der sokratischen Frage die erotische ebenso wie die wissenschaftliche Frage verraten und zum Mittel degradiert werden, womit sie in einem diametralen Gegensatz zur heiligen

6 Benjamin führt sie in einem Brief an Herbert Belmore (alias Blumenthal) auf. Benjamin, Walter (1995–2000). *Gesammelte Briefe*. Hrsg. vom Theodor W. Adorno-Archiv. 6 Bände, Bd. 1. Frankfurt am Main, S. 350. Diese Ausgabe wird im Text künftig mit GB und mit der Angabe von Band- und Seitenzahl zitiert.

Frage stehe, eine Frage, die auf Antwort wartet. Während die dritte und vierte Arbeit Tragödie und Trauerspiel – im Hinblick auf Zeit und Sprache – einander gegenüberstellen, schließt die fünfte und umfangreichste Arbeit (*Über die Sprache überhaupt und über die Sprache des Menschen*) an darin entwickelte Motive zum Trauerspiel an. Auf dem biblischen Schauplatz der adamitischen Sprache werden dort die Motive von Trauer und Klage aus den vorausgehenden Ausführungen zum Trauerspiel fortgeschrieben, und zwar in der Klage der stummen, überbenannten Natur. Benjamins musiktheoretische Überlegungen sind also eine – bislang weniger beachtete – Szene aus der Geburt seiner eigenen Sprachtheorie. In ihr stellt das Trauerspiel gleichsam eine Mitte dar zwischen antikem und biblischem Schauplatz, zwischen Athen und Jerusalem.

Vor allem in der Abhandlung über die *Bedeutung der Sprache in Trauerspiel und Tragödie* spielt die Musik eine wichtige Rolle. Im Zentrum steht die Entstehung der Musik aus der Klage, genauer die These, dass das „Wort in der Verwandlung" einen Wege beschreibe „vom Naturlaut über die Klage zur Musik" (138). Damit befand sich der junge Benjamin in deutlicher, wenn auch unausgesprochener[7] Gegenstellung zu Nietzsches *Geburt der Tragödie aus dem Geiste der Musik* (1872). Nietzsche geht bekanntlich vom Widerstreit zwischen einer dionysisch rauschähnlichen und einer apollinisch traumähnlichen Natur der Griechen aus, leitet den Ursprung der Tragödie aus den dionysischen Dithyramben ab, aus Gesang, Tanz und Musik, und sieht deren Transformation zur Kunstform dort gegeben, wo der aus der „dionysischen Musik" entstandene Chor um den „apollinischen Teil" des Dialogs ergänzt wird.[8] Anstelle des Gegensatzes dionysisch-apollinisch steht beim jungen Benjamin derjenige von Trauer und Tragischem. Dabei betrachtet er die Tragödie – dies sichtlich in der

7 Inwieweit Benjamin 1916, als seine Erörterungen über Trauerspiel und Tragödie entstanden, mit Nietzsches *Geburt der Tragödie* wirklich vertraut war, ist unklar. Zwar taucht in den Briefen und Reden des Studenten der Name des Philosophen hin und wieder auf; doch eine intensivere Auseinandersetzung mit Nietzsche scheint erst nach Benjamins Lektüre des Briefwechsels zwischen Nietzsche und Overbeck eingesetzt zu haben. Von dieser Lektüre berichtet ein Brief vom 23.12.1917 an Gershom Scholem: „Ferner lese ich den erschütternden Briefwechsel Nietzsches mit Franz Overbeck, das erste wirkliche Dokument seines Lebens das ich kennen lerne." Benjamin, Walter (1995–2000). *Gesammelte Briefe*. Hrsg. vom Theodor W. Adorno-Archiv. 6 Bände, Bd. 1. Frankfurt am Main, S. 410. Und erst 1919 hat er Nietzsches *Der Fall Wagner* gelesen und war davon begeistert, wie er Ernst Schoen am 29.1.1919 mitteilt (GB II, 10).

8 Nietzsche 1980, S. 103ff.

Nachfolge von Hölderlins Anmerkungen zu dessen Sophokles-Übersetzungen – als eine Form, die durch die Wechselrede und das Gesetz des gesprochenen Wortes gekennzeichnet ist. Er bezieht sich also weder auf die dionysischen Kulte oder Bocksgesänge, noch leitet er seine These von der Geburt der Musik aus der Klage aus dem Gesang des Orpheus ab, der ja der Totenklage entspringt.

Der vorangegangene Text über *Trauerspiel und Tragödie* handelt vor allem von der Zeit und arbeitet – vor dem Hintergrund des Verhältnisses von geschichtlicher und messianischer Zeit – die Differenz der beiden dramatischen Formen heraus. Während er einen engen Zusammenhang der historischen Zeit zur Tragödie sieht und diese als eine geschlossene Form beschreibt, kennzeichnet Benjamin das Trauerspiel demgegenüber als eine unabgeschlossene Form. Strukturiert durch das Gesetz der Wiederholung, spielt sich „die Idee seiner Auflösung nicht mehr innerhalb des dramatischen Bezirks“ ab. In der Schlusspassage heißt es: „Und dies ist der Punkt, an dem sich – von der Analyse der Form aus – der Unterschied zwischen Trauerspiel und Tragödie entscheidend ergibt. Der Rest des Trauerspiels heißt Musik.“ Und weiter: „Vielleicht steht ähnlich wie die Tragödie den Übergang historischer zu dramatischer Zeit bezeichnet, das Trauerspiel am Übergang von der dramatischen Zeit in die Zeit der Musik.“ (137) Damit ist das Thema der Abhandlung zur *Bedeutung der Sprache in Trauerspiel und Tragödie* angestimmt. Deren letzter Satz fasst den Unterschied zwischen Tragödie und Trauerspiel in die bündige These: „Wo in der Tragödie die ewige Starre des gesprochenen Wortes sich erhebt, sammelt das Trauerspiel die endlose Resonanz seines Klanges.“ (140) Hieraus erklärt sich die im Trauerspielbuch formulierte These von der Verwandtschaft von Trauerspiel und Musik.

Der kurze Text aus dem Jahre 1916 geht aber davon aus, was Benjamin das Rätsel des Trauerspiels nennt: „Wie Sprache überhaupt mit Trauer sich erfüllen mag und Ausdruck von Trauer sein kann, [...] wie Trauer als Gefühl in die Sprachordnung der Kunst den Eintritt findet?“ (138) In dessen Horizont fragt er nach einer – neben dem Wort als Träger der Bedeutung – anderen Existenzweise des Wortes und entdeckt diese in dem „Wort in der Verwandlung“.

In ihm, das das sprachliche Prinzip des Trauerspiels sei, entdeckt Benjamin gleichsam ein gefühlsbegabtes Wesen:

> *Es gibt ein reines Gefühlsleben des Wortes, in dem es sich vom* Laut der Natur *zum reinen* Laute des Gefühls *läutert. Diesem Wort ist die Sprache nur ein Durchgangsstadium im Zyklus seiner Verwandlung und in diesem Wort spricht das Trauerspiel. Es beschreibt den Weg* vom Naturlaut über die Klage zur Musik. *Es legt sich der Laut im Trauerspiel symphonisch auseinander, und dies ist zugleich das* musikalische *Prinzip seiner Sprache und das* dramatische *seiner Entzweiung und seiner Spaltung in Personen. (S. 138, Hervorhebungen S. W.)*

Der Eintritt des Gefühls, insbesondere der Trauer, in die Sprachordnung der Kunst bringt somit die Beziehung zwischen Laut und Bedeutung in Bewegung; die Trauer bricht in die Sprache ein und dabei die Einheit von Wort und Sinn/ Laut und Bedeutung auseinander. Signifikant ist an dieser Stelle das Bild eines symphonischen Auseinandertretens als musikalisches Prinzip der Sprache im Trauerspiel, eine chiastische Figur: *sym-phonisches*, das heißt zusammenklingendes Auseinandertreten. Diese Figur erhellt daraus, dass Benjamin im Trauerspiel zwei Prinzipien am Werke sieht, einerseits einen die semantische Einheit entzweiender Widerstreit der zwei Sprachdimensionen (Wort und Bedeutung), andererseits einen in der Musik sich schließenden Kreis des Gefühls. So durchdringen sich im Trauerspiel zwei Ordnungen:

> *Cyklik und Wiederholung, Kreis und zwei. Denn es ist der Kreis des Gefühls, der in der Musik sich schließt, und es ist die Zwei des Wortes und seiner Bedeutung, welche die Ruhe der tiefen Sehnsucht zerstört und Trauer über die Natur verbreitet. (139)*

Das Akustische der Musik kommt (über die Figur des symphonischen Auseinandertretens hinaus) erst in der Schlusspassage wirklich zur Sprache: „[J]a endlich kommt alles auf das Ohr der Klage an, denn erst die tiefst *vernommene* und *gehörte Klage* wird Musik." (140)[9] Es ist also die Klage, mit der sich Benjamins Überlegungen dem Ohr und dem Gehörten zuwenden. Das entspricht seiner Betonung der rezeptiven, aufnehmenden Haltung, die am Ursprung aller Sprache steht, wenn im Sprachaufsatz die adamitische Sprache als Übersetzung der stummen Sprache der Natur und der Dinge in die verbale Sprache des Menschen beschrieben wird. Hier aber, in den Überlegungen zur Geburt der Musik aus der Klage, hängen *Klage* und *Klang* aufs engste zusammen. Die Klage ist ein Schwellenphänomen: Als Klang reicht sie in die Welt der Musik, als Sprache verweist sie auf die Kreatur und das Reich der Schöpfung.

In diesem Seitenstück zu seiner im selben Jahr formulierten Sprachtheorie entwirft Benjamin jedoch keine Transzendenz der Gefühle und deren Aufhebung in Musik. Vielmehr häufen sich in den Ausführungen, die auf die Wendung „vom Naturlaut über die Klage zur Musik" folgen, Begriffe wie Hemmung, Stocken oder Stauung; sie charakterisieren eine Struktur, die aus dem Gegeneinander von Gefühlsausdruck und Sprachgehalt entsteht. So heißt es, dass in der Bewegung auf dem Weg vom Naturlaut zum Gefühlslaut eine Hemmung entsteht: „[M]itten auf diesem Weg sieht sich die Natur von Sprache verraten und jene ungeheure Hemmung des Gefühls wird Trauer." (138) Und es ist von der „ungeheure[n] Stauung des Gefühls" die Rede, „dem im Worte plötzlich eine neue Welt aufgeht, die der Bedeutung". Und weiter: „Trauer erfüllt die sinnliche Welt, in der Natur und Sprache sich begegnen." (139) Die Trauer ist hier also ein Effekt, der aus dem Widerstreit zwischen Natur und der Signifikat-Seite der Sprache hervorgeht. Man könnte sagen, dass das Begehren, dem Gefühl mit der Stimme und damit in der Sprache Ausdruck zu verleihen, notwendig an der „wirklichen Sprache" und ihrer Verfasstheit als Bedeutungssystem scheitern muss, weil es keine eindeutige Entsprechung gibt, sondern stets ein Ungenügen, wenn nicht ein Abgrund zwischen Ausdrucksbegehren und sprachlichem Ausdruck, zwischen Gefühl und Wort bleibt.[10] Aus

9 Hervorhebungen S. W.

10 Dem liegt die Gleichursprünglichkeit von Geschichte und Sprache als Bedeutungssystem und Kommunikationsmittel zugrunde. Mit dem Satz „Geschichte wird zugleich mit Bedeutung in der Menschensprache" (139) verweist der Text auf die in demselben Jahr geschriebene Abhandlung „Über Sprache überhaupt und über die Sprache des Menschen", wo dieser Gedanke ausgeführt wird. Insofern das Werden von Sprache und Geschichte gleichbedeutend ist mit dem Ende des Naturzustands, gerät die Natur ins Stocken, wenn ein Naturlaut in Sprache Ausdruck sucht.

diesem Zugleich von Ausdruck und Verfehlung entspringt die „Stauung des Gefühls", die Benjamin als Grund der Trauer beschreibt. Und genau an dieser Stelle kommt die Musik ins Spiel.

Für die – innerhalb der christlichen Logik des Trauerspiels notwendige – *Er*lösung tritt in Benjamins Lesart des Trauerspiels nämlich eine *Auf*lösung ein, eine Auflösung der Spannung des Gefühls wie auch des Widerstreits zwischen Wort und Bedeutung: ein die Spannung lösender Übergang in Musik:

> *Das Trauerspiel ruht nicht auf dem Grunde der wirklichen Sprache, es beruht auf dem Bewußtsein von der Einheit der Sprache durch Gefühl, die sich im Wort entfaltet. Mitten in dieser Entfaltung erhebt das verirrte Gefühl die Klage der Trauer. Sie muß sich aber auflösen; auf dem Grunde eben jener vorausgesetzten Einheit geht sie in die Sprache des reinen Gefühles über, in Musik. (139)*

Die These, das Trauerspiel stehe am Übergang von der dramatischen Zeit in die Zeit der Musik, wird damit in Gestalt eines rhythmischen Modells entfaltet: als sprachlich-affektiver Rhythmus von Verwandlung, Hemmung und Auflösung, dessen Bewegung in Musik übergeht: „Vom Naturlaut über die Klage zur Musik." Damit verlagert Benjamin die ‚Erlösung', auf der das christliche Trauerspiel mit seinem Verweis auf eine religiös gedachte Transzendenz beruht, in eine Ökonomie und Dynamik der Affekte: als Affektspannung, -hemmung und -lösung im Medium einer Sprache, die in Musik mündet. Im Unterschied zur affekttheoretischen Katharsis geht es hier nicht um ein Mitfühlen mit den Protagonisten (*eleos* und *phobos*); vielmehr werden Spannung, Hemmung und Lösung der Affekte unmittelbar am Leitfaden der Gefühle diskutiert. Andererseits unterscheidet sich Benjamins Musiktheorie vom romantischen Topos der ‚Musik als Sprache des Gefühls', weil die Musik bei ihm gerade dem scheiternden Versuch, Gefühle zur Sprache zu bringen, entspringt.

Wenn die Musik in diesem Zusammenhang als „erlösendes Mysterium" bezeichnet wird (139), dann läuft das keineswegs auf ein Programm der

Musikreligion hinaus. Eine Sakralisierung von Musik kritisiert Benjamin explizit in dem mehr als fünf Jahre später entstandenen Essay über *Goethes Wahlverwandtschaften*[11] anhand der Verse im dritten Gedicht *Aussöhnung* von Goethes *Elegie*: „Da schwebt hervor Musik mit Engelsschwingen / Das Auge netzt sich, fühlt mit höhern Sehnen / Den Götterwert der Töne wie der Tränen." Diese sind Anlass einer Kritik der Rührung als einer buchstäblichen Verschleierung des Blicks durch die Tränen in der Musik. „Weder Schuld noch Unschuld, weder Natur noch Jenseits sind ihr streng unterschieden." So Benjamin, und weiter: „Aber Rührung ist nur der Schein der Versöhnung." (I.1, 192) Wenn er diese Beobachtung mit der trügerischen Harmonie im Flötenspiel der Liebenden erläutert und hinzufügt: „Von Musik ist ihre Welt ganz verlassen", dann grenzt er einen emphatischen Begriff von Musik von solchen Tönen ab, die als Mittel der Rührung dienen und metaphorisch mit Tränen vertauschbar sind: „Die tränenvolle Klage: das ist Rührung." Für diese Abgrenzung des eigenen Klagebegriffs an der Schwelle zwischen Natur und Musik gegenüber jener tränenvollen Klage der Rührung im Goethe-Essay, die sich mit dem Götterwert der Töne verbindet, hat die Lektüre von Scholems Arbeit *Über Klage und Klagelied* sicherlich keine geringe Rolle gespielt. Ganz im Gegensatz zum Goetheschen Götterwert der Töne beschreibt Scholem die Klage nämlich als eine Ausdrucksform, die nicht göttergleich ist, sondern sich umgekehrt an Gott adressiert. In den Gesprächen mit Scholem während der gemeinsamen Studienzeit in Bern hat Benjamin seine Formel „vom Naturlaut über die Klage zur Musik" vor einem Horizont überdenken können, in dem die Frage der Klage „auf Grund der hebräischen Klage" gestellt wird.

1916: Zum religions- und kulturgeschichtlichen Index der Klage

Die Klage verbindet Benjamins Musiktheorie mit einem Leitmotiv des Trauerspielbuchs, denn dort markiert sie dessen Gegenstellung zur Tragödie. „In Wahrheit ist der Chor der Tragödie nicht klagend", wie Benjamin im Trauerspielbuch formuliert (I.1, 300). Die Zurückweisung einer Charakterisierung des

11 Geschrieben 1921/22, publiziert 1924/25.

tragischen Chors als klagend begründet sich durch die Wortgewaltigkeit, mit der der Chor in der Tragödie auftritt, nicht aber in Ungerührtheit oder Mitleid. Der Chor, so Benjamin, „bleibt im Angesicht der tiefen Leiden überlegen; das widerstreitet der klagenden Hingebung". Seine Überlegenheit wird als Effekt der Sprache beschrieben, nämlich als chorische Restauration der Trümmer des tragischen Dialogs zu einem gefestigten Sprachbau. Die Präsenz des Chors löse das tragische Geschehen keineswegs in Klagen auf, sondern setze dem Affekt selbst in den Dialogen eine Schranke. Hingegen sei die „Auffassung des Chors als ‚Trauerklage', in der ‚das ursprüngliche Weh der Schöpfung ertönt', [...] eine echt barocke Umdeutung seines Wesens".[12]

Die Klage bezeichnet bei Benjamin eine spezifische Figur, die sich u.a. aus der Spannung zu ihrem profanen Gegenpart, der Anklage, erhellt. Für ihn ist die Klage eine Figur an der Schwelle von Gefühl und Sprache, dort wo Bedeutung entsteht und auch verfällt, eine Figur, die in seinen Schriften – am Schnittpunkt von sprach- und geschichtstheoretischen Überlegungen – wiederholt eine prominente Position einnimmt.[13] So deutlich Benjamins These von der Geburt der Musik aus der Klage sich in einer Gegenstellung zu Nietzsches *Geburt der Tragödie aus der Musik* befindet, so wäre es doch zu einfach, seine Musiktheorie umgekehrt aus der jüdischen Tradition abzuleiten, etwa aus der Tradition der *Kina*, der Klagelieder. Als ihm Gershom Scholem im März 1918 ein Manuskript über *Klage und Klagelied* schickt, muss Benjamin nämlich bekennen, dass seine zwei Jahre zuvor aufgeschriebenen Gedanken zu demselben Problem „[o]hne Beziehung zum hebräischen Schrifttum" entstanden sind, welches „wie ich nun weiß der gegebne Gegenstand solcher Untersuchung ist". Und dabei spezifiziert er, aus seinem zurückliegenden Text zitierend, die eigene „Frage ‚wie Sprache überhaupt mit Trauer sich erfüllen mag und Ausdruck von Trauer sein kann'" (GB I, 442). Im Rückblick kann er seine Alternative zur antiken Schlüsselszene nun mit einem Argument erklären, das Scholem ihm zugespielt hat: „Aus meinem Wesen als Jude heraus

12 Die kritisierte Auffassung entstammt Ehrenberg, Hans (1920). *Tragödie und Kreuz.* 2 Bände, Bd. 1: *Die Tragödie unter dem Olymp.* Würzburg, S. 112f.

13 Vgl. dazu Weigel, Sigrid (2008). *Walter Benjamin. Die Kreatur, das Heilige, die Bilder.* Frankfurt am Main.

war mir das eigene Recht, die ‚vollkommen autonome Ordnung' der Klage wie der Trauer aufgegangen." Dennoch will er seine eigene Arbeit nicht Scholems Vorhaben zuordnen, sondern betont in Abgrenzung zu dessen Aufsatz den gänzlich anderen historischen Index seiner eigenen Theorie:

> *Im Deutschen tritt nämlich die Klage sprachlich hervorragend nur im Trauerspiel hervor und dieses steht im Sinne des Deutschen der Tragödie fast nach. Damit konnte ich mich nicht versöhnen und sah nicht daß diese Rangordnung im Deutschen ebenso legitim ist wie im Hebräischen wahrscheinlich die entgegengesetzte. Jetzt sehe ich nun in Ihrer Arbeit daß die Fragestellung die mich damals bewegte auf Grund der hebräischen Klage gestellt werden muß. (GB I, 443)*

Allerdings, so fügt er an, könne er in Scholems Ausführungen auch keine Lösung sehen, und öffnet damit das Feld für „eine Reihe schwerer Fragen".

Aus Benjamins Reaktion ergibt sich die Frage, inwieweit der auf diese Weise ins Hebräische und in die jüdische Tradition verschobene Fragehorizont im Folgenden für Benjamins Überlegungen zu Klage, Trauer und Trauerspiel bedeutsam werden sollte. Im Trauerspielbuch jedenfalls hat dies keinen direkten Niederschlag gefunden. Noch nach Abschluss des Trauerspielbuchs bewertet Benjamin diese Verlagerung seiner Fragen ins Hebräische als uneingelöste Aufgabe, wenn er am 30.10.1926 in einem Brief an Hugo von Hofmannsthal schreibt:

> *Endlich frappierte mich Ihr Brief mit Ihrem Hinweis auf das eigentliche, so sehr versteckte Zentrum dieser Arbeit: die Darlegung über Bild, Schrift, Musik ist wirklich die Urzelle der Arbeit mit ihren wörtlichen Anklängen an einen jugendlichen Versuch von drei Seiten „Über die Sprache in Trauerspiel und Tragödie". Die tiefere Ausführung dieser Dinge würde mich freilich aus dem deutschen Sprachraum in den hebräischen führen müssen, der, aller Vorsätze ungeachtet, bis zum heutigen Tage immer noch unbetreten vor mir liegt. (GB III, 209)*

Allein die Art und Weise, wie Benjamin diese zehn Jahre zuvor formulierte „schwere Frage" im Gedächtnis ist, signalisiert ihr Gewicht. Und tatsächlich sollten die Klagelieder der jüdischen Tradition wie auch das Hebräische durch die Lektüre von Scholems sprach- und dichtungstheoretischen Ausführungen zur *Kina* für Benjamin im Folgenden zu einem bedeutsamen Horizont werden. Vor ihm konnte er zumindest das eigene Vorhaben einer Aufwertung des Trauerspiels gegenüber der Tragödie weiter verfolgen. Wie die Zeugnisse aus der gemeinsamen Berner Studienzeit belegen, die vor allem durch Scholems Aufzeichnungen überliefert sind, spielten Klage und Klagelied eine wichtige Rolle in den Gesprächen und Lektüren der Freunde. So kann man z. B. unter dem 10. Mai 1918 in Scholems Tagebuch den Eintrag lesen: „Walter las einige Gedichte vor, ich die *kina* Davids, und wir sprachen von den Klageliedern."[14] Und in seinem autobiographischen Erinnerungsbuch *Walter Benjamin. Geschichte einer Freundschaft* (1975) findet sich folgende Szene: „Bei einem Gespräch über Klagelieder – ein Thema, das mich damals, vom Hebräischen her, tief beschäftigte – sagte er mir, in Rilkes *Malte Laurids Brigge* stehe ein wunderbares Klagelied. Ich suchte das Buch auf: die Stelle enthielt, zwar als Zitat, aber ohne Quellenangabe, das 30. Kapitel des Buches Hiob!"[15]

Ähnlich wie später andere Felder der gemeinsamen intellektuellen Neugier, zuallererst die Literatur Franz Kafkas, bildet die Klage in den ersten Jahren der Freundschaft eine heiße Zone des Gedankenaustausches, wo gegenseitige Inspiration, Annäherung und Abgrenzung verhandelt werden. Die Relevanz dieser von beiden Seiten mit äußerster Behutsamkeit geführten Dialoge – achtsam und auf der Hut zugleich – geht über biographische oder anekdotische Interessen hinaus, weil sie symptomatisch ist für brisante Fragen der Nähe und Distanz zwischen jüdischer Tradition und deutscher Kultur. Benjamins Antwort auf Scholems Manuskript *Klage und Klagelied* schließt denn auch mit der Diagnose einer „schweren Frage": „Im Besonderen bemerke ich nur, daß ich die eindeutige Beziehung von Klage und Trauer in dem Sinne daß jede reine

14 Scholem, Gershom (2000). *Tagebücher nebst Aufsätzen und Entwürfen bis 1923*. 2. Halbband: *1917–1923*. Hrsg. von Karlfried Gründer u. a., Frankfurt am Main, S. 224.

15 Scholem, Gershom (1975). *Walter Benjamin. Geschichte einer Freundschaft.* Frankfurt am Main, S. 84.

Trauer in die Klage münden müsse noch bezweifle. – Es ergeben sich hier eine Reihe so schwerer Fragen daß man wirklich von ihrer schriftlichen Erwägung abstehen muß." (GB I, 443) Während die durch Scholems Aufsatz eröffnete Perspektive, das Thema von Trauer und Klage „auf Grund der hebräischen Klage" zu erörtern, für Benjamin also die Abgrenzung seiner Fragen vom Deutungsmuster ‚Antike' verstärkt, behauptet er gegenüber dem Freund zugleich ein eigenes Gebiet, das jenseits der Grenzen der jüdischen Überlieferung liegt, mit ihm aber einen gemeinsamen Bezugspunkt teilt, den des Nachlebens der biblischen Tradition. Ein solches Gebiet hat der junge Benjamin ausgerechnet im deutschen Trauerspiel christlicher Provenienz gefunden. Dieses ist ihm Schauplatz eines vielfältigen Widerstreits, wenn nicht Abgrunds: zwischen Natur und Sprache, zwischen Laut und Bedeutung, zwischen Kreatur/Schöpfung und Geschichte.

1925/1937: Benjamin und die Oper, speziell Wagners Musikdramen

Bei Benjamins Musiktheorie handelt es sich um rein theoretische Erörterungen, die sich nicht auf einzelne Ausprägungen aus der Musikgeschichte beziehen. Der Opern-Abschnitt im Trauerspielbuch bezieht sich zwar auf eine spezifische musikgeschichtliche Epoche, kommt aber ohne Referenzen auf bestimmte Opern aus – anders als seine Ausführungen zum Trauerspiel, die mit einer unendlichen Fülle von Beispiele und Belegen barocker Trauerspiele der deutschsprachigen und spanischen Literaturgeschichte argumentieren. Insofern stellt sich die Frage, welche Stellung tatsächlich gehörte Musik für Benjamin einnahm. In seinen Briefen präsentiert sich der Student als jemand, der mit den „Berliner Opernaufführungen" und dem zeitgenössischen Repertoire vertraut ist; auch während seiner auswärtigen Studienjahre besucht er die Oper. Doch gehören Oper und Musik zu jenen Themen, die der Autor zumeist eher *en passant* behandelt.[16] Wenn er sich in dem späteren Briefwechsel mit Adorno ausführlich zu Wagner, Alban Berg, Schönberg, Strauss, Mahler,

16 Anders als Kunst und Malerei, deren Werke oft nur in äußerst kurzen, dichten Passagen in seinen Schriften auftauchen, jedoch eine unverzichtbare Rolle als Voraussetzung für seine Epistemologie spielen. Vgl. dazu die Kapitel acht und neun in Weigel 2008.

Krenek und anderen Komponisten äußert, dann überlässt er dem Briefpartner stets die Rolle des Eingeweihten und stellt sich als jemanden dar, dem sich das „musikalische Material" zum Teil entziehe (an Adorno, 2.11.1937, GB V, 592) – obwohl Adorno Benjamins Musikverständnis sichtlich zu schätzen wusste und die Schreibweise seiner Musikstudien der Benjaminschen Diktion nicht wenig verdankt. So etwa wenn er Wagner als „Meister des Übergangs" bewertet oder von der mitkomponierten Aura der musikalischen Gedanken im Parsifal-Stil spricht, „wie sie nicht im Augenblick des Vollzugs, sondern dem des Verklingens sich bildet".[17]

Nach einem gemeinsamen Besuch von Alban Bergs *Wozzeck* 1925 in Berlin teilte Adorno dem Komponisten den großen Eindruck mit, den die Oper bei ihnen beiden hinterlassen hat, hob besonders die Wirtshausszene hervor, deren Konstruktionsprinzip Mahlers geheimste Intentionen überbiete, und berief sich dabei auf Benjamin, der besser wusste, „worum es in Ihrem Werk geht, als alle Musiker". Und seine anschließende Charakterisierung der Szene zitiert – sowohl mit der Hölderlinschen Zäsur wie auch mit dem Begriff des Ausdruckslosen – Benjamins Aufsatz über Goethes *Wahlverwandtschaften*, der im Jahr zuvor erschienen war: „So ist denn auch kein Zufall, daß die Szene hier gerade steht: sie ist die Cäsur im Hölderlinschen Sinne und das ‚Ausdruckslose' mag mit ihr in die Musik einbrechen."[18] Noch zwölf Jahre nach dem Opernbesuch erinnert sich Benjamin in seiner Reaktion auf Adornos Berg-Studie des überwältigenden Eindrucks, „kraft dessen mich der ‚Wozzeck' an jenem berliner Abend gefangen nahm", und spricht von einem ihm „unbewußten aber bis ins einzelne nennbaren Betroffenseins" durch das Gehörte:

> *Unter den durchgehenden Motiven in Ihren Studien ist mir das von Bergs Beziehung zur Tradition besonders greifbar, nicht zum wenigsten da, wo Sie an Ihre Deutung von Mahler anschließen. Die Grundkonzeption: wie die gleichsam namenlose technische Arbeit des Schülers Schönbergs die Tradition des 19*^{ten}

---

17 ADORNO, Theodor W. (1982). „Zur Partitur des ‚Parsifal'", in: *Musikalische Schriften IV*. Frankfurt am Main, S. 47.

18 ADORNO, Theodor W./BERG, Alban (1997). *Briefwechsel 1925–1935*. Hrsg. von Henri Lonitz. Frankfurt am Main, 51. Zit. in GB V, S. 213.

> *Jahrhunderts im Namen des Musikers zur Ruhe geleitet und sie ihren eignen Klagegesang anstimmen läßt, ist mir so überzeugend wie es mir, der doch allen vermittelnden Zugangs entbehrte, Bergs Musik selber gewesen ist. (an Adorno, 21.8.1937, GB V, 565 f.)*

Mit der schönen Charakterisierung der Bergschen Musik als Klagegesang der Tradition des 19. Jahrhunderts nimmt er den Schlüsselbegriff seiner eigenen Musiktheorie noch einmal auf. Der Hinweis auf einen fehlenden vermittelnden Zugang bringt also lediglich zum Ausdruck, dass Benjamin ein musik*wissenschaftlicher* Zugang und die Fachterminologie fernlagen. Trotzdem wird er bei seinen Ausführungen zu Klage und Musik oder zu Trauerspiel und Oper an tatsächlich Gehörtes gedacht haben. Doch in den genannten Aufsätzen Benjamins fehlen jegliche musik*geschichtlichen* Referenzen.

Dabei berührt sich Benjamins Betrachtungsweise der Verwandtschaft von Trauerspiel und Musik aus der Perspektive der Dichtung mit Richard Wagners Schrift *Oper und Drama* (1852), einem Buch, das Benjamin aller Wahrscheinlichkeit nach nicht kannte. Denn im ersten Teil von Wagners Buch wird zwar nicht die Oper als Verfallsprodukt, wohl aber der Verfall der Oper aus dem Blick der Dichtung kritisiert, wenn und insofern letztere zur „nur helfenden Dichtkunst" degradiert werde.[19] Die von Benjamin beobachtete innere Vertrautheit von Musik und Trauerspiel wird, so meine These, in einigen Zügen von Wagners Musikdramen konkret. Als durchgängiges Strukturprinzip des *Rings* hat z. B. Carl Dahlhaus die Überlagerungen und Spannungen zwischen Göttermythos und Heldendrama, zwischen Affektausdruck und Handlung beschrieben. Seine Untersuchung verbindet die Ausdrucksform des vergegenwärtigten und zum Reden gebrachten Mythos mit einer Rückkehr zur Sprache des Gefühls, wobei – und das ist die entscheidende Differenz zur trivialen Formel von der ‚Musik als Sprache des Gefühls' – die Affekte keineswegs unmittelbar im Gesang zum Ausdruck kommen, sondern nur dadurch, dass die dramatische Handlung mit einem Gewebe musikalischer Kommentare übersponnen

19 Wagner, Richard (2008). *Oper und Drama.* (1852). Hrsg. und kommentiert von Klaus Kropfinger. Stuttgart, S. 35 und 51.

wird – im Zwischenraum also zwischen dramatischer Dynamik und Musik.[20] Er diskutiert Wagners Musikdramen also genau dort, wo Benjamin das Trauerspiel verortet hat, am Übergang zwischen dramatischer Zeit und der Zeit der Musik. Auch hat Dahlhaus auf den Zug zum Allegorischen im *Ring* hingewiesen, dies insbesondere in der *Walküre*, und zwar sowohl im Element der musikalisch personifizierten Affekte als auch in einzelnen Figuren, z. B. in den Gestalten von Brünnhilde und Fricka als Verkörperungen der entgegengesetzten Regungen von Wotans Willen und Wünschen. Und die Figuren in der *Götterdämmerung* gleichen „Schauplätzen von Affekten, die von außen über die Seele hereinbrechen und sich ungehemmt – ungebrochen durch Charakter – in ihr ausbreiten".[21]

Angesichts solcher Nähe zu Benjamins Beobachtungen über das Trauerspiel ist es bemerkenswert, dass Wagner in dessen Ausführungen selbst nur eine geringe Rolle spielt und nur vermittelt über Nietzsche im Text auftritt. Dem oben bereits zitierten Hinweis, Nietzsche habe „Wagners ‚tragisches' Gesamtkunstwerk gegen die spielerische Oper, welche im Barock sich vorbereitete", abgehoben, folgt nur noch die Ausführung: „Er sagte ihr Fehde an in der Verwerfung des Rezitativs." (I.1, 386) Diese kurze Einlassung ist dennoch bemerkenswert. Während Benjamin hier nämlich einerseits der Gegenstellung Wagners zur Oper bei Nietzsche folgt, distanziert er sich doch zugleich durch Anführungszeichen von Nietzsches Begriff des Tragischen, um zu signalisieren, dass Wagners Gesamtkunstwerk für ihn nicht ins Fach des Tragischen gehört. Wichtig ist ihm hingegen die Verwerfung des Rezitativs, insofern Nietzsche darin eine rührende Vorstellung der Schäferspiele entdeckt, die idyllische Idee einer wiederentdeckten Sprache des Urmenschen (386).

Die vermittelte Stellung Wagners in diesem Text ist für Benjamins Schriften insgesamt symptomatisch. Neben Nietzsche sind es Baudelaire und Adorno, durch deren Arbeiten Wagner in den Schriften Benjamins auftritt.[22]

20 Dahlhaus, Carl (1996). *Richard Wagners Musikdramen* (1985). Stuttgart, S. 119f.

21 Ebd., S. 193.

22 Ironischerweise bilden die Namen auch eine prekäre Konstellation, insofern Max Horkheimer Adornos Wagner und Benjamins Baudelaire als – unverträglich – für die Publikation in der „Zeitschrift für Sozialforschung" behandelt hat (I.3, 1075).

Thematisch am einschlägigsten ist die ausführliche Einlassung zu Adornos *Versuch über Wagner* (1939) in Benjamins Brief vom 19.6.1938, in dem er vor allem die Diskrepanz zwischen Polemik und Rettung kritisch kommentiert. Zwei Aussagen sind darin besonders bemerkenswert: (1) die These zur Verwandtschaft zwischen der musikalischen Form und derjenigen schriftstellerischen Form, die der philosophischen Tendenz der Rettung entspricht; denn hier finden Benjamins eigene frühere Reflexionen zur musikalischen Auflösung einen Nachhall, die Auflösung – nicht Erlösung – der Klage in Musik; (2) seine Bemerkung, dass die gesellschaftskritischen und technischen Betrachtungen in Adornos *Versuch* anderen, alten und bedeutenden Motiven in dessen Musiktheorie Abbruch getan hätten, nämlich den Motiven der „Oper als Trost" und der „Musik als Einspruch" (GB VI, 123). Diese Äußerung bezieht sich direkt auf Adornos Lesart, bei Wagner sei das Motiv der Oper als Trost verloren gegangen, sie bezieht sich zugleich aber auch indirekt auf das Leitmotiv der Trostlosigkeit in seinen eigenen Schriften, vor allem im Trauerspielbuch.

Aus dem Ausfall aller Eschatologie, so ist dort zu lesen, folge „der Versuch, Trost im Verzicht auf einen Gnadenstand im Rückfall auf den bloßen Schöpfungsstand zu finden" (I.1, 260). Das genau ist der Vorgang, den Benjamin als „Säkularisierung des Historischen im Schöpfungsstande" thematisiert. Dem trostlosen Lauf der Weltchronik trete im Trauerspiel nicht Ewigkeit entgegen, „sondern die Restauration paradiesischer Zeitlosigkeit [...]. Die Geschichte wandert in den Schauplatz" (271). – Wenn auf diese Weise der Trost*losigkeit* von Welt und Klage im Trauerspiel der Verweis auf den Trost der Oper entgegensteht, dann führt die Wendung gegen die Oper, wie sie Wagners Musikdramen intendieren, dennoch nicht zum Trauerspiel zurück. Im Musikdrama ist nicht die Klage der Kreatur, sondern eine andere Klage zu hören: Es ist die Klage der Götter selbst und die Klage jener, für die die Rückkehr zum Schöpfungsstand abgeschnitten ist, weil sie in einen Widerstreit mit dem Willen und den Gesetzen der Götter getreten sind. Die Nachgeschichte des Trauerspiels im Musikdrama verläuft also, so der Befund, tatsächlich am Leitfaden der Klage. Sie führt aber eine Reihe von Verkehrungen der barocken Signatur mit sich.

Dafür braucht man sich nur einige der zahllosen Klageszenen und die Ausdrucksformen der Trauer in Wagners Musikdramen ins Gedächtnis rufen: so etwa im *Parsifal* den klagenden Gralskönig Amfortas, der den Erlöser um Erbarmen fleht: „Nimm mir mein Erbe,/ schließe die Wunde,/ daß heilig ich sterbe“ (I), Kundrys „Klagegeheul“, so wörtlich die Regieanweisung zu Beginn des zweiten Aufzugs, und die Klage der Blumenmädchen in Klingsors Reich, ihr „Weh, ach wehe“ über die von Parsifals Schwert erschlagenen Liebsten (II). Ebenso ergiebig ist der *Ring* mit der „Götternot“ Wotans, der sich als Traurigsten von allen bezeichnet (*Walküre* II.2), mit Frickas Klage über Wotans Untreue und Verrat der Götterwelt – „Trauernden Sinnes/ mußt' ich's ertragen“ (II.1), mit der Trauer Siegmunds um Sieglinde (II.4) sowie dem Jammer Gutrunes und so fort. Bemerkenswert ist vor allem die Tatsache, dass es unterschiedlichste Gestalten sind, die bei Wagner eine Klage anstimmen, gleichgültig ob sie den Göttern oder Sterblichen angehören. Insbesondere mit der Klage und Traurigkeit der Götter fallen Wagners Musikdramen aus der Konzeption von Tragödie und Tragischem heraus und weisen stattdessen Momente des Trauerspiels auf. Im *Ring* ist die ganze Götterwelt selbst zu einem Trauerspiel geworden, genau in dem doppelten Sinn, den Benjamin dem Wort gegeben hat: das Trauerspiel als musikdramatisches Spiel von Trauer, Klage und ausfallender Erlösung und zugleich als Bezeichnung eines Zustands, in dem hier die Götterwelt sich selbst sieht und empfindet – man denke nur an das traurige Bild, das im *Rheingold* der plötzlich verbleichende und verblühende Wotanclan nach der Entführung der lebensspendenden Freia durch die Riesen abgibt, eine Szene, die in Patrice Chéreaus Inszenierung eindrucksvoll in der Ikonographie von Breughels *Blindensturz* auf die Bühne gebracht ist: mit den sich an Händen haltenden, zu Boden sinkenden Gestalten. Im Zentrum des *Rings* steht jedoch die Klage Brünnhildes. Ihre Klage stellt sich dabei als äußerst komplexe Haltung dar, weil mit ihr eine Figur auftritt, die sowohl Klagen vernimmt und erhört, als auch selbst als Klagende erscheint.

1928/1937: Benjamin über Karl Kraus und Offenbach

Der *Name* Wagners begegnet bei Benjamin am häufigsten im Zusammenhang von Adorno und Baudelaire – und dies in der Arbeitsphase nach dem Trauerspielbuch, in einer Zeit, als er im Exil mit dem *Passagen*-Projekt beschäftigt war. Seine während des Sommeraufenthalts 1937 in San Remo belegte Lektüre von Baudelaires Aufsatz über *Tannhäuser* in *L'art romantique* (1869) – Baudelaires Auseinandersetzung mit Wagner setzte nach der Pariser *Tannhäuser*-Premiere 1860 ein – hat allerdings wenige Spuren im Essay und den Aufzeichnungen der *Passagen* hinterlassen: lediglich einige verstreute Äußerungen zum Gesamtkunstwerk (V.1, 56), zu den revolutionären Aspekten Wagners (V.2, 911, 931) und zu Wagner als Synthese der antithetischen Tendenzen bei Baudelaire selbst (V.1, 323). Im Kontext des *Passagen*-Projekts tritt dagegen das Interesse für populärere Musikformen wie die Operette in den Vordergrund. Das wichtigste Beispiel dafür sind die Offenbach-Vorlesungen von Karl Kraus. Doch ging dem eine innige Verbindung zwischen der Figur von Karl Kraus und den Schlüsselmotiven von Benjamins Musiktheorie voraus. Denn schon im Essay über *Karl Kraus* (1931) verbinden sich die Motive von Klage und Verlöschen mit der Figur von Kraus, und dies nicht nur, wenn Benjamin sie, wie oben zitiert, auf der Schwelle von Schöpfung und Weltgericht, von Klage und Anklage positioniert, sondern auch in seiner Aufmerksamkeit für die stimmliche Vortragsweise von Kraus. Diese bewege sich zwischen Depotenzierung und Pathos (II.1, 358 f.).

Im März 1928 hatte Benjamin in Berlin eine von Kraus' Offenbach-Vorlesungen besucht und am folgenden Tag seinen Eindruck von dem Abend in einem Brief an Alfred Cohn festgehalten:

> *Gestern abend las Kraus als viertes und letztes in der Reihe seiner Offenbach-Vorlesungen das ‚Pariser Leben'. Es war die erste Operettenvorlesung, die ich von ihm hörte und ich will Dir hier von dem Eindruck, den sie mir machte, um so weniger schreiben, als sie gerade jetzt eine ganze Ideenmasse – Du weißt, aus welchem Bereich – in Bewegung setzte, so daß ich Mühe habe, über meine Gedanken den Überblick zu behalten. (27.3.1928; GB III, 358)*

Ihm sei zu der Vorlesung sehr viel eingefallen und er wolle unbedingt darüber schreiben. Nach den üblichen Schwierigkeiten mit der Presse erschien seine Besprechung im April in der *Literarischen Welt* (allerdings gekürzt um die Passage, in der es um Kraus' Polemik gegen Alfred Kerr ging).[23] Benjamin charakterisiert darin Kraus' Summen als „Requiem auf die Generation unserer Großväter" (IV.1, 517). Es ist auffällig, dass die Auseinandersetzung mit Kraus' Offenbach-Vorlesungen um das merkwürdige Verhältnis von Vortrag und (fehlender) Musik in diesem Szenario kreist. Ein Jahrzehnt später wird er im Zusammenhang mit einer Kritik an Kracauers Offenbach-Buch in einem Brief an Adorno (9.5.1937) die Überzeugung formulieren, dass es nicht möglich sei, „Wesentliches über das Werk von Offenbach unter Absehung von der Musik *objektiv oder theoretisch* auszusagen"[24]. Dennoch sei das, wie Karl Kraus gezeigt habe, *praktisch und subjektiv* möglich (GB V, 526).[25] Ihn interessiert also gerade Kraus' Vortrag, der, auch wenn er von der Musik absieht, sich dennoch auf dem Wege zur Musik befindet, indem er nämlich die Sprache in Gestik und Summen auflöst, indem er die ‚innere Musik' von Offenbach Operetten mehr sage als singe, so Benjamin in seinem Artikel in der *Literarischen Welt.* Anstelle der Orchestermusik lasse Kraus einen Klavierauszug spielen und lese die deutsche Übersetzung, wobei von ihm selbst nur Kopf, Arme und Rumpf zu sehen seien, da alles andere hinter dem Tisch und der bis zum Boden reichenden Decke verschwinde, „wie bei dem ‚stummen Diener', vor dem die Zauberer manipulieren". Es sei nicht Kraus, der Offenbach spricht, sondern dieser spreche aus ihm heraus. Die Szene erscheint wie eine Umkehr der frühen Aufsätze zum Trauerspiel, insofern sie einen Gegensatz zur ‚Auflösung' der Sprache in der Musik beschreibt. Denn Benjamin hebt hervor, wie Kraus die ‚Stimmung' zerstört: „Darin ist er einzig und allein dem Puppenspieler vergleichbar. Bei ihm, nicht im Habitus des Operettenstars, liegt der Ursprung seiner Mimik und seiner Geste. Denn die Seele der Marionetten ist in seine Hände gefahren."

23 Zu dieser Geschichte, die in diesem thematischen Zusammenhang nicht zentral ist, vgl. die einlässliche Darstellung von Honold, Alexander (2006). „Karl Kraus", in: Burkhardt Lindner (Hrsg.). *Benjamin-Handbuch. Leben – Werk – Wirkung.* Stuttgart u. a., S. 522–539, bes. S. 525ff.

24 Hervorhebung S. W.

25 Hervorhebung S. W.

(IV.1, 515ff.) In dem einige Jahre später geschriebenen Kraus-Essay (1931) wird die Szene wieder aufgenommen. Kraus weise die Musik in engere Grenzen, als die Manifeste der George-Schule es sich jemals erträumt hätten. Wieder, wie im Goethe-Essay, lautet das Urteil hier ‚von Musik verlassen':

> *Die Offenbach-Vorlesungen, der Vortrag Nestroyscher Kuplets sind von allen musikalischen Mitteln verlassen. Das Wort dankt niemals zugunsten des Instruments ab; indem es aber seine Grenzen weiter und weiter hinausschiebt, geschieht es, daß es am Ende sich depotenziert, in die bloße kreatürliche Stimme sich auflöst: ein Summen, das zum Worte sich so verhält wie sein Lächeln zum Witz, ist das Allerheiligste dieser Vortragskunst. (II.1, 358)*

Insofern beschreibt die Kraussche Vortragskunst den genau umgekehrten Weg zur Geburt der Musik aus der Klage: Von aller Musik verlassen, verlieren sich seine Worte im Summen und nähern sich so der Stimme der Kreatur wieder an. Damit berührt sich der Benjaminsche Bogen mit einer operngeschichtlichen Perspektive, wie sie etwa Michel Poizat in seinem Buch *L'Opera, ou Le Cri de l'ange* (1985) entwirft. In Poizats psychoanalytisch und kulturgeschichtlich argumentierender Operngeschichte, die sich für religionsgeschichtliche Voraussetzungen des musikalischen Ausdrucks interessiert und sich auf die Stimme konzentriert, spannt sich der Bogen von der Rede über den Gesang zum Schrei.[26]

---

26 Poizat, Michel (1986). *L'Opera, ou Le Cri de l'ange: essai sur la jouissance de l'amateur d'opéra.* Paris. Dazu Weigel, Sigrid (2006). „Die Stimme als Medium des Nachlebens: Pathosformel, Nachhall, Phantom. Kulturwissenschaftliche Perspektiven", in: Doris Kolesch/Sybille Krämer (Hrsg.). *Stimme. Annäherung an ein Phänomen.* Frankfurt am Main, S. 16–39.

Literatur

Adorno, Theodor W. (1982). „Zur Partitur des ‚Parsifal'", in: *Musikalische Schriften IV*. Frankfurt am Main, S. 47–51.

Adorno, Theodor W./Berg, Alban (1997). *Briefwechsel 1925–1935*. Hrsg. von Henri Lonitz. Frankfurt am Main.

Benjamin, Walter (1972–1999). *Gesammelte Schriften*. 7 Bände. Hrsg. von Ralf Tiedemann und Hermann Schweppenhäuser. Frankfurt am Main.

Benjamin, Walter (1995–2000). *Gesammelte Briefe*. 6 Bände, Bd. 1. Hrsg. vom Theodor W. Adorno-Archiv. Frankfurt am Main.

Carter, Tim (1998). „Das siebzehnte Jahrhundert", in: Roger Parker (Hrsg.). *Illustrierte Geschichte der Oper*. Stuttgart, S. 1–51.

Dahlhaus, Carl (1996). *Richard Wagners Musikdramen* (1985). Stuttgart.

Ehrenberg, Hans (1920). *Tragödie und Kreuz*. 2 Bände, Bd. 1: *Die Tragödie unter dem Olymp*. Würzburg.

Honold, Alexander (2006). „Karl Kraus", in: Burkhardt Lindner (Hrsg.). *Benjamin-Handbuch. Leben – Werk – Wirkung*. Stuttgart u. a., S. 522–539.

Klein, Robert Tobias (Hrsg.) (2013). *Klang und Musik bei Walter Benjamin*. München.

Nietzsche, Friedrich (1980). „Die Geburt der Tragödie oder Griechentum und Pessimismus", in: *Werke in sechs Bänden*. Bd. 1. Hrsg. von Karl Schlechta. München, S. 7–134.

Poizat, Michel (1986). *L'Opera, ou Le Cri de l'ange: essai sur la jouissance de l'amateur d'opéra*. Paris.

Scholem, Gershom (1975). *Walter Benjamin. Geschichte einer Freundschaft*. Frankfurt am Main.

Scholem, Gershom (2000). *Tagebücher nebst Aufsätzen und Entwürfen bis 1923*. 2. Halbband: *1917–1923*. Hrsg. von Karlfried Gründer u. a., Frankfurt am Main.

Wagner, Richard (2008). *Oper und Drama*. (1852). Hrsg. und kommentiert von Klaus Kropfinger. Stuttgart.

Weigel, Sigrid (2006). „Die Stimme als Medium des Nachlebens: Pathosformel, Nachhall, Phantom. Kulturwissenschaftliche Perspektiven", in: Doris Kolesch/Sybille Krämer (Hrsg.). *Stimme. Annäherung an ein Phänomen*. Frankfurt am Main, S. 16–39.

Weigel, Sigrid (2008). *Walter Benjamin. Die Kreatur, das Heilige, die Bilder*. Frankfurt am Main.

Raphael Smarzoch

Spektren des Akustischen – der Sound des Jenseits

Alexander Graham Bell gilt als der Erfinder des Telefons. Seine Entwicklung hat nicht nur die Welt der Kommunikation auf den Kopf gestellt, sondern sie eignet sich auch, aufgrund ihrer biographischen Begleiterscheinungen, als szenischer Einstieg in den vorliegenden Aufsatz.

Alexander Bell hatte zwei Brüder, Edward und Melville. Edward verstarb während Alexanders Jugendzeit an Tuberkulose. Daraufhin trafen die zwei trauernden Brüder eine Vereinbarung: Falls einer von ihnen sterben solle, müsse der andere eine Apparatur entwickeln, mit der es möglich sei, Nachrichten aus dem Grab zu empfangen, also mit Geistern in Kontakt zu treten. Alexander überlebte den Tod seines zweiten Bruders, der ebenfalls der Schwindsucht erlag, und erfand schließlich das Telefon.

In dieser Anekdote manifestiert sich die Idee von Technologie als Schlupfloch und Nahtstelle für gespenstische Transmissionen. Diese These vertritt in ihren Grundzügen auch der amerikanische Germanist und Psychoanalytiker Laurence Rickels in seinem Buch *Aberrations of Mourning: Writing on German Crypts*, in dem er behauptet, „every point of contact between a body and its media extension marks the site of some secret burial".[1] Sigmund Freud spricht im Zusammenhang mit technischen Medien von Prothesen und bezeichnet den Menschen als „eine Art Prothesengott".[2] Mit seinen körperlichen Erweiterungen, Freud spricht von „Hilfsorganen", sei jener nahezu unbesiegbar. Diese Organe sind allerdings kein natürlicher Teil des menschlichen Körpers, sondern weisen artifizielle Qualitäten auf. Sie seien nicht mit dem Menschen verwachsen, so Freud weiter, und könnten von daher jederzeit abfallen.

1 Rickels, Laurence (1988). *Aberrations of Mourning – Writing on German Crypts.* Detroit, S. 360.
2 Freud, Sigmund (2010). *Das Unbehagen in der Kultur.* Frankfurt am Main, S. 57.

Technische Medien verkörpern eine Absenz, einen Verlust, der als Spuk wiederkehren kann. Hierzu sei nochmal an Rickels erinnert:

> *According to Freud, every prosthesis represents not so much an addition as the replacement or castration of that which it extends. But castration and death, according to Freud, cannot be represented but only embodied – for example, by some dead person.*[3]

Zahlreiche paranormale Aufnahmen[4] verdeutlichen diesen Gedanken: Im Jahre 1999 etwa hinterlässt eine junge Frau ihre Stimme auf dem Anrufbeantworter ihrer Mutter. Erschreckt identifiziert die ältere Dame die durch das Telefon übertragene Stimme als die ihrer verstorbenen Tochter.

Die Geschichte des Spiritismus korrespondiert mit jener des technischen Fortschritts. Lange bevor Alexander Graham Bell das Telefon zu Ende dachte und marktfähig machte, begeisterte die Telegrafie die Menschen. Über elektromagnetische Leitungen wurden in Klopfzeichen codierte Nachrichten versendet. Am 24. Mai 1844 ging die erste amerikanische Telegrafenleitung in Betrieb. Der erste Satz, der durch die Leitung geschickt wurde, lautete „What hath God wrought?" („Was hat uns Gott da gezimmert?") Vier Jahre später, am 31. März 1848, beklagte sich die Familie Fox im amerikanischen Hydesville über seltsame Klopfphänomene, die sie in der Nacht heimsuchten. Das Klopfen trat in rhythmischen Intervallen auf. Es liegt auf der Hand, diese rhythmischen Interventionen einer vermeintlich höheren Gewalt, man spricht auch von sogenannten *raps*, als sprachliche Codes zu lesen, so wie sie auch in der Telegrafie auftraten.

> *Sie [die Geister] nehmen immer etwas in Besitz, das vorher nicht da war, um sich kenntlich zu machen. Eine zentrale Eigenschaft von ihnen ist, dass wir sie vorher nicht gesehen haben. Wir wissen nicht, wo sie sind, und trotzdem*

3 Vgl. Rickels 1988, S. 360.

4 Ein umfassendes Kompendium mit paranormalen Aufnahmen findet sich auf der Anthologie: *V. A. – Okkulte Stimmen, Mediale Musik: Recordings of unseen Intelligences 1905–2007* (Supposé). Die Anthologie gibt es mittlerweile auch als Stream bei Ubuweb: http://www.ubu.com/sound/occult.html (1.10.2012).

> *möchten wir erfahren, wo die Toten sich aufhalten. Es geht um die Frage: Wo sind die Toten, wo sind sie hingegangen? Wo werden sie aufbewahrt? Wenn wir an sie denken, sind wir davon überzeugt, dass sie gegenüber Öffnungen wachsam sind. Öffnungen, aus denen sie zu uns dringen können, da wir sie oftmals weitestgehend verdrängen. Sie sind an jeder Öffnung interessiert, die ihnen eine schnelle Übertragung ermöglicht. Deswegen stehen sie immer mit den neuesten technischen Geräten in Verbindung.*[5]

Die Geister geben sich also modern, nicht umsonst bezeichnet man vielleicht gewisse kontemporäre Trends und Stimmungen als Zeitgeist. Sobald die Fotografie erfunden wurde, tauchten sie auf Fotos auf. Sie hinterlassen Nachrichten auf Anrufbeantwortern, präsentieren sich plötzlich auf Tonbändern oder beeinflussen das Wirken von Computerprogrammen. Die elektronische Musik spricht hier von dem *Glitch*, dem Geist in der Maschine – dem Fehler, der plötzlich und ohne die Intervention des Musikers zustande kommt und kompositorisch aufgegriffen wird. Die britische Band Coil, die sich dem Okkulten stets verbunden fühlte, ging auf ihrer Platte mit dem programmatischen Titel *Worship the Glitch* eine Zusammenarbeit mit dem Geist Elph ein. Für Coil repräsentiert Elph eine Entität, die dazu imstande ist, Musik von alleine aus dem Equipment entstehen zu lassen.

Der Geist tritt also durch eine Anomalie in Form eines technischen Prozesses in Erscheinung, der sich selber karikiert. In dem Film *Das Omen* zeigt er sich als Bruch auf einer Fotografie. Es scheint, als sei bei der Entwicklung etwas schief gelaufen, in Wirklichkeit handelt es sich aber um eine Prophezeiung. Die auf den Fotos abgebildete Person, durch die sich ein seltsamer Pfeil zieht (eben der *Glitch*), wird in Kürze sterben. Bei *The Ring* ist Unerklärliches auf einzelnen Fotografien oder auf dem Livebild einer Überwachungskamera zu beobachten, vom Videoband und dem damit einhergehenden Beginn und Übertragungspunkt des Spuks durch den Fernseher ganz zu schweigen – Poltergeist lässt grüßen.

---

5 Laurence Rickels im Gespräch mit dem Autor, August 2008.

Im Jahre 1959 nahm der schwedische Maler und Opernsänger Friedrich Jürgenson einen Kassettenrecorder in sein Ferienhaus mit. Jürgenson plante, Vogelstimmen aufzunehmen, bemerkte allerdings beim Abhören der Bänder unheimliche Klänge, die sich bei genauerem Hinhören als menschliche Stimmen herausstellten. Jürgenson mag vielleicht der erste gewesen sein, der dieses skurrile Phänomen entdeckte, das auch als *Electronic Voice Phenomenon* (EVP) bezeichnet worden ist. Popularisiert hat es allerdings der litauische Philosoph und Psychologe Konstantin Raudive, dem das belgische Label Sub Rosa sogar eine Audio-Anthologie widmete. Dort sind Musiker wie Lee Ronaldo oder David Toop zu hören, die mit dem Sound der Geister musizieren.

Beide Forscher setzten zunächst ein Aufnahmegerät ein, mit dem sie entweder die Umgebungsgeräusche ihrer Umwelt einfingen oder das Mikrofon einfach in ein Zimmer hielten, um damit das Ambiente des Raums aufzunehmen. In dem Rauschen der Kassettenbänder hörten sie Stimmen, die ihnen mitteilten, für bessere Resultate doch das Radio zu benutzen, mit dem sie dann auch in direkten Kontakt mit den Toten treten konnten. Dass die Verstorbenen über das Radio mit den Lebenden kommunizieren wollten, ist für Jeffrey Sconce nicht verwunderlich. In seinem Buch *Haunted Media* schreibt er:

> *Fantastic accounts of wireless suggested hazards of disembodiment and dissipation lurking in these mysterious atmospheric oceans. Not only did the metaphor of the „etheric ocean" encourage the idea that one could become „lost at sea", but it also implied that, as with the oceans of the earth, unknown creatures might stalk this electronic sea's invisible depths.* [6]

Raudive und Jürgenson wagten sich in diese unsichtbaren Tiefen vor. Sie stellten dem knisternden Äther Fragen, der dann in vielen unterschiedlichen Personifikationen antwortete. Auffällig an diesen und allen weiteren EVP-Aufnahmen ist der Umstand, mit welcher Aufmerksamkeit dem Tonmaterial begegnet wird. Sie werden immer wieder abgehört, nach Unstimmigkeiten

6 Sconce, Jeffrey (2000). *Haunted Media – Electronic Presence from Telegraphy to Television*. London, S. 69.

abgesucht, verstärkt und verfeinert. Vor diesem Hintergrund weist die spezielle Klangästhetik der *Electronic Voice Phenomena* eindeutige Parallelen zu den kompositorischen Techniken der elektronischen Musik auf. Auch wenn die Stimmensammler diesen Vergleich niemals bestätigten, so waren doch Jürgenson und Raudive beide Musiker. Die Klanglichkeit ihrer Aufnahmen, das Rauschen, Knistern und Knacken der Bänder erinnert an die musikalische Grammatik der Noise-Musik, die mit ähnlich rabiaten Mitteln arbeitet und oftmals auch thematische Bezüge zum Übersinnlichen, Dämonischen oder allem Makabren herstellt.

Im Mittelpunkt der Arbeit von Jürgenson und Raudive steht also das aufmerksame, mikroskopische Hinhören. In das undurchdringliche Rauschen der Ätherwellen werden Ereignisse projiziert, die eigentlich gar nicht da sind, die man aber gerne hören möchte. Die Musikwissenschaft spricht in diesem Zusammenhang von psychoakustischen Täuschungen. Diese Effekte trifft man zum Beispiel in der Minimal Music an. Es ist interessant hervorzuheben, dass einer der Pioniere dieser Musik, La Monte Young, zu der Auffassung gelangte, mit lang ausgehaltenen Liegetönen (sogenannten *Drones*) zu arbeiten, als er in seiner Kindheit das Surren der Telefonmasten hörte. In seinen langen Stücken kombiniert Young mehrere solcher Liegetöne. Die aus der klanglichen Reibung resultierenden Obertöne rufen auditive Illusionen hervor, die auch in den repetitiven *Patterns* des Komponisten Steve Reich zu hören sind. Sie haben ebenso einen gespenstischen Effekt – man nimmt etwas wahr, das in den Aufnahmen eigentlich nicht vorhanden ist, nämlich akustische Phantome.

Klangliche Projektionsflächen spielen auch in sogenannten Lo-Fi-Umgebungen eine wichtige Rolle. Lo-Fi (Low Fidelity) ist ein Begriff, der sich in der Musik auf einen Sound bezieht, der ganz bewusst mit akustischen Verunreinigungen kokettiert. Teure Studioproduktionen sind dabei tabu. Je unschärfer und körniger der Klang, desto besser. Die Aufnahmen von Raudive und Jürgenson beschreiben solche Lo-Fi-Szenarien. Ihre Aufnahmequalität ist miserabel, gleichzeitig aber auch ein essentieller Bestandteil ihrer Arbeit. Film und Literatur haben durch zahlreiche Beispiele gezeigt, dass sich Geister nicht auf glattpolierten Oberflächen niederlassen, sondern sich durch Verzerrungen und Übersteuerungen bemerkbar machen, im weißen Rauschen zu Hause sind.

Lo-Fi kann also per se als gespenstisches Gestaltungswerkzeug aufgefasst werden. Nicht umsonst spricht man im Zusammenhang mit Séancen von sogenannten atmosphärischen Störungen, die eintreten können und die Teilnehmer dazu auffordern, diese Störungen zu deuten und sie damit in einen intelligiblen Zusammenhang zu rücken. Hervorzuheben ist auch die Vielschichtigkeit dieses Tuns, da jeder Rezipient das Phänomen unterschiedlich auffassen wird. Thomas Knoefel, Publizist und Herausgeber der Anthologie *Okkulte Stimmen – Mediale Musik*, spricht okkulten Phänomenen eine fehlende Eindeutigkeit zu. Die Noise-Gitarristin Bridget Hayden beobachtet selbiges Phänomen im weißen Rauschen: „Man kann ganz für sich selbst entscheiden, was man darin sieht oder hört. Manchmal höre ich dem Rauschen im Radio oder im Fernsehen zu und webe kleine Melodien in den Sound.“[7]

Lo-Fi-Territorien suchten auch Spencer Clark und James Ferraro auf, die Anfang der 2000er-Jahre unter dem Namen „The Skaters“ musizierten. Die Start- und Stopp-Tasten ihres Kassettenrekorders wurden zu einem ästhetischen Markenzeichen ihres Sounds. Ihre Improvisationen klingen wie alte Schwarzweiß-Fotokopien. Aus den billigen Verstärkern dröhnen entstellte Samples und seltsame Geräusche – die schlechte Klangqualität und die daraus resultierende akustische Ambiguität verglich der schottische Journalist David Keenan mit Phänomenen aus der Zone des Paranormalen. Der Sound der Skaters sei

> *das klangliche Äquivalent zu einem Vulkanglasspiegel. Der Okkultist John Dee beschwor eine Serie von paranormalen Kommunikationen, indem er diesen Spiegel verwendete. Das ist ein Spiegel aus einem schwarzen, hochpolierten Obsidian-Stein, in der Form eines Handspiegels. Wenn man in die rauchgrauen Tiefen hinabschaute, begann man zu halluzinieren, sah Erscheinungen, die durch die reflektierende Oberfläche entstehen konnten. Diese Spiegelungen*

7 Bridget Hayden im Gespräch mit dem Autor, August 2011.

> *ließen das Unbewusste, höhere Kräfte, hervortreten. Im Hypnagogic Pop sind es rauschende Kassetten, der Sound von immer wieder neu aufgenommenen und überspielten Klängen, der Zukunft und Vergangenheit hervortreten und miteinander kollidieren lässt. Ich muss bei diesen Aufnahmen immer an den Vulkanglasspiegel denken. Man kann in ihre düsteren Tiefen hinabschauen. Sie funktionieren wie ein Spiegel, der etwas über dich verrät, ein Spiegel der Veränderung, eine Projektionsfläche.* [8]

Denkt man weiter über musikalische Lo-Fi-Szenarien nach, so kann man ihrer Klanglichkeit durchaus eine gewisse Brüchigkeit attestieren. Es ist aber auch möglich, sie mit einem vergilbten Blatt Papier zu vergleichen, auf dem das Niedergeschriebene kaum noch zu entziffern ist. Das Papier ist brüchig. Diese Brüchigkeit hört man auch in der Musik der Skaters. Sie ist voller Bruchstellen, von Lücken durchzogen. Der Psychoanalytiker Carl Abraham glaubte, das Gespenst müsse eine Lücke vergegenständlichen, die die Verdunkelung eines Abschnitts im Leben eines Liebesobjekts in uns erzeugt habe.[9] Die Konfrontation mit Gespenstern erfordert also eine Auseinandersetzung oder Verarbeitung dieser Lücke, eine genaue Untersuchung und Reparatur oder Rekapitulation ihrer Bruchstellen.

Diese Form der Verarbeitung lässt sich auch im amerikanischen „Hypnagogic Pop“ beobachten. Das 2009 etablierte Stiletikett geht auf David Keenan zurück, der James Ferraro zum Posterboy dieser Szene machte, deren Mitglieder alle in den frühen 1980er-Jahren geboren sind. Die Markenzeichen ihrer Musik sind New Age-Sounds, Synthesizerklänge und Versatzstücke aus der Popkultur der 1980er-Jahre, die sie als Kinder miterlebt hatten.

Der Psychoanalytiker Wolfgang Leuschner definiert hypnagogische Halluzinationen „als traumartige Bilder, die kurz vor dem Einschlafen auftreten“. Die Tradition, diese somnambulen Impressionen zu künstlerischen Zwecken zu nutzen, reicht weit zurück. Bereits Salvador Dalí machte Gebrauch von

8 David Keenan im Gespräch mit dem Autor, Dezember 2009.

9 Vgl. Abraham, Carl (1991). „Aufzeichnungen über das Phantom. Ergänzungen zu Freuds Metapsychologie“, in: *Psyche*, Heft 8 (August 1991), S. 693.

inneren Bildern, die er vor dem Einschlafen sah. Ebenso ließ sich Edgar Allen Poe für seine Erzählungen von hypnagogischen Visionen inspirieren. Offenbar hat auch James Ferraro diese Art von Eingebungen erfahren, wie David Keenan berichtet:

> *In einem Gespräch sagte James einmal, dass er gerne Musik machen möchte, die so klingt wie die Musik, die er als Kind in seinem Schlafzimmer gehört hat, als er gerade im Begriff war einzuschlafen und er im Hintergrund 80er Jahre Disco oder Pop Musik durch die Wand vernehmen konnte. Dann begann ich mir vorzustellen, dass James Ferraro diese Ideen, Bilder und Sounds aus seiner Jugend kanalisierte, sie durch Erinnerungen, Zeit und brüchige Höreindrücke filterte.*[10]

Die Musik Ferraros klingt allerdings nicht wie der Soundtrack zu einem Hollywood-Streifen der fraglichen Dekade. Vielmehr versinnbildlicht sie die Erinnerung an diese Zeit – Erinnerungen, die nicht mehr klar sind, die aus verschwommenen Bildern und brüchigen Impressionen der Vergangenheit bestehen. Im „Hypnagogic Pop" geht es also um ein Re-Enactment eines akustischen Raums, dessen Architektur die typischen Insignien einer Zeit trägt, die für immer verloren ist, nämlich die der Kindheit der Protagonisten. Der „Hypnagogic Pop" versinnbildlicht eine musikalische Trauerarbeit, die nicht abschließbar zu sein scheint und deswegen auch Platz für das Wirken von Geistern schafft. Ein Leichnam, der nicht adäquat betrauert wurde,

> *thus remains inside the mourning body, though as a stranger, a living dead encrypted in a specific place in the ego. Inasmuch as this internal crypt is haunted by the phantom of the deceased, who has not been laid to rest, it doubles as transmitter through which the phantom teleguides the crypt carrier [...].*[11]

Das Phantom steuert seinen Träger fern, der wiederum den Untoten mit seinem Leben beschützt, ihn aufnimmt. Die Aufnahme lässt sich in diesem Kontext

---

10 David Keenan im Gespräch mit dem Autor, Dezember 2009.
11 Vgl. Rickels 1988, S. 10.

nicht nur im Sinne einer Einverleibung verstehen, sondern auch als Aufnahme, als Musikaufnahme deuten. Matthew Mondanile von der Band Ducktails stützt diese Argumentation. Er versteht seine Aufnahmen als Präservationsorgane, in denen er eine bestimmte Zeit aufbewahren kann: „Der Sound meiner Musik versinnbildlicht eine Sehnsucht nach etwas Vergangenem, wieder ein Kind zu sein, in dieser Welt für immer leben zu können. So wie Peter Pan.“[12]

Da dieser Wunsch nicht in Erfüllung gehen kann, entfernen die Hypnagogen, wie ein Chirurg, einzelne Bausteine aus ihren Erinnerungen und transplantieren sie in einen neuen Kontext. Diese Vorgehensweise evoziert Assoziationen an das Frankenstein-Monster, dessen aus unterschiedlichen Partien bestehender, recycelter Organkörper in diesem Fall allerdings musikalischer Natur ist. Für David Keenan manifestiert sich diese Vorgehensweise in einem mikroskopischen Sinn für Details, zum Beispiel in der Verwendung bestimmter Keyboard Presets, die auch in alten Hall & Oates Tracks zum Einsatz kommen, oder Gitarrensounds, die an Don Henleys *The Boys of Summer* erinnern. Daniel Lopatin von „Oneohtrix Point Never“ brachte diese Idee mit seinen *Echo Jams* zur Vollendung, elektronischen Miniaturen, die jeweils ein bestimmtes Segment der 1980er-Jahre hervorheben.

Der New Yorker Musiker „loopt“ einen Auszug aus Chris de Burghs Schmusehit *Lady in Red*, den er in rauschende Elektronik einbettet. Chris de Burgh singt in der Bearbeitung von Lopatin immer wieder die gleiche Phrase: „It's nobody here“. Die stetige Wiederholung verleiht der Aufnahme nicht nur einen halluzinatorischen Charakter, eine verträumte Atmosphäre, sondern weist auch gespenstische Qualitäten auf, die sich im Loop als stilistisches Mittel diagnostizieren lassen. Der Loop ist eine Sehnsuchtstechnik und beschreibt im Gegensatz zu einem musikalischen Thema, das in der Regel ausgearbeitet präsentiert wird, ein gestalthaft umrissenes Gebilde, das nicht abgeschlossen erscheint, sondern ausschließlich schemenhaft in Erscheinung tritt, Raum für Projektionen und Wunschbildungen offen lässt, romantische Themen bedient,

12 Matthew Mondanile im Gespräch mit dem Autor, Dezember 2009.

ein „Jenseits im Diesseits“[13] etabliert. Wenn wir uns kurz an die Arbeit unserer Stimmkollektoren, Jürgenson und Raudive, erinnern, werden wir feststellen, dass im Mittelpunkt ihrer Arbeit auch die Wiederholung stand. Ein Abschnitt wurde so lange geloopt und bearbeitet, bis die im Rauschen versteckte Botschaft verständlich wurde.

Wiederholung und Wiedergängertum liegen eng beieinander. Die Idee der Wiederholung als Indikator für gespenstische Aktivitäten manifestiert sich auch in der Geschichte des Echos, die in den hypnagogen Echo Jams von Daniel Lopatin mitschwingt und darüber hinaus auch im „Witch House“ zum Tragen kommt.

In Ovids Metamorphosen erfährt man, dass Echo eine Nymphe war, die ihre sprachliche Schlagfertigkeit dazu einsetzte, die Göttin Hera strategisch zu täuschen, sie aufzuhalten, damit sie nicht Zeuge eines Rendezvous ihres Ehemannes Zeus mit anderen Nymphen wurde. Hera verfluchte Echo mit der Strafe, niemals als Erste zu sprechen, sondern nur die letzten Worte oder Silben einer sprechenden Person wiederholen zu können. Diese Einschränkung hat für Petra Gehring folgende Konsequenz: „Die leer laufende Stimme entwertet auch verbleibende leibliche, eventuell als Kommunikation ernst gemeinte Gesten. Das Wesen, das zu dieser Stimme gehört, ist [...] ein toter Automat.“[14] Allerdings mit untoten Eigenschaften, denn die uns bekannten Toten sprechen nicht, sondern schweigen. Echo befindet sich in einem Zwischenbereich. Sie verliert die Fähigkeit zu kommunizieren, stirbt von daher als Individuum, während sie noch am Leben ist. Einzig ihre (körperlose) Stimme bleibt erhalten, deren Nachhall sich über Wälder und Wiesen, Tunnel und Gebirge legt. Eine paradoxe Situation, denn „wie kann eine Stimme, die für uns einmal eine Stimme war, aufhören, als Stimme potenziell ‚da' zu sein?“[15] Das kann sie nur, wenn sie ins Reich der Gespenster übergetreten ist. Nur Geister und Phantome besitzen die Fähigkeit, außerhalb konventioneller Kommunikationsparame-

---

13 Bradish, Joseph (1943). „Deutsche Romantik und Schellings Religionsphilosophie“, in: *Monatshefte für deutschen Unterricht* 35, Nr. 3/4 (März/April 1943), S. 174.

14 Gehring, Petra (2006). „Die Wiederholungs-Stimme. Über die Strafe der Echo“, in: Doris Kolesch/Sybille Krämer (Hrsg.). *Stimme*. Frankfurt am Main, S. 95.

15 Vgl. Gehring 2006, S. 102.

ter zu sprechen. Sie weisen einen Körper auf, dessen vitale Funktionen nicht dem unsrigen entsprechen, der aber auch nicht vollständig ins Jenseits treten, beziehungsweise getötet werden kann.

Dem Echo- oder Delay-Effekt in der Musik kann vor diesem Hintergrund also immer eine gespenstische Konnotation beigemessen werden. Das hat auch Cosmotropia de Xam von Mater Suspiria Vision erkannt. Ein Teil seines umfangreichen Werks besteht aus mit Echo- und Delay-Effekten überladenen Tracks, die er als *Ghost Drones* bezeichnet. Der Musiker, der anonym bleiben möchte, zählt zu den bekanntesten Protagonisten des Witch House, einem Genre, das 2010 seine Hochphase feierte. Das Stiletikett verweist auf eine Szene, deren Interpreten ein ausgeprägtes Interesse an allem Okkulten, Übersinnlichen und Gespenstischen teilen.

Es ist nicht ungewöhnlich, dass im Witch House musikalische und visuelle Elemente miteinander verwoben werden, die eigentlich gar nicht zusammen gehören. Hip Hop trifft auf Gothic, Coldwave auf Krautrock-Sounds, Industrial auf Eurodance. Hinzu kommen Videos, in denen Ausschnitte aus alten Horrorfilmen zu sehen sind. Diverse Videoplattformen dienen darüber hinaus auch als Inspirationsquellen, die von den Musikern nach Klang- und Bildmaterial geplündert werden. Martin, der für die Projekte GR†LL GR†LL und O F F verantwortlich ist, vergleicht diese seltsame Collage aus Sounds und Bildern mit dem Surfen im Internet.

> *Diese Art, Musik zu machen, ist ein Äquivalent zum Surfen im Internet. Mit der Geschwindigkeit eines Mausklicks navigiert man von einer Seite zur nächsten, kann innerhalb von Sekunden von der Homepage „Mein kleines Pony" zu einer Pornoseite springen. Man bekommt einen Mix aus unterschiedlichen Eindrücken. Alles ist zur gleichen Zeit auf dem gleichen Monitor. Es wird sehr interessant, wenn man beginnt darüber nachzudenken, welche Sounds und Bilder man verknüpfen möchte.*[16]

16 Martin im Gespräch mit dem Autor, November 2010.

Diese enthusiastische Web 2.0-Affinität harmoniert mit dem spezifischen Themenreservoir des Witch House. Die Augsburger Ethnologin und Kulturwissenschaftlerin Sabine Doering-Manteuffel spricht dem World Wide Web durchaus okkulte Qualitäten zu.

> *Hexen und Heilige, Teufel und Engel, Götter und böses dämonisches Gesindel: Bevölkerten sie einst Himmel und Hölle, aus denen es kein Entweichen gab, so stürzen diese Figuren nun als Wesenheiten ohne Ort und Bindung durch die Cyberwelt.*[17]

In dem japanischen Horrorfilm *Kairo* fungiert das Internet als Schnittstelle zwischen Diesseits und Jenseits, aus dem die Toten zurück in die Welt der Lebenden flüchten, da ihr Reich nicht die erhoffte Erlösung bietet, sondern nur ewige Einsamkeit. Die Idee des Films lässt sich mit Hilfe von Jeffrey Sconce auf die Ursprünge der Moderne zurückführen. Laut Sconce transportierten drahtlose Technologien schon immer an Vereinsamung und paranormale Aktivitäten erinnernde Assoziationen.

> *In a great paradox of modernity, the very cities that led to larger public communities held the potential for increasing individual alienation. And in what became a central paradox of wireless, the very technology that expanded the possibilities of public communication carried with it reminders of individual isolation. Through its early association with shipping, the sea, and distant lands, wireless evoked both the wonders of distant communication and a slight apprehension over the depthless and inescapable void that technology had revealed to the world.*[18]

Für Sabine Doering-Manteuffel ist das Internet eine „okkulte Parallelwelt“,[19] was wortwörtlich gemeint ist: Sie spricht von Inhalten im Netz, die nicht auf ihren Wahrheitsgehalt überprüft und von Autoren verfasst werden, die sich

17 Doering-Manteuffel, Sabine (2008). *Das Okkulte. Eine Erfolgsgeschichte im Schatten der Aufklärung.* München, S. 275.

18 Sconce 2000, S. 65.

19 Doering-Manteuffel 2008, S. 289.

hinter Pseudonymen verstecken und ihre Identität verschleiern. Außerdem tummeln sich auf der Datenautobahn allerhand obskure, esoterische oder magische Informationen, von denen man eigentlich meinen müsse, dass westliche Wissensgesellschaften sie längst hinter sich gelassen hätten.

> *Das Dilemma der Erzeugung von Informationsmüll, der nur mit großen Mühen aus der virtuellen Welt zu entfernen ist, ist der Masterplan für ein anbrechendes okkultistisches Zeitalter [...]. Das Okkulte wird nicht mehr gehandelt, sondern das Medium selbst hat eine Okkultstruktur angenommen.*[20]

Verschleierung und Anonymität, die Etablierung von okkulten Strukturen, spielen auch im Witch House eine wichtige Rolle. Im Mittelpunkt dieser Bewegung steht eine geheimnisvolle Gegenwelt, die sich in den digitalen Räumen des Internets manifestiert. Der Eintritt in diese mysteriöse Zone ist nicht leicht. Viele Witch House-Künstler verschleiern den Zugang dorthin, zum Beispiel mit ihren Projekt- und Bandnamen. Sie benutzen seltsame Zusammenstellungen aus Zeichencodes und okkulten Symbolen. Dieses Sammelsurium an Dreiecken, Punkten und Strichen macht es beinahe unmöglich, manche Interpreten im Internet zu finden.[21] Bei dem Versuch, sie aufzuspüren, kapituliert jede Suchmaschine.

So undurchsichtig das Spiel mit unterschiedlichen Zeichen und Symbolen ist, so vielschichtig sind die musikalischen Einflüsse, die im Witch House verarbeitet werden. Besonders auffällig ist dabei allerdings das Experimentieren mit verlangsamten Tonspuren, das sogenannte „Herunterpitchen" von Tracks. Als Einfluss wird dabei hauptsächlich der Texaner Robert Earl Davis alias DJ Screw genannt. Davis begann in den 1990er-Jahren damit, Hip-Hop-Platten langsamer abzuspielen. Auf die Idee kam er, als die Batterien seiner Boombox an Energie verloren: Der Sound wird zunehmend langsamer, bis er endgültig zum Stillstand kommt. DJ Screw war fasziniert, versuchte diesen Effekt bei

20 Ebd., S. 293.

21 GR†LL GR†LL verwendet anstelle des Buchstabens i ein Kreuz. †‡† bedeutet Ritualzeichen o, Null, o, Null, Null – ooooo – wird „oh" ausgesprochen. ///ÐÐÐ\\\ heißt Void.

voll aufgeladenen Batterien nachzuahmen und steckte einen Schraubenzieher in den Kassettenrecorder, um die Abspielgeschwindigkeit des Tapes zu kontrollieren (deswegen auch der Name Screw, auf Deutsch „Schraube"). Diese Entdeckung integrierte er in seine DJ-Sets und spielte Schallplatten fortan langsamer ab. Sein Stil wurde bald darauf als „Chopped and Screwed" bekannt – „Chopped" (also zerhackt), weil er einzelne Takte rhythmisch gegeneinander verschob.

Das Spiel mit verlangsamten Sounds verändert die Atmosphäre der Musik. Die Stücke wirken bedrohlicher, irgendetwas scheint mit ihnen nicht zu stimmen. Die Sänger klingen krank, Frauenstimmen werden scheinbar plötzlich zu Männerstimmen – ein herkömmlicher Track bekommt auf einmal psychedelische Qualitäten.

In dem Film *Dead Silence* leitet die Verlangsamung der Umgebungsgeräusche eine gespenstische Attacke ein. Jamie Ashen und seine Frau Lisa bekommen ein Päckchen zugestellt, auf dem kein Absender verzeichnet ist. In dem Päckchen befindet sich eine Bauchrednerpuppe, die aus dem Inventar der sadistischen und natürlich längst verstorbenen Bauchrednerin Mary Shaw stammt. Als Jamie Lisa mit der Puppe alleine lässt, um für das Abendessen einzukaufen, hört Lisa die Geräusche in ihrer Wohnung plötzlich deutlich langsamer. Durch die Verlangsamung wird das Alltägliche unheimlich. Cosmotropia de Xam von Mater Suspiria Vision klassifiziert diesen Effekt in seiner Musik als „Kontextmorphing",[22] und Martin von GR†LL GR†LL vergleicht das „Herunterpitchen" von Sounds „mit der Suche nach versteckten Bedeutungen. Man erkennt Dinge, die hinter einer Oberfläche liegen, eine Parallelwelt, so wie in einem Märchen."[23] Die Verlangsamung führt dazu, dass die Stücke doppelt so lang werden, da sie langsamer ablaufen. Sie werden gestreckt. Man könnte auch von einer Entstellung oder Verzerrung sprechen. Lisa überlebt die Begegnung mit Mary Shaw nicht. Ihr Ehemann findet ihren toten Körper. Ihr Gesicht ist entstellt, so als hätte man es gestreckt oder langgezogen.

22 Cosmotropia de Xam von Mater Suspiria Vision im Gespräch mit dem Autor, November 2010.
23 Martin im Gespräch mit dem Autor, November 2010.

Die entfremdete Stimme, so wie sie im Witch House unter anderem durch die Verlangsamung der Vocal-Tracks hervorgerufen wird, ist aber auch allgemein immer ein Indiz für die Präsenz von Geistern. Andreas Fischer spricht von der Stimme als „Übermittlungsmedium".[24] Der Stimmapparat sei das Medium, dessen sich die Entität, der Geist, bediene. Schließlich könne ein übersinnliches Wesen, sei es unser eigenes Unterbewusstsein oder tatsächlich eine Gestalt aus dem Jenseits, nicht auf konventionelle Art sprechen. Davon zeugen zum Beispiel die Knurrlaute der Besessenen, wie im Falle der Anneliese Michel, einer jungen Frau, die aus einem religiösen Umfeld stammte und glaubte, vom Teufel besessen zu sein. Über neun Monate lang trieben zwei katholische Priester ihr den Satan aus. Der Fall wurde von den Medien aufgegriffen, da Anneliese an den Folgen des Exorzismus starb, der von den Geistlichen auf Tonbändern dokumentiert wurde. Dass es sich bei den Mitschnitten von Anneliese Michel um authentische Tondokumente handelt, steht völlig außer Frage. Ob Anneliese tatsächlich besessen war, darüber lässt sich freilich spekulieren.

Geister, Dämonen und übersinnliche Erscheinungen hatten schon immer mit dem Fake-Verdacht zu kämpfen. Das Zwielicht des Paranormalen ist nicht einfach zu durchschauen. Die Materialisierungen, die in der Dunkelheit des Séance-Raumes aufgenommen wurden, konnten schon oft als Inszenierungen entlarvt werden. Allerdings ist dies für die Rezeption dieser Phänomene offenbar unerheblich, wie Laurence Rickels behauptet, denn „sobald okkulte Phänomene geprüft werden, stellt sich nicht mehr die Frage, ob man daran glaubt oder nicht. Man ist bereits in die Möglichkeit ihrer Existenz involviert."[25]

24 Andreas Fischer im Gespräch mit dem Autor, August 2008.
25 Laurence Rickels im Gespräch mit dem Autor, August 2008.

Literatur

Bradish, Joseph (1943). „Deutsche Romantik und Schellings Religionsphilosophie", in: *Monatshefte für deutschen Unterricht* 35, Nr. 3/4 (März/April 1943), S. 174–179.

Doering-Manteuffel, Sabine (2008). *Das Okkulte. Eine Erfolgsgeschichte im Schatten der Aufklärung.* München.

Freud, Sigmund (2010). *Das Unbehagen in der Kultur.* Frankfurt am Main.

Gehring, Petra (2006). „Die Wiederholungs-Stimme. Über die Strafe der Echo", in: Doris Kolesch/Sybille Krämer (Hrsg.). *Stimme.* Frankfurt am Main, S. 85–110.

Rickels, Laurence (1988). *Aberrations of Mourning – Writing on German Crypts.* Detroit.

Sconce, Jeffrey (2000). *Haunted Media – Electronic Presence from Telegraphy to Television.* London.

Filmografie

Dead Silence (James Wan, USA, 2007).
Kairo (Kiyoshi Kurosawa, Japan, 2001).
The Omen (Richard Donner, USA, 1976).
The Ring (Gore Verbinski, USA, 2002).

Diskografie

V. A. (2007). *Okkulte Stimmen, Mediale Musik: Recordings of unseen Intelligences 1905–2007.* Supposé.

Annika Olbrisch

„Can you hear them?" Medien- und kulturwissenschaftliche Perspektiven zur technikbasierten Jenseitskommunikation

„Leben ist ebenso unzerstörbar wie Materie", war sich das Erfindergenie Thomas Alva Edison sicher. „Ich neige zu der Annahme", so Edison weiter, „dass unsere Persönlichkeit vom Jenseits aus Materie beeinflussen kann". Es bedürfe demnach nur eines Instruments, das „empfindlich genug wäre, um von unserer weiter existierenden Persönlichkeit beeinflusst oder bewegt oder manipuliert werden zu können", um Botschaften aus dem Jenseits im Diesseits empfangen zu können.[1] Gut 40 Jahre später, im Jahre 1959, glaubte der schwedische Maler und Opernsänger Friedrich Jürgenson dieses Instrument gefunden zu haben: das Tonbandgerät. In diesem Jahr fertigte der damals 56-jährige Jürgenson im Garten seines Ferienhauses Tonbandaufnahmen an, die beim späteren Abhören nicht nur die aufgenommenen Vogelstimmen, sondern auch – für Jürgenson unerklärlich – die Stimme eines norwegisch sprechenden Mannes wiedergaben. Nach intensiver Untersuchung dieser und weiterer Aufnahmen war sich der Schwede über den Ursprung der Stimmen sicher: „Ich glaube ohne den leisesten Zweifel daran, dass ich mich mit denen unterhalte, welche von vielen Tote genannt werden."[2] Nach Bekanntmachung des Phänomens und durch die Veröffentlichung von Büchern und Tonbeispielen erreichte das Interesse an den so genannten Tonbandstimmen (auch Parastimmen

1 Edison, Thomas Alva (1920), zitiert nach Knirschnig, Ernst (2001). *Phänomen Tonbandstimmen. Erfahrungsberichte und Erkenntnisse von einst bis heute.* Wien [u. a.], S. 20.

2 Bander, Peter (1975). „Ein Interview mit Friedrich Jürgenson". Online verfügbar unter: http://www.vtf.de/p0203_1.shtml (20.7.2013).

oder im Englischen „Electronic Voice Phenomena", kurz: EVP) vor allem im deutschsprachigen Raum solche Ausmaße, dass sich die Erforschung dieser speziellen Form der Jenseitskommunikation mit der Gründung des Vereins für Transkommunikationsforschung (VTF) im Jahre 1975 institutionalisierte.

Bis heute, fast 40 Jahre nach der Gründung des Vereins für Transkommunikationsforschung, wird privat in heimischen Wohnzimmern oder auf den großen, jährlichen Konferenzen der Versuch unternommen, mit Hilfe handelsüblicher Medientechnik einen Kontakt zum Jenseits herzustellen. Auf der Jahresversammlung in Fulda treffen sich regelmäßig Transkommunikationsforscher aus ganz Deutschland, um sich über Erkenntnisse und Methoden auszutauschen, neue Techniken vorzustellen, Stimmen live einzuspielen und die Auswertung gemeinsam zu diskutieren. Das Interesse ist demnach ungebrochen, mit dem Phänomen der geisterhaften Stimmen zu experimentieren und die „praktische Kontaktherstellung mit dem Jenseits"[3] der zeitgenössischen Technik (z. B. Computern und speziellen Audiobearbeitungsprogrammen) anzupassen.[4] Die Vereinsmitglieder verstehen sich dabei als wissenschaftlich interessierte Laien, die mittels „objektiver" Technik und empirischer Praxis den Beweis für das Existieren der Jenseitsbotschaften erbringen wollen.

Jürgenson und seine Erben reihen sich damit ein in die Reihe der fortschritts- und technikgläubigen Wissenschaftler der westlichen Welt, die – wie Edison – die „Rätsel des menschlichen Lebens und Sterbens auf technisch-physikalische Weise"[5] zu lösen versuchen. Die (Medien-)Technik dient Spiritisten und Stimmenforschern wie Ernst Knirschnig dabei als Garant für Messbarkeit und Genauigkeit und somit für Objektivität und Empirie:

> *Die Tonbandstimmenforschung eignet sich besonders für den modernen Menschen, der mit kritischem Verstand an die Sache herangeht, der nicht blind glaubt, was berichtet wird. Er kann selbst experimentieren und sich auf diese Weise von der Echtheit des Phänomens überzeugen. Dazu muss er weder selbst*

3 Jürgenson, Friedrich (1982). *Sprechfunk mit Verstorbenen. Praktische Kontaktherstellung mit dem Jenseits.* München.

4 Wagner, Uwe (2000). „Eine kurze Chronik des Vereins für Transkommunikations-Forschung anläßlich des 25-jährigen Vereinsjubiläums". Online verfügbar unter: http://www.vtf.de/chronik.shtml (20.7.2013).

5 Jürgenson 1982, S. 79f.

Medium sein noch eines bemühen. Unser Medium ist eine Maschine, die kein Unbewußtes hat, das die Mitteilungen irgendwie beeinflussen könnte. [6]

Obwohl Jürgenson und nach ihm auch zahlreiche andere Tonbandstimmenforscher, so etwa der lettische Psychologe und Schriftsteller Dr. Konstantin Raudive, immer wieder Versuche unternahmen, das Phänomen der Tonbandstimmen wissenschaftlich nachzuweisen, konnte es unter empirisch anerkannten Bedingungen bislang nicht reproduziert werden.[7] Aus dem Wissenschaftsdiskurs wurde es somit als „Pseudowissenschaft" ausgeschlossen.[8]

Nicht zuletzt wegen ihrer konstanten Popularität scheint es an der Zeit, einen erneuten Versuch zu wagen, die „Stimmen aus dem Jenseits" wissenschaftlich zu rehabilitieren. Die Fixierung auf den Wahrheitsgehalt der Phänomene und der Versuch, ihren paranormalen Ursprung zu be- oder zu widerlegen, verstellen jedoch den Blick auf die vielleicht weit bedeutsameren anthropologischen und medienwissenschaftlichen Fragestellungen. Denn dass sich die Geisterstimmen über verrauschte Kanäle zu Wort melden, ist kein Zufall. Der Blick auf die körperlosen Stimmen, die vom Rauschen erzeugt werden, verspricht nicht nur Rückschlüsse über die Funktionsweise von Medienkommunikation, sondern auch über das Verhältnis von Mensch und Technik, Geist und Materie, Leben und Tod.

Praktische Kontaktherstellung mit dem Jenseits

Um an dieser Stelle das Phänomen der Jenseitskommunikation überhaupt als wissenschaftliches Forschungsfeld etablieren zu können, soll zunächst geklärt werden, wie es überhaupt dazu kommen kann, dass Menschen auf Tondokumenten mehr hören, als eigentlich gesagt wird. Im Folgenden soll daher kurz beschrieben werden, wie eine solche technikbasierte, spiritistische

6 Knirschnig 2001, S. 19.

7 Baruss, Imants (2001). „Failure to Replicate Electronic Voice Phenomenon", in: *Journal of Scientific Exploration*, Jg. 15, H. 3, S. 355–367. Online verfügbar unter: http://www.scientificexploration.org/journal/jse_15_3_baruss.pdf (22.7.2013).

8 Vgl. Bohley, Johanna (2008). „Klopfzeichen, Experiment, Apparat. Geisterbefragungen im deutschen Spiritismus der 1850er Jahre", in: Dirk Rupnow/Veronika Lipphardt/Jens Thiel/Christina Wessely (Hrsg.). *Pseudowissenschaft. Konzeptionen von Nichtwissenschaftlichkeit in der Wissenschaftsgeschichte.* Frankfurt am Main, S. 100–126.

Kontaktaufnahme praktisch ablaufen könnte. Man kann davon ausgehen, dass es eine Art Phänomenologie dieser spiritistischen Praktiken gibt, die im Folgenden ebenfalls kurz skizziert werden soll.

Ein Grund für das weltweite Interesse an der Transkommunikationsforschung ist der Umstand, dass sie von den Experimentatoren denkbar einfach zu handhaben ist: Es bedarf weder besonderer Fähigkeiten noch besonderer technischer Geräte, um eine Einspielung vornehmen zu können. Wie der Verein für Transkommunikationsforschung versichert, bedarf es keiner speziellen Begabung, wie etwa Medialität: „Geduld, Ausdauer und ein normales Gehör sollte man allerdings mitbringen – und einen sicheren weltanschaulichen Stand" – schließlich handele es sich nicht um Geister*beschwörung*, sondern um empirische Forschung. Auf schummriges Licht, Räucherkerzen und einen „hochtrabenden, salbungsvollen, religiösen Ton"[9] sollte man daher laut Friedrich Jürgenson verzichten.

Jürgenson begann seine Tonbandstimmenexperimente mit der sogenannten Mikrofon-Methode, bei der ein Mikrofon an ein Aufnahmegerät angeschlossen und in einem stillen Raum positioniert wird. Das Zustandekommen der Stimmen erklärte er durch das Phänomen der „Lautmodulation", das heißt „es gibt da einen Laut, der vielleicht schon existiert, oder der erzeugt wird, und dieser wird dann zur Modulation benutzt".[10] Dementsprechend verbessert sich nach Auffassung einiger Stimmforscher die Qualität der Aufnahmen, wenn bei den Aufnahmen zusätzlich ein Trägergeräusch, wie z. B. Rauschen oder Wasserplätschern, eingespielt wird. Bei dieser Methode wird z. B. bei einem handelsüblichen Radio entweder ein fremdsprachiger Sender oder eine Frequenz ohne Sender eingestellt. „Das Radio wird den Wesenheiten als Hilfsenergie angeboten, so daß sie sich mit Umformungen vom Träger auf das Band manifestieren können."[11] Neuere Methoden verwenden synthetisch hergestellte,

9 Jürgenson, Friedrich (1976). „Ansprache zur Eröffnung der ersten Tagung des VTF am 27./28.03.76". Online verfügbar unter: http://www.vtf.de/p04_1.shtml (20.1.2013).
10 Bander 1975. Online verfügbar unter: http://www.vtf.de/p0203_1.shtml (20.7.2013).
11 Knirschnig 2001, S. 40.

sprachähnliche Geräusche als Trägergeräusche, die mit Hilfe spezieller Computerprogramme generiert wurden (Sprachsynthese-Methode).

Als Aufnahmegeräte können Tonbandgeräte, Kassettenrekorder, Diktiergeräte und Anrufbeantworter ebenso eingesetzt werden wie Minidisc-Recorder und Computer. Allen Methoden gemein ist der Umgang mit dem aufgezeichneten Material: Das Band wird vom Experimentator mehrfach aufmerksam abgehört, wobei „verdächtige“ Stellen besonders häufig wiederholt werden sollten. Nach einer Phase des Einhörens können so die Botschaften aus dem Jenseits vernommen werden, die meist über einen eigentümlichen Sprechrhythmus verfügen und nicht selten mehrere Sprachen in einem Satz verwenden. Gelegentlich – zum Beispiel wenn die Stimmen zu schnell und undeutlich sprechen – muss auch die Abspielgeschwindigkeit variiert werden. In einigen Fällen lässt sich also nur mit Hilfe der Technik die Botschaft entziffern; wichtiger ist nach Ansicht der Stimmenforscher aber auf jeden Fall das zeitintensive, aufmerksame Abhören der Aufnahmen. Die Identifizierung und Deutung von potentiellen Botschaften beruht demnach immer auch auf der individuellen Interpretation des Experimentators. Laut Jürgenson ist demnach auch dessen Motivation von Bedeutung, denn die Geister können „nicht einfach ‚herangepfiffen‘ werden. [...] Nur bei reinen Motiven können wir gute Erfolge erhalten.“ Als „reines Motiv“ sieht er das Verlangen einer Person an, einen ihr nahe stehenden, verstorbenen Menschen „wiederzufinden, sich um ihn zu kümmern, Angst zu haben, Bange, Liebe – das kann nie ohne Resultat bleiben.“[12]

An dieser Stelle wird bereits deutlich, dass sich akustische Erscheinungen dieser Art niemals als „lebendige objektive Wirklichkeit“[13] beschreiben lassen, wie Jürgenson überzeugt war. Nicht jeder kann hören, was ein Geist spricht. Davon unbeeindruckt, versuchen Tonbandstimmenforscher die Erscheinungsweisen von Geistern und ihre Typologien näher zu fassen und zu beschreiben und sie offenbar trotz oder wegen aller Subjektivität zu objektivieren. Als Beweis für eine Existenz nach dem Tode führen die Tonbandstimmenforscher

---

12 JÜRGENSON 1976. Online verfügbar unter: http://www.vtf.de/p04_1.shtml (20.1.2013).

13 JÜRGENSON 1982, S. 30.

neben dem Sprechrhythmus und der verwendeten „Polyglottsprache“[14] auch die Eigenschaft der Stimmen an, die Experimentatoren persönlich anzusprechen und über umfangreiches persönliches Wissen zu verfügen:

> *Diese Stimmen geben meist folgerichtige, bezugnehmende Antworten auf Fragen; sie sprechen den Experimentator mit seinem Namen an, nennen ihre eigenen Namen und überraschen mitunter sogar mit präkognitiven Angaben.* [15]

Entgegen dieser spiritistischen Deutung vertreten einige Parapsychologen jedoch die Hypothese, die Erscheinungen seien materielle Manifestationen des Unbewussten des Experimentators. So war der Parapsychologe und Gründer des Instituts für Grenzgebiete der Psychologie und Psychohygiene Hans Bender davon überzeugt, dass die Bänder durch die Psyche beeinflusst würden: „Wie man im Traum einen Verstorbenen sprechen hören kann, scheint Jürgenson einen solchen ‚Traum' exteriorisiert, nach außen verlegt und psychokinetisch das Magnetband beeinflusst zu haben.“[16]

Skeptiker des Tonbandstimmenphänomens sind davon überzeugt, dass die stimmähnlichen Laute, die die Experimentatoren als Stimmen interpretieren, physikalisch erklärbar seien (durch Rauschen, magnetisches Kopieren, Mischen an Nichtlinearitäten etc.[17]). Wahrnehmungstäuschungen trügen darüber hinaus dazu bei, dass sich die aufgenommenen Geräusche in den Ohren der Experimentatoren in sinnhafte Nachrichten verwandeln. Wahrnehmungspsychologen sprechen beim Phänomen der Tonbandstimmen von akustischen Täuschungen: Charakteristika der akustischen Sprachwahrnehmung wie der sogenannte „Restaurationseffekt“ (das menschliche Gehirn ergänzt kontinuierlich und meist unbewusst uneindeutige oder unvollständige akustische Informationen, um ein sinnvolles Ganzes zu generieren) begünstigten die

14 Ebd., S. 191.

15 Schäfer, Hildegard/Jürgenson, Friedrich (1983). *Stimmen aus einer anderen Welt. Chronik und Technik der Tonbandstimmenforschung.* Freiburg im Breisgau, S. 41.

16 Bender, Hans (1986). *Umgang mit dem Okkulten.* Freiburg im Breisgau, S. 74.

17 Gesellschaft zur wissenschaftlichen Untersuchung von Parawissenschaften, Online verfügbar unter: http://www.gwup.org/ (17.1.2013).

willkürliche Interpretationen der Geräusche.[18] Der Kontext und die Erwartungshaltung der Hörer sind insbesondere bei der Deutung der verrauschten Aufnahmen daher nicht zu unterschätzen.

Allen drei Deutungen ist gemein, dass sie das Vorhandensein eines nicht intendierten, akustischen Signals nicht anzweifeln. Differenzen gibt es lediglich bei der Interpretation der Geräusche und deren angenommenen Ursachen. Hier zeigt sich die Schwierigkeit, den paranormalen Ursprung der Stimmen zu be- oder zu widerlegen: Die akustischen Anomalien lassen sich zwar physikalisch untersuchen, eine Stimme ist aber durchaus mehr als ein Frequenzgemisch. Wann wir bei einer Aufnahme von einer Stimme oder gar von einer Botschaft und wann nur von Rauschen sprechen können, kann nicht eindeutig festgelegt werden. Diese Frage nach dem Verhältnis von Botschaft und Rauschen gehört somit zu den zentralen Fragen der Medienwissenschaft.

Das Rauschen der „magischen Kanäle“[19]

Jürgensons Bestrebungen, mittels neuer Medien einen Kontakt zum Jenseits herzustellen, wurden damals wie heute kontrovers diskutiert. Mit Blick auf die Mediengeschichte verwundert diese Skepsis, galt doch bis Anfang des 20. Jahrhunderts hinein die enge Verbindung und wechselseitige Beeinflussung von Medientechnologie und Okkultismus sowohl für die Physiker und Techniker als auch für die Psychologen und Parapsychologen als selbstverständlich: Sowohl Thomas Alva Edison, Erfinder des Phonographen, als auch Alexander Graham Bell, Erfinder des Telefons, versuchten einen Apparat für die Jenseitskommunikation zu entwickeln; die Entdeckung der elektromagnetischen Wellen durch Heinrich Hertz inspirierte Physiker und Radiopioniere wie Nikola Tesla, Manfred von Ardenne und nicht zuletzt Oliver Lodge zu Experimenten zur elektromagnetischen Übertragung von Gedanken. Die Okkultisten wiederum ließen sich von den Medienerrungenschaften inspirieren und entwickelten einen „modernen Okkultismus“, der nicht im Gegensatz, sondern in

18 Vgl. Kebeck, Günther (1997). *Wahrnehmung. Theorien, Methoden und Forschungsergebnisse der Wahrnehmungspsychologie.* Weinheim, S. 104.

19 McLuhan, Marshall (1968). *Die magischen Kanäle. Understanding Media.* Düsseldorf [u. a.].

Affinität zur wissenschaftlichen Aufklärung und zum Fortschrittsglauben der Moderne stand: So folgten auf die Morsetechnik prompt Klopfgeister, die ihre Botschaften „morsen", während die Erfindung und Verbreitung der Fotografie die Geister und somit das Unsichtbare sichtbar machte. Der säkularisierten, fortschrittsgläubigen Welt wurde eine neue Transzendenz gegenübergestellt, die sich allerdings selbst an den Prämissen der empirischen Wissenschaft orientieren sollte. So glichen auch die um die Jahrhundertwende zur beliebten Freizeitbeschäftigung des Bürgertums avancierten spiritistischen Séancen empirischen Versuchsanordnungen, in die technische Medien (wie Fotografie und Phonographie) integriert wurden.[20] So lässt sich fragen, ob gerade die „Entzauberung" der Moderne jene Verschränkung von Okkultismus und Medientechnik zur Folge hat, die bereits bei genauerer Betrachtung des Medienbegriffs durchscheint.

Doch während die Medienwissenschaft sich in Deutschland erst seit etwa zehn Jahren intensiv der Erforschung ihrer okkulten Wurzeln widmet, hat sich die Popkultur schon viel früher mit der okkulten Medientechnik beschäftigt, was die gesellschaftlichen Vorstellungen von Geistern und ihrer Art zu kommunizieren nachhaltig geprägt hat.

Die zahlreichen Beispiele aus Kunst,[21] Literatur,[22] Musik,[23] Film und Fernsehen[24] zeigen deutlich, dass es besonders die Störungen in der Medienkommunikation sind, über die die Geister ihren Weg ins Diesseits finden. So machen sie nicht nur darauf aufmerksam, dass Medienkommunikation immer von

---

20 Vgl. Hagen, Wolfgang (2001). *Radio Schreber. Der „moderne Spiritismus" und die Sprache der Medien.* Weimar; Hahn, Marcus/Schüttpelz, Erhard (Hrsg.) (2009). *Trancemedien und neue Medien um 1900. Ein anderer Blick auf die Moderne.* Bielefeld; Sconce, Jeffrey (2000). *Haunted Media – Electronic Presence from Telegraphy to Television.* London.

21 Vgl. u. a. Kliege, Melitta (Hrsg.) (2011). *Gespenster, Magie und Zauber. Konstruktionen des Irrationalen in der Kunst von Füssli bis heute.* Nürnberg; Emslander, Fritz (Hrsg.) (2012). *Zeitgespenster. Erscheinungen des Übernatürlichen in der zeitgenössischen Kunst.* Köln (anlässlich der Ausstellung Zeitgespenster. Erscheinungen des Übernatürlichen in der Zeitgenössischen Kunst, Museum Morsbroich, Leverkusen, 27.10.2012–6.1.2013); Arns, Inke (2009). *Wach sind nur die Geister. Über Gespenster und ihre Medien.* Berlin (anlässlich der gleichnamigen Ausstellung im Hartware MedienKunstVerein, Dortmund, 16.5.–18.10.2009).

22 Vgl. u. a. Gibson, William (2003). *Pattern Recognition.* New York.

23 Vgl. Anderson, Laurie (1982). *Big Science.* Warner Bros. Records, und auch den Beitrag von Raphael Smarzoch in diesem Band.

24 Vgl. u. a. Doku-Soaps wie *Ghost Hunters* (Erstausstrahlung USA: 6.10.2004) oder Filme wie *Poltergeist* (Steven Spielberg, 1982), *The sixth Sense* (M. Night Shyamalan, 1999), *White Noise – Schreie aus dem Jenseits* (Geoffrey Sax, 2005), *White Noise: Fürchte das Licht* (Patrick Lussier, 2007) u. v. m.

Störungen durchzogen ist, sondern offenbaren auch deren Potential. Der Rausch, in den sich die spiritistischen Trancemedien zu Beginn des Jahrhunderts versetzt haben, um für die Geisterbotschaften empfänglich zu sein, ist einem medialen Rauschen gewichen.

Spätestens seit den Forschungen von Claude E. Shannon wissen wir, dass Kommunikation immer „in the Presence of Noise“[25] stattfindet. Mit der Erfindung des Phonographen hat dieses Rauschen sein Medium gefunden: Erstmals wird das Monopol der Zeichen (in Form von Alphabet und Notenschrift) gesprengt, indem das Akustische als Frequenzgemisch jenseits des Symbolischen gespeichert werden kann. „Seit dieser Epochenschwelle gibt es Speicher, die akustische und optische Daten in ihrem Zeitfluß selber festhalten und wiedergeben können. Ohr und Auge sind autonom geworden.“[26] Sowohl der Prozess des Aufzeichnens als auch die Materialität des Speichermediums und die Form der Übertragung sorgen dabei für ein charakteristisches Rauschen, das in seiner Intensität erheblich schwanken kann. Seit den frühen verrauschten Aufnahmen von Phonograph und Grammophon wird versucht, durch eine Verbesserung der Technik das Rauschen zu minimieren. Dahinter steht der Gedanke, dass das Rauschen die zu vermittelnde Botschaft störe. Die Geisterkommunikation macht nun deutlich, dass das Rauschen nicht nur jede Botschaft begleitet, sondern diese vor allen Dingen hervorbringt.

In diesem Zusammenhang gibt es eine interessante Koinzidenz: 1966, nur wenige Jahre nach der „Entdeckung“ und Veröffentlichung des Tonbandstimmenphänomens durch Friedrich Jürgenson, hielt Michel Foucault vor Medizinern einen Vortrag mit dem Titel „Botschaft oder Rauschen“.[27] In diesem kurzen Vortrag revidierte Foucault die Annahme, eine Krankheit sende eine Botschaft aus, die ein Arzt nur zu hören und zu interpretieren hätte. Nach Foucault sendet die Krankheit nicht mehr als ein Rauschen, auf das der Arzt

25 Shannon, Claude E. (1949). „Communication in the Presence of Noise“, in: *Proc. Institute of Radio Engineers* 37, Nr. l, S. 10–21.

26 Kittler, Friedrich A. (1986). *Grammophon, Film, Typewriter.* Berlin, S. 10.

27 Foucault, Michel (2001). „Botschaft oder Rauschen?“, in: Michel Foucault (1954–1969). *Schriften in vier Bänden.* Bd. 1: *Dits et Ecrits.* Hrsg. von Daniel Defert und François Ewald. Unter Mitarbeit von Jacques Lagrange. Frankfurt am Main, S. 718–722.

einen bestimmten Code anwenden kann. Allein der Code bestimmt, welche Geräusche als relevant und welche als irrelevant gelten, wo die Botschaft beginnt und wo sie endet und schließlich nach welchen Regeln sie übersetzt werden kann. Medizinischer Fortschritt sei demnach nichts anderes als eine Änderung des Codes, also der Regeln zur Übersetzung. Die Vorstellung einer eindeutigen und allgemeingültigen Botschaft, die vom Rauschen begleitet wird, wird somit als Illusion entlarvt – das Rauschen *ist* die Botschaft. Indem die Tonbandstimmenforscher das Rauschen zur Voraussetzung für das Erscheinen der Stimmen erheben, machen sie dieses Paradigma der Kommunikation greifbar: Die Geister benötigen das mediale Rauschen, um ihre Botschaften zu materialisieren – mit einer Minimierung des Rauschens würden auch die Stimmen verschwinden. Doch die Fokussierung auf das Rauschen ist immer auch ein Wagnis, da die vermeintliche Kontrolle, die von der symbolischen Ordnung ausgeht, durchbrochen wird. Friedrich Kittler verdeutlicht diesen Gedanken anhand des Pink Floyd-Klassikers „Brain Damage", den er als „Kurzgeschichte von Ohr und Wahnsinn im Zeitalter der Medien" interpretierte:

> *[...] der unaufhaltsame Fortschritt des Wahnsinns geht über Ohren, die sich nicht wehren können. Am Ende vom Lied, mag es ‚Brain Damage' oder ‚The Wall' heißen, ist der Damm gebrochen, der Kopf explodiert und nur noch Schreien ohne Empfang. Kein Wort, keine Mauer, kein Damm zwischen Innen und Außen hält dem Sound stand, weil Sound das Unaufschreibbare an Musik und unmittelbar ihre Technik ist.* [28]

Der Sound, der sich dem Symbolischen entzieht, durchbricht die Schutzhülle des Körpers und hebt dabei nicht nur die Trennung von Innen und Außen, sondern auch die Grenze zwischen Leben und Tod auf. So scheint durch die Medientechnologie das Tor zum Jenseits endgültig geöffnet: Was bleibt, ist – um mit Jacques Lacan zu sprechen – das Rauschen des Realen: der nicht

28 Kittler, Friedrich A. (1993). *Draculas Vermächtnis. Technische Schriften.* Leipzig, S. 133.

greifbare, nicht beschreibbare Rest, „physiologischer Zufall, stochastische Unordnung von Körpern“.[29]

Jürgensons Tonbandstimmenphänomen ist ein signifikantes Beispiel dafür, dass akustische Medien, unabhängig von der Epoche ihrer Erfindung, stets verwendet wurden, um die Stimmen der Abwesenden und somit auch die Stimmen der Toten hörbar zu machen. Die technischen Medien übernehmen so die Rolle, die vormals den spiritistischen (personalen) Medien zukam. Medienkommunikation ist daher immer auch Geisterkommunikation und umgekehrt.

Stimmen ohne Körper

Neben der Bedeutung des medialen Rauschens, das als Voraussetzung für die Erscheinung der Tonbandstimmen gilt, ist es vor allem die Tatsache, dass auf den Tonbändern Stimmen ohne wahrnehmbaren Sprecher zu hören sind, die sie zu einem zentralen Untersuchungsgegenstand für die Medien- und Kulturwissenschaft machen. Es sind – in Anlehnung an Michel Chion, der den Begriff von der Musik auf die Stimmen des Kinos übertrug[30] – „akusmatische“ Stimmen, deren Ursprung weder lokalisiert noch identifiziert werden kann.

Diese Grenzbereiche des Stimmen-Hörens können als genuin medienwissenschaftliches Forschungsfeld betrachtet werden, da schließlich all jene Stimmen ohne Körper, mit denen wir im Alltag konfrontiert werden, meist medial vermittelt sind. So kann sich die bis dahin ephemere Stimme – jenseits der Mythen und der Religion – erst durch das Aufschreibesystem (1900) von der Realpräsenz des Körpers lösen und autonom werden: Durch die Erfindung des Phonographen löst sie sich von dem sie hervorbringenden Körper und wird unsterblich. Das Telefon lässt sie große Distanzen überwinden, und die Erfindung des Lautsprechers verschafft der Stimme einen bis dahin unvorstellbaren Machtgewinn. Bei ihrem Siegeszug haben sich die modernen Medienstimmen von Raum, Zeit und Körper emanzipiert und sich bewaffnet.

---

29 Kittler 1986, S. 28.

30 Chion, Michel (2003). „Mabuse – Magie und Kräfte des ‚Acousmêtre‘. Auszüge aus ‚Die Stimme im Kino‘“, in: Cornelia Epping-Jäger/Erika Linz (Hrsg.). *Medien/Stimmen*. Köln, S. 124–159.

Indem ihre Sprecher nicht lokalisiert (und damit häufig auch nicht identifiziert) werden können, markieren sie die Paradoxie von der Anwesenheit der Abwesenheit: Denn auch wenn Medien als „Abwehrzauber gegen Absenzen aller Art“[31] funktionieren, so verweist dieser „Zauber“ doch auf eine *falsche* Anwesenheit, in der die Abwesenheit zu jeder Zeit spürbar ist. In unserem Alltag wird dies meist übersehen, schließlich sind wir ständig von akusmatischen, also körperlosen (Medien-)Stimmen umgeben, die aus unseren Telefonen, Radios und CD-Playern widerhallen. Die Parastimmen Jürgensons treiben dieses Phänomen der Akusmatik auf die Spitze, da der sie hervorbringende Körper nicht nur nicht anwesend und nicht sichtbar, sondern seine materielle Existenz darüber hinaus fragwürdig ist.

Erst die Konzentration auf dieses alltägliche und deswegen wissenschaftlich vernachlässigte Thema der Stimmen ohne Sprecher verdeutlicht die ambivalente Beziehung von Stimme und Körper. Denn während die Stimme als Stimme in der alltäglichen Kommunikation meist überhört wird, offenbart sich in diesen akustischen Grenzbereichen in aller Deutlichkeit die Stimme als „Realisierungszone unserer Leiblichkeit“.[32] Können wir demnach mehr über die Leiblichkeit der Stimme erfahren, wenn wir sie vom Körper losgelöst betrachten? Und was offenbart uns das Wissen über die Stimme, das durch Technik fassbar wird, über den Seinszustand des Menschen? Oder, anders gefragt: Was verraten uns die fremden Stimmen über uns selbst?

Die Tonbandstimmen verweisen nicht nur auf die okkulten Wurzeln der Mediengeschichte, sondern verdeutlichen darüber hinaus in zugespitzter Form die besondere Macht und Unheimlichkeit, die von körperlosen (Medien-)Stimmen ausgeht. So können die Geister zwar gerufen werden, sie entziehen sich letztlich jedoch der Kontrolle der Experimentatoren. Die Auseinandersetzung mit körperlosen (Medien-)Stimmen zwischen Pathologie, Parapsychologie und Technik verspricht daher einen Erkenntnisgewinn über das Selbstverständnis des Menschen: Die akusmatischen Stimmen befinden sich in einem

---

31 Hörisch, Jochen (2009). *Eine Geschichte der Medien. Von der Oblate zum Internet.* Frankfurt am Main, S. 274f.

32 Gehring, Petra (2006). „Die Wiederholungs-Stimme. Über die Strafe der Echo“, in: Doris Kolesch/Sybille Krämer (Hrsg.). *Stimme. Annäherung an ein Phänomen.* Frankfurt am Main, S. 85–110, hier S. 91.

Grenzbereich zwischen Diesseits und Jenseits, Innen und Außen, Botschaft und Rauschen und verweisen damit nicht nur auf die Störungen der „magischen Kanäle“, die sie hervorbringen, sondern auch auf die Brüche, die der anthropologischen Stimme von Beginn an inhärent sind.

Sie ist sowohl Träger als auch Produzent von Informationen, kann den Sinn des gesprochenen Wortes unterstreichen oder ihm zuwider laufen; sie ist der Innbegriff des Ephemeren und der Ereignishaftigkeit und kann dennoch – den modernen Speichermedien sei Dank – den Tod ihres Produzenten problemlos überdauern. Als das bedeutendste Kennzeichen der Stimme gilt gemeinhin jedoch ihre Leiblichkeit: Die (natürliche) Produktion stimmlicher Laute ist ohne das komplexe Zusammenspiel von Kehlkopf, Stimmlippen, Stimmbändern, Stimmritze, Mundhöhle, Nasenhöhle, Zunge, Kiefer, Zähnen und Lippen schlicht nicht möglich. Gleichzeitig dient der Körper der Stimme als Verstärker: Er wird zur schwingenden Membran, zum Resonanzkörper, wodurch er sich unwiderruflich in die Stimme einschreibt. Es ist diese „Materialität des Körpers, der seine Muttersprache spricht“, die Roland Barthes als „Rauheit der Stimme“ bezeichnet.[33] Durch die Leiblichkeit ihrer Produktion verrät die Stimme viel über die sprechende Person: Anhand von Stimmklang, Lautstärke, Prosodie und Sprechgeschwindigkeit lässt sich nicht nur auf die körperliche Konstitution, sondern häufig auch auf die Gefühlslage des Sprechers schließen. Stimmliche Äußerungen sind daher – unabhängig von der sprachlichen Information – immer auch eine intime Offenbarung, wobei die Stimme selbst zum Sinnbild für Menschlichkeit wird: „Man muss *jemand* sein, um eine Stimme zu haben“, bringt Bernhard Waldenfels diese Eigenschaft der Stimme auf den Punkt, denn „*etwas* verursacht nur Geräusche“.[34]

Diese Aussage impliziert aber zugleich ein Gegenüber, das die Stimme vernimmt. Denn schließlich ist eine menschliche Stimme mehr als ein von einem Körper produziertes akustisches Phänomen. Dies wird besonders deutlich, wenn die basalen Grundlagen der Kommunikation wegbrechen:

33 Barthes, Roland (1990). „Die Rauheit der Stimme“, in: Karlheinz Barck/Peter Gente/Heidi Paris/Stefan Richter (Hrsg.). *Aisthesis. Wahrnehmung heute oder Perspektiven einer anderen Ästhetik.* Leipzig, S. 299–309, hier S. 302.

34 Waldenfels, Bernhard (2006). „Das Lautwerden der Stimme“, in: Doris Kolesch/Sybille Krämer (Hrsg.). *Stimme. Annäherung an ein Phänomen.* Frankfurt am Main, S. 191–210, hier S. 192.

Im Mythos der zur ewigen Wiederholung verdammten Nymphe Echo sind es Sprech- und Wiederholungszwang sowie der Zwang zur Kürze, die jeglicher Kommunikation zuwiderlaufen und die Wiederholungs-Stimme der Echo bereits zu ihren Lebzeiten zur Stimme eines „toten“ Automaten verkommen lassen.[35] Denn, das macht Petra Gehring am Echo-Mythos deutlich, „[n]icht im Gesagten, sondern in der Möglichkeit, etwas zu sagen, liegt das Ureigenste der Stimme. Eben deswegen hat man sie in der Tradition als Sitz von ‚Seele' und ‚Lebendigkeit' gesehen.“[36]

Im Falle der Tonbandstimmen ist es das intensive Abhören, das die Stimme in all ihrer Intersubjektivität offenbart: Indem sie sich vom Sprecher entfernen und stattdessen den Hörer ins Zentrum der Aufmerksamkeit rücken, machen sie letzteren gleichzeitig zum Co-Produzenten der Stimme, da erst das aktive Hinhören „Unhörbares hörbar“[37] und die Stimme als Stimme wahrnehmbar macht. Das Hören auf die Stimmen aus dem Jenseits verkörpert damit das immerwährende Paradox der Stimme, sowohl Medium der Selbst- als auch der Fremdpräsenz zu sein. Da sich die körperlose Stimme jedoch immer auch der Kontrolle des Hörers entzieht, bleibt das Gefühl der Ohnmacht und der Unheimlichkeit gegenüber der „Stimme des Herrn“.[38] Diese besondere Macht, Rätselhaftigkeit und Unmenschlichkeit teilen sie mit allen akusmatischen Stimmen. Roland Barthes erklärt die Autorität der Telefonstimme durch die „(notfalls unerträgliche, weil derartig reine) Intersubjektivität“, die mit dem Telefonieren einherginge, da diese Art der Kommunikation „alle Sinne mit Ausnahme des Gehörs beseitigt: Die Anweisung zum Zuhören, die jede telephonische Kommunikation eröffnet, fordert den anderen auf, seinen ganzen Körper in der Stimme zusammenzuballen, und kündigt an, daß ich mich selbst völlig in meinem Ohr zusammenballe.“[39] Michel Chion macht darauf aufmerksam, dass eine ähnliche Macht und Unheimlichkeit von den nicht sichtbaren

35 Gehring 2006, S. 95ff.

36 Ebd., S. 99.

37 Raudive, Konstantin (1968). *Unhörbares wird hörbar. Auf den Spuren einer Geisterwelt.* Remagen.

38 Dolar, Mladen (2007). *His master's voice. Eine Theorie der Stimme.* Frankfurt am Main.

39 Barthes, Roland (1991). „Zuhören“, in: Robert Kuhn (Hrsg.). *Das Buch vom Hören.* Freiburg (Breisgau), S. 55–71, hier S. 62.

Stimmen des Kinos ausgehe: Die sogenannten „Acousmêtre“ verfügen über die Kräfte der „Allgegenwärtigkeit, Panoptismus, Allwissenheit, Allmacht“.[40] Es lässt sich also eine Genealogie der körperlosen Stimme ableiten, die die Medienstimmen in eine Tradition mit der unmenschlichen Stimme Echos und der mächtigen Stimme des (unsichtbaren/akusmatischen) jüdisch-christlichen Gottes stellt.[41]

Stimmenhören als Resonanz

Im Gegensatz zum Sehen, das in der westlichen Philosophie meist als Metapher für Rationalität, Individualität und Distanz gilt, steht das Hören für Ereignishaftigkeit, Sozietät, Passivität und Eindringlichkeit. Da das Ohr nicht über schützende Lider verfügt, dringt die Klangumwelt kontinuierlich auf das hörende Subjekt ein und bahnt sich ihren Weg durch Ohrmuschel, Gehörgang und Hörschnecke und wird so verinnerlicht: „Was wir hören ist ‚innen' und ‚außen' zugleich.“[42] Anders als den Blick können wir das Gehör nicht gezielt auf ein Klangereignis richten, sondern sind von ihm umgeben. Hören ist daher immer schon metaphysisch konnotiert. Es ist also nicht verwunderlich, dass Spiritisten akustische Medien wie das Tonband verwenden, um mit den Geistern Verstorbener in Kontakt zu treten.

Dabei ist es irrelevant, ob bei dem Phänomen der Tonbandstimmen tatsächlich die Verstorbenen oder vielmehr das Unbewusste des Experimentators spricht – viele Experimentatoren beschreiben, dass sie durch die Transkommunikation mehr über sich selbst erfahren als über die Wesen, die diese Stimmen hervorrufen. Für die Medien- und Kulturwissenschaft werden die Parastimmen somit zu einem zentralen Forschungsgegenstand, da sie die Objektivität der Technik, die Möglichkeit sinnhafter Verständigung und die Stimme als Medium der Selbstpräsenz in Frage stellen.

---

40 Chion 2003, S. 131.

41 Vgl. zur Technikgeschichte der körperlosen Stimmen: Macho, Thomas. „Stimmen ohne Körper. Anmerkungen zur Technikgeschichte der Stimme“, in: Doris Kolesch/Sybille Krämer (Hrsg.). *Stimme. Annäherung an ein Phänomen.* Frankfurt am Main, S. 130–146.

42 Krämer, Sybille (2003). „Negative Semiologie der Stimme“, in: Cornelia Epping-Jäger/Erika Linz (Hrsg.). *Medien/Stimmen.* Köln, S. 65–82, hier S. 68.

Schließlich ist es nicht die Einschreibung des Akustischen, sondern das Hören auf das Rauschen, das bei dieser Praxis im Vordergrund steht. Die Objektivität der Technik wird damit als Illusion enttarnt, da spätestens im Augenblick des Hörens das anthropologische Moment zur Apparatur hinzugedacht werden muss. „Das Zuhören spricht",[43] schrieb auch Roland Barthes und brachte damit zum Ausdruck, dass das intensive Zuhören nie rein passiv sein kann, sondern den Zuhörer als duales Subjekt ausweist. Dies gilt umso mehr, wenn sich das Zuhören auf eine Stimme bezieht. Denn nicht nur der Akt der leiblichen Stimmproduktion, sondern auch der Akt des Stimmenhörens erhebt die Stimme zur Stimme: „Im Falle der Phantome ist nicht nur die Frage angebracht: Wer spricht? Sondern auch: Wer hört? Die Affektökonomie, die die Stimme des Phantoms hervorbringt, ist nämlich vom Sprecher auf den Hörenden verschoben. Sie berührt sein Wissen bzw. Nichtwissen."[44]

Der zentrale Begriff für dieses Phänomen ist die Resonanz. Unabhängig davon, ob die Stimmen Verstorbener in akustischen Aufnahmen widerhallen, wird auf jeden Fall die Stimme des Experimentators, also sein Inneres, in den vernommenen Tonbandstimmen mitschwingen. Dies rückt die Geisterstimmen in die Nähe des Hörens auf die Stimme des Denkens, welches Peter Sloterdijk gar zum Erkenntnismedium erhebt, wenn er das *Sonore Cogito* („Ich-höre-etwas-in-mir-von-mir-und-anderen-Reden, [...] also bin ich") dem *denkenden Cogito* Descartes' vorschaltet: Das Zusichkommen hänge vom Sichhören ab.[45] Das hörende Subjekt in Form des *Sonoren Cogitos* stellt dem (sich) konstruierenden, zielgerichteten (und somit „gehörlosen") Denken das Modell der Resonanz gegenüber, das immer auch einen gewissen Kontrollverlust bedeutet:

> *Aufmerksamkeit auf innere Stimmen und Klänge bedeutet pure Erschütterbarkeit – Verfügbarkeit für ankommende akustische Präsenzen; nicht ich gewinne*

---

43 Barthes 1991, S. 62.

44 Weigel, Sigrid (2006). „Die Stimme als Medium des Nachlebens. Pathosformel, Nachhall, Phantom, kulturwissenschaftliche Perspektiven", in: Doris Kolesch/Sybille Krämer (Hrsg.). *Stimme. Annäherung an ein Phänomen.* Frankfurt am Main, S. 16–39, hier S. 35.

45 Sloterdijk, Peter (2006). *Weltfremdheit.* Frankfurt am Main, S. 311f. (Hervorhebung A. O.).

> *durch sie ein Fundament, sondern sie unterwerfen mich ihrem Erklingen. Wer auf die Stimmen des Denkens horcht, ist in eine immer schon von Anderem zum Beben gebrachte Sphäre eingetaucht. Das Denken ist im Subjekt wie der Ton in der Violine – kraft eines Schwingungsverhältnisses. Menschen sind, sofern sie denken, gleichsam Musikinstrumente für Vorstellungen, die die Welt bedeuten. Wenn das ‚Instrument' auf sich selber acht gibt, so ist ihm klar: ich bin kein fundamentum inconcussum, sondern ein medium percussúm.*[46]

Im hörenden Subjekt klingen die Stimmen der Anderen an, die nicht zum Schweigen gebracht werden können, wobei nicht nur die Grenzen von Innen und Außen, sondern auch jene zwischen dem Eigenem und dem Fremden verschwimmen.

Die Stimme als Phänomen der Intersubjektivität wird erst im Moment der Störung als Untersuchungsgegenstand offenbar und zeigt dabei deutlich, „dass wir auch im normalen Fall nicht völlig Herr unserer Stimme sind, dass diese uns unaufhörlich entgleitet und jedes namentliche ‚Ich spreche' Züge eines namenlosen ‚Es spricht' annimmt“.[47] Die Stimme ist demnach gleichermaßen Zeichen von Identität als auch Zeichen von Alterität: „Bevor ich mit Anderen spreche, sprechen Andere bereits in mir.“[48] Indem sich die Stimmen der Mediengeister und Phantome der Kontrolle des Menschen entziehen und seinen Körper besetzen, veranschaulichen sie diesen Autonomieverlust des sprechenden und hörenden Subjekts. Die Tatsache, dass sich die Ohren nicht durch schützende Lider verschließen lassen,[49] bildet die Voraussetzung für dieses gewaltsame Durchbrechen der Schutzhülle, die Umkehrung von Innen und Außen. Stimmen, ob sie nun im Kopf halluziniert werden, über die „magischen Kanäle“ vermittelt oder vom resonierenden Körper hervorgebracht werden, stehen damit stellvertretend für das Fremde im Eigenen und die Abwesenheit in der Anwesenheit. Mit der Erfindung der modernen Medien zur Produktion,

46 Ebd., S. 313.

47 Waldenfels 2006, S. 200.

48 Ebd., S. 200.

49 Vgl. Lacan, Jacques (1973). *Le séminaire.* livre XI: *Les quatre concepts fondamentaux de la psychanalyse.* Paris, S. 178. Zitiert nach: Kittler 1993, S. 133.

Übertragung und Speicherung von Stimme erreichen diese der Stimme eigenen Paradoxien eine neue Dimension. Doch obwohl die Medientechnologien die unheimlichen Stimmen erst hervorbringen, hilft der aktive Umgang mit diesem Phänomen (wie ihn die Transkommunikationsforscher bis heute pflegen), den Schrecken vor den mächtigen Stimmen und vor der Endlichkeit des Seins zu nehmen: Ähnlich wie beim klassischen Rohrschachtest versucht das menschliche Gehirn, in dem Rauschen Muster zu erkennen und sie in die symbolische Ordnung zu überführen. Der Missbrauch der Medientechnik kann demnach auch als kreativer Versuch der Tonbandstimmenforscher gedeutet werden, den Spuk zu domestizieren und ihre Autonomie damit zurückzuerobern.

Es lässt sich vermuten, dass das Rauschen der Medien den Nährboden für diese Grenzerfahrungen bietet. Indem Noise-Musiker und Pop-Nostalgiker – die Erben von Friedrich Jürgenson und Konstantin Raudive – das Rauschen auch in einer Welt, in der die digitale Medientechnologie die perfekte Stille erzeugen kann, am Leben halten, bieten sie den Stimmen der Abwesenden offenbar die Möglichkeit, sich – ob wir wollen oder nicht – Gehör zu verschaffen.

Literatur

ARNS, Inke (2009). *Wach sind nur die Geister. Über Gespenster und ihre Medien.* Berlin.

BARTHES, Roland (1990). „Die Rauheit der Stimme“, in: Karlheinz BARCK/Peter GENTE/Heidi PARIS/Stefan RICHTER (Hrsg.). *Aisthesis. Wahrnehmung heute oder Perspektiven einer anderen Ästhetik.* Leipzig, S. 299–309.

BARTHES, Roland (1991). „Zuhören“, in: Robert KUHN (Hrsg.). *Das Buch vom Hören.* Freiburg (Breisgau), S. 55–71.

BENDER, Hans (1986). *Umgang mit dem Okkulten.* Freiburg (Breisgau).

BOHLEY, Johanna (2008). „Klopfzeichen, Experiment, Apparat. Geisterbefragungen im deutschen Spiritismus der 1850er Jahre“, in: Dirk RUPNOW/Veronika LIPPHARDT/Jens THIEL/Christina WESSELY (Hrsg.). *Pseudowissenschaft. Konzeptionen von Nichtwissenschaftlichkeit in der Wissenschaftsgeschichte.* Frankfurt am Main, S. 100–126.

CHION, Michel (2003). „Mabuse – Magie und Kräfte des ‚Acousmêtre‘. Auszüge aus ‚Die Stimme im Kino‘“, in: Cornelia EPPING-JÄGER / Erika LINZ (Hrsg.). *Medien/Stimmen.* Köln, S. 124–159.

DOLAR, Mladen (2007). *His master's voice. Eine Theorie der Stimme.* Frankfurt am Main.

EMSLANDER, Fritz (Hrsg.) (2012). *Zeitgespenster. Erscheinungen des Übernatürlichen in der zeitgenössischen Kunst.* Köln.

FOUCAULT, Michel (2001). „Botschaft oder Rauschen?“, in: FOUCAULT, Michel (1954–1969). *Schriften in vier Bänden.* Bd. 1: *Dits et Ecrits.* Hrsg. von Daniel Defert und François Ewald. Unter Mitarbeit von Jacques Lagrange. Frankfurt am Main, S. 718–722.

GEHRING, Petra (2006). „Die Wiederholungs-Stimme. Über die Strafe der Echo“, in: Doris KOLESCH/Sybille KRÄMER (Hrsg.). *Stimme. Annäherung an ein Phänomen.* Frankfurt am Main, S. 85–110.

GIBSON, William (2003). *Pattern Recognition.* New York.

HAGEN, Wolfgang (2001). *Radio Schreber. Der „moderne Spiritismus“ und die Sprache der Medien.* Weimar.

HAHN, Marcus/SCHÜTTPELZ, Erhard (Hrsg.) (2009). *Trancemedien und neue Medien um 1900. Ein anderer Blick auf die Moderne.* Bielefeld.

HÖRISCH, Jochen (2009). *Eine Geschichte der Medien. Von der Oblate zum Internet.* Frankfurt am Main.

JÜRGENSON, Friedrich (1982). *Sprechfunk mit Verstorbenen. Praktische Kontaktherstellung mit dem Jenseits.* München.

KEBECK, Günther (1997). *Wahrnehmung. Theorien, Methoden und Forschungsergebnisse der Wahrnehmungspsychologie.* Weinheim.

KITTLER, Friedrich A. (1993). *Draculas Vermächtnis. Technische Schriften.* Leipzig.

KITTLER, Friedrich A. (1986). *Grammophon, Film, Typewriter.* Berlin.

KLIEGE, Melitta (Hrsg.) (2011). *Gespenster, Magie und Zauber. Konstruktionen des Irrationalen in der Kunst von Füssli bis heute.* Nürnberg.

KNIRSCHNIG, Ernst (2001). *Phänomen Tonbandstimmen. Erfahrungsberichte und Erkenntnisse von einst bis heute.* Wien [u. a.].

KOLESCH, Doris/KRÄMER, Sybille (Hrsg.). *Stimme. Annäherung an ein Phänomen.* Frankfurt am Main.

KRÄMER, Sybille (2003). „Negative Semiologie der Stimme", in: Cornelia EPPING-JÄGER/Erika LINZ (Hrsg.). *Medien/Stimmen.* Köln, S. 65–82.

MACHO, Thomas. „Stimmen ohne Körper. Anmerkungen zur Technikgeschichte der Stimme", in: Doris KOLESCH/Sybille KRÄMER (Hrsg.). *Stimme. Annäherung an ein Phänomen.* Frankfurt am Main, S. 130–146.

MCLUHAN, Marshall (1968). *Die magischen Kanäle. Understanding Media.* Düsseldorf [u. a.].

RAUDIVE, Konstantin (1968). *Unhörbares wird hörbar. Auf den Spuren einer Geisterwelt.* Remagen.

SCHÄFER, Hildegard / JÜRGENSON, Friedrich (1983). *Stimmen aus einer anderen Welt. Chronik und Technik der Tonbandstimmenforschung.* Freiburg im Breisgau.

SCONCE, Jeffrey (2000). *Haunted Media – Electronic Presence from Telegraphy to Television.* London.

SHANNON, Claude E. (1949). „Communication in the Presence of Noise", in: *Proc. Institute of Radio Engineers* 37, Nr. l, S. 10–21.

SLOTERDIJK, Peter (2006). *Weltfremdheit.* Frankfurt am Main.

WALDENFELS, Bernhard (2006). „Das Lautwerden der Stimme", in: Doris KOLESCH/Sybille KRÄMER (Hrsg.). *Stimme. Annäherung an ein Phänomen.* Frankfurt am Main, S. 191–210.

WEIGEL, Sigrid (2006). „Die Stimme als Medium des Nachlebens. Pathosformel, Nachhall, Phantom, kulturwissenschaftliche Perspektiven", in: Doris KOLESCH/Sybille KRÄMER (Hrsg.). *Stimme. Annäherung an ein Phänomen.* Frankfurt am Main, S. 16–39.

Internetquellen

BANDER, Peter (1975). „Ein Interview mit Friedrich Jürgenson“. Online verfügbar unter: http://www.vtf.de/p0203_1.shtml (20.7.2013).

BARUSS, Imants (2001). „Failure to Replicate Electronic Voice Phenomenon“, in: *Journal of Scientific Exploration*, Jg. 15, H. 3, S. 355–367. Online verfügbar unter: http://www.scientificexploration.org/journal/jse_15_3_baruss.pdf (22.7.2013).

Gesellschaft zur wissenschaftlichen Untersuchung von Parawissenschaften. Online verfügbar unter: http://www.gwup.org/ (17.1.2013).

JÜRGENSON, Friedrich (1976). „Ansprache zur Eröffnung der ersten Tagung des VTF am 27./28.03.76“. Online verfügbar unter: http://www.vtf.de/p04_1.shtml (20.1.2013).

WAGNER, Uwe (2000). „Eine kurze Chronik des Vereins für Transkommunikations-Forschung anläßlich des 25-jährigen Vereinsjubiläums“. Online verfügbar unter: http://www.vtf.de/chronik.shtml (20.7.2013).

Christoph Jacke

Easy Listening – really? Pop- und medienkulturelle Kontexte des Akustischen. Beobachtungen zu musikalischen Resonanzräumen und -orten

1. Einleitung: „Aller Anfang ist schwer!“

Beim Begriff „Easy Listening“ denkt man zunächst an funktionale Musik in Hotelfahrstühlen, Schwimmbädern, Supermärkten oder Umkleidekabinen des nächsten Ketten-Klamottenladens; Musik, die von unangenehmen Kommunikations- oder besser gesagt vermeintlichen Nicht-Kommunikationssituationen ablenken soll, die beschallt, bevor Ruhe ein bedrohliches Ausmaß annehmen und damit die eigentliche Funktion der Situation stören könnte, also den Transport, die Umkleide, die Kaufüberlegung und möglichst die Kaufhandlung oder auch einfach nur das Umziehen. Ruhe könnte hier allzu sehr zerstreuen und ablenken, zerstreuende Musikeinspielung hilft bei der Konzentration auf das Wesentliche (aus Sicht der Anbieter). In diesen alltäglichen Situationen ebenso wie in der medialen Werbung und an anderen populären Orten wird nicht nur die eigens dafür produzierte Musik („Muzak“) genutzt, sondern immer häufiger auf ursprünglich für andere Zwecke produzierte, bekannte und unbekannte Popmusik gesetzt. Wir alle kennen das Bonmot von der ubiquitären Popmusik. Das ist offenhörbar kein Zufall. Inwiefern wird unser nicht nur akustischer Alltag durch diese Popmusik geprägt? Und inwiefern werden akustische Situationen und Orte, also letztlich Hör-Situationen und Hör-Orte, durch die jeweilige medienkulturelle und kommunikative Rahmung beeinflusst: Ist also jegliches Wahrnehmen von Pop immer „easy“? Was bedeutet

Pop hier? Easy Music? Easy Listening? Was macht die Musik mit Situation, Ort und Raum? Und was geschieht dadurch mit der Musik? Heißt ‚Easy Listening' seichte Rezeption ohne Resonanz, pures Durchfließen (lassen)? Wieso interessieren sich dann die Werbe- und Konsumindustrie für solche Musik?

Dazu möchte ich in dem vorliegenden Beitrag zunächst kurz den verwendeten Popbegriff skizzieren (Kapitel 2: Das Leichte per se: Pop), um dann auf die Räume und Orte von Pop am Beispiel des Musikclubs einzugehen und zu zeigen, was dort jenseits des „easy clubbings" und der puren Zerstreuung kommunikativ-medial abläuft (Kapitel 3: Leichte Räume und Orte). Danach ist die Musik selbst in diesem Zusammenhang etwas genauer zu beleuchten und das Musikhören zu diskutieren (Kapitel 4: Leichte Musik, leichtes Musikhören, leichte Analysen), bevor ein Fazit (Kapitel 5: Fazit: Leichtes/Schweres) den Beitrag abschließt.

2. Das Leichte per se: Pop[1]

Unter Popkultur wird hier derjenige kommerzialisierte, gesellschaftliche Bereich verstanden, der Themen industriell produziert, massenmedial vermittelt und durch zahlenmäßig überwiegende Bevölkerungsgruppen – gleich, welcher Schicht oder Klasse zugehörig – mit Vergnügen genutzt und weiterverarbeitet wird, bis hin zur Produktion neuer Medienangebote.[2] Die Akteure der Popkultur stehen unter ganz besonderem Innovations- und damit Zeitdruck. Das gilt sowohl auf der Produktions- und Distributionsebene als auch auf der Rezeptions- und Weiterverarbeitungsebene des popmusikalischen Kommunikationsprozesses. Handelnde der Popkultur zeigen sich besonders einfallsreich in Sachen Aufmerksamkeitsökonomie – vom Mainstream und der von ihm benötigten Dissidenz, also dem permanenten, prozessualen Gegenüber zwischen Tradition und Innovation und ihren Verästelungen angetrieben.

1 Für die Kapitel 2 und 3 verwende und aktualisiere ich eigene Überlegungen zu popkulturellen Orten, die ursprünglich bereits vor einigen Jahren veröffentlicht wurden. Vgl. JACKE, Christoph (2008). „Verortungen des Dazwischen. Vergesellschaftung durch Kommunikation und Konsum an den popkulturellen Dritten Orten Musik-Club und Fußball-Stadion", in: Kai-Uwe HELLMANN/Guido ZURSTIEGE (Hrsg.). *Räume des Konsums. Über den Funktionswandel von Räumlichkeit im Zeitalter des Konsumismus.* Wiesbaden, S. 159–177.

2 Vgl. JACKE, Christoph (2004). *Medien(sub)kultur. Geschichten – Diskurse – Entwürfe.* Bielefeld, S. 21.

Sowohl die Kommodifizierung der Themen, Gegenstände und Akteure der Popkultur als auch die Strategien und Taktiken[3] der alltäglichen Produktion und Rezeption von Kommunikationsangeboten machen den Bereich der Popkultur für die Motiv-, Markt- und Werbeforscher seit einigen Jahrzehnten so überaus reizvoll. Ernst W. Dichter etwa, der ‚Vater der Motivforschung', könnte heute in den Umgangsweisen der Popkultur wahrlich einiges über die Seelen der Dinge und der Konsumenten und deren Relationen erforschen.[4] Popkultur dient – auch und insbesondere der Werbe- und Konsumindustrie – als Seismograph für gesamtgesellschaftliche Entwicklungen.

Das ständige Wechsel*spiel* zwischen Produktion und Rezeption/Konsumtion, zwischen Kunst und Kommerz und die Vermengung dieser Ebenen machen die Popkultur zu einem Raum für Orte. Popkultur findet als „Wahlpflichtveranstaltung"[5] statt, als durchaus ernsthaftes Spiel, folgenreiche Simulation oder zukunftsweisende Übung. Popkulturelle Orte eignen sich besonders gut zum Experimentieren, zum Ausprobieren von Konsum und Kommunikation in der Gesellschaft. An ihnen können sich Grenzen erproben und zersetzen lassen, genauso gut entstehen aber auch neue Grenzen: „Es sind kommerzielle Einrichtungen, die Einkaufen, Gastronomie und Entertainment gezielt miteinander verbinden und die einstigen Grenzen zwischen Hoch-, Populär- und Konsumkultur verwischen."[6]

Und letztlich – wie schon angedeutet – ist Popkultur in der vorliegenden Definition nur im Zusammenhang mit Medien im Sinne von Massenmedien zu denken. Somit unterliegen diese Orte der Popkultur automatisch medienkulturellen Rahmenbedingungen. In der Popkultur produzierte Unterhaltung für die Massen kann als medial vermittelte Popkultur der Kommunikation

3 Vgl. De Certeau, Michel (1988). *Kunst des Handelns.* Berlin.

4 Vgl. Wöhler, Karlheinz (2008). „Raumkonsum als Produktion von Orten", in: Kai-Uwe Hellmann/Guido Zurstiege (Hrsg.). *Räume des Konsums. Über den Funktionswandel von Räumlichkeit im Zeitalter des Konsumismus.* Wiesbaden, S. 69–86; Zurstiege, Guido (2008). „Der Konsum Dritter Orte", in: Kai-Uwe Hellmann/Guido Zurstiege (Hrsg.). *Räume des Konsums. Über den Funktionswandel von Räumlichkeit im Zeitalter des Konsumismus.* Wiesbaden, S. 121–141.

5 Keller, Katrin (2003). „Legitimation durch Verachtung. Identitätskonstruktionen von (Anti-)Fans in distinktionskritischen Zeiten", in: Christoph Jacke/Guido Zurstiege (Hrsg.). *Hinlenkung durch Ablenkung. Medienkultur und die Attraktivität des Verborgenen.* Münster/Hamburg/London, S. 116.

6 Weh, Vitus (2004). „Die Architektur Dritter Orte. Über Kulturviertel, Fußballstadien und elektronische Salons", in: Doris Rothauer (Hrsg.). *Third Places: Fußball, Videospiele, Musikvideos in Graz-West.* Frankfurt am Main, S. 31.

verstanden werden. Dabei darf nicht übersehen werden, dass Konsum und Rezeption eben auch Produktion oder Re-Produktion sein können. Auch Berieselung lässt sich aktiv zu einem passiven Sein nutzen.[7] Wenn der amerikanische Kulturwissenschaftler John Storey etwa von „[s]hopping as popular culture“[8] spricht, bedeutet dies, dass Shopping aktiv Spaß machen, sogar subversiv weiterverarbeitet, in jedem Fall aber *gemeinsam* betrieben und erlebt werden kann. Dann ändert sich zum einen der Modus der Vergesellschaftung in seiner Beurteilung von Indoktrination („Kauf oder stirb!“) in Richtung sozial orientierter Selbstorganisation („Express yourself!“). Zum anderen verschiebt sich der Modus des Konsums selbst: Es geht nicht nur darum, „[...] to buy what is on sale but to consume the public space“.[9]

Dieser Konsum popkultureller Orte bezieht sich sehr stark auf Kommunikation. Anlässe werden durchaus von Medien vorgegeben, die Konsumenten verarbeiten diese dann auf ganz unterschiedliche Weise und eben auch unterschiedlich produktiv.[10] Nicht nur die Frage, *dass* und *was* konsumiert wird, sondern auch die danach, *wie* konsumiert wird, konstituiert hier Identitäten.

> *Consumption is a significant part of the circulation of shared and conflicting meanings we call culture. We communicate through what we consume. Consumption is perhaps the most visible way in which we stage and perform the drama of self-formation. In this sense, then, consumption is also a form of production.*[11]

Storey muss nach den hiesigen Ausführungen ergänzt werden: ‚We communicate through how we consume!‘ Und dieser Modus von Konsum spielte schon

---

7 Vgl. zum Delegieren von Genuss und Konsumtion und der damit einhergehenden Interpassivität zu einer anderen, kritischeren Sichtweise die Studie des Kulturphilosophen Robert Pfaller. Es bleibt zu klären, wie aktiv oder passiv dieses Delegieren eingeschätzt werden kann. Vgl. Pfaller, Robert (2002). *Die Illusion der anderen. Über das Lustprinzip in der Kultur.* Frankfurt am Main.

8 Storey, John (2003a). *Cultural Studies and the Study of Popular Culture.* Edinburgh, S. 148.

9 Storey 2003a, S. 150.

10 Dieser Perspektivwechsel von der Produktions- auf die Rezeptionsseite als Untersuchungsfeld der Konsum(enten)-forschung wurde von Dichter u. a. eingeleitet. Selbst Standardwerke der wirtschaftswissenschaftlichen Literatur sprechen mittlerweile von der zweiten Wirklichkeit des Konsumenten. Vgl. Kroeber-Riel, Werner/Weinberg, Peter (2003). *Konsumentenverhalten.* München, S. 570–581.

11 Storey, John (2003b). *Inventing Popular Culture. From Folklore to Globalization.* Oxford, S. 78.

immer eine wichtige Rolle für die Konstruktion von Identitäten an popkulturellen Orten, und zwar sowohl individuell als auch kollektiv. Leicht ist hier zunächst nicht unbedingt nur die Form der Kommunikation (Unterhaltung im Sinne von ‚small talk'), sondern vor allem der Zugang zur Kommunikation. Die Selbstinszenierung erfolgt über die an diesen Orten virulente kommunikative Orientierung an anderen. Images können nur durch Kommunikation kreiert werden und werden nicht an oder von den Orten ‚verschluckt'; Imagekonstruktion und -pflege sind demnach höchst kommunikative Vorgänge, insbesondere auf den Übungsfeldern der Popkultur. Eine extrem produktive, popkulturelle Weiterverarbeitung der Kommunikationsangebote popkultureller Orte findet bei häufig zunächst eher nicht-professionellen Experten der Imagepflege und sozialen Orientierung, den Fans, statt, die Medienangebote rezipieren, konsumieren, nutzen und verändern. Der Fankulturforscher Henry Jenkins etwa hat im Sinne des Sozialhistorikers und Soziologen Michel de Certeau in seiner wegweisenden ethnographischen Studie zehn kreative Arten der Weiterverarbeitung von Medienangeboten seitens verschiedener Fan-Gruppen gefunden: Rekontextualisierung, Zeitausdehnung, Charakter-Refokussierung, moralische Verdrehung, Genre-Wechsel, Crossover, Charakter-Verortung, Personalisierung, Emotionalisierung, Erotisierung.[12] Nicht jeder Fan ist allerdings ein solch produktiver oder sogar subversiver Bricoleur, wie es vor allem viele der aus dem Bereich der *Cultural Studies* hervorgegangenen Fan-Studien vermuten lassen. So etwa gibt der Literaturwissenschaftler Jörg Dünne in Bezug auf de Certeaus Ausführungen zu Taktiken und Strategien zu bedenken: „Allerdings lässt sich kritisch fragen, ob sich alltägliche Raumpraktiken einzig als Widerlager zu bestehenden Ordnungen auffassen lassen oder ob ihnen nicht zumindest auch eine konstitutive Funktion in Bezug auf räumliche Ordnung zukommt."[13] Auch Storey weist ausdrücklich darauf hin, dass nicht jeder Rezipient souverän weiterverarbeitend mit Medienangeboten umgeht.[14]

12 Vgl. Jenkins, Henry (1992). *Textual Poachers.* New York; De Certeau 1988.

13 Dünne, Jörg (2006). „Einleitung", in: Ders./Stephan Günzel (Hrsg.), *Raumtheorie. Grundlagentexte aus Philosophie und Kulturwissenschaften.* Frankfurt am Main, S. 300.

14 Vgl. Storey 2003a.

> *Consumption, therefore, is always an encounter between the materiality of a cultural commodity and the cultural formation of a consumer, which takes place in a particular context. Whether the outcome is manipulation or resistance, or a complicated mixture of the two, is a question which cannot be answered in advance of the actual encounter.* [15]

In der Person des Fans treffen also Produzent und Konsument zusammen. Deswegen erscheinen Fans als Extrem-Konsumenten in Kollektiven im Bereich der Popkultur als polarisierte und polarisierende Konsumgesellschaft hier besonders beobachtungswürdig. Der Zugang zum Produzenten- und Konsumententum ist an solchen Orten paradoxerweise leicht und schwer zugleich: Eine grundsätzliche Offenheit gegenüber diversen kommunikativen Handlungen muss in ihnen quasi angelegt sein, zugleich unterscheiden sich die Arten und Ebenen der Kommunikation. Nicht jede Person an diesen Orten gelangt auf jede Ebene der Kommunikation.

Im Folgenden soll mit dem Musikclub ein exemplarischer popkultureller Ort und seine spezifischen Medien- und Kommunikationsangebote sowie die damit verbundenen Möglichkeiten von Kollektivität (Vergesellschaftung/Vergemeinschaftung/Kontrolle) und Individualität (Selbst-Imagination/Selbst-Kontrolle) genauer beobachtet werden.[16]

3. Leichte Räume und Orte

Ein geradezu prototypischer popkultureller Ort des Dazwischen und dementsprechend der Vermittlung ist der Musik-Club. Dabei geht es hier im Allgemeinen um Clubs oder früher Diskotheken, wobei es zunächst einerlei ist, welcher Musik-Stil hier gespielt bzw. aufgelegt wird. Derart zumeist kommerzialisierte, professionalisierte und institutionalisierte Orte sind laut dem Philosophen

---

15 Storey 2003b, S. 112.

16 Die Beobachtungen stützen sich dabei auf eigene Erfahrungen und Gespräche mit Besuchern, Veranstaltern, Promotern, Künstlern, Marketing-Angestellten und Sponsoren in Seminaren zu Clubkultur. Zu einer kritischen Betrachtung der Instrumentalisierung des aktiven Rezipienten vgl. Fisher, Mark (2009). *Capitalist Realism. Is There No Alternative?* Winchester/Washington; und Jacke, Christoph (2009b). „‚Rektales Reinigungserlebnis'. Unterhaltung und Medienkritik in Zeiten des latenten Als-ob", in: Klaus Merten (Hrsg.). *Konstruktion von Kommunikation in der Mediengesellschaft. Festschrift für Joachim Westerbarkey.* Wiesbaden, S. 175–194.

Gernot Böhme direkt spürbar, theatralisiert inszeniert und weit mehr als ein rein pragmatischer, sozial wertloser Warenumschlagsplatz oder kommunikationsloser Zerstreuungsort.[17] Wir erfahren diese Orte als Beobachter durch „affektive Betroffenheit".[18]

Clubs bzw. auch das sogenannte ‚clubbing', im Deutschen wohl am ehesten mit dem etwas nüchternen Begriff des Ausgehens zu vergleichen, sind Orte und Handlungen zwischen diversen Polen: Zeitlich bewegt man sich in Clubs zwischen Tag und Nacht (und Tag), zwischen Arbeit und Schlaf; sachlich und räumlich zwischen Privatem und Öffentlichem und sozial zwischen Allein-Sein, Freundeskreis und intimer Anonymität („man kennt sich") sowie zwischen Bei-sich-Sein (nüchtern) und Aus-sich-Sein (ekstatisch): „This is resistance found through losing your self, paradoxically to find your self." [19] Wenn man so will, sind Clubs die institutionalisierten Orte des Vorübergehenden,

17 Vgl. Böhme, Gernot (2001). *Aisthetik. Vorlesungen über Ästhetik als allgemeine Wahrnehmungslehre.* München.

18 Vgl. ebd., S. 53. Dabei macht der Medienwissenschaftler Stefan Münker ganz ähnliche Beobachtungen bezüglich neuer, digitaler Öffentlichkeiten, die die Grenzen zwischen Bühne und Rezeption vermengen. Vgl. Münker, Stefan (2009). *Emergenz digitaler Öffentlichkeiten. Die Sozialen Medien im Web 2.0.* Frankfurt am Main. Münker konstatiert, „[...] dass mit dem Web 2.0 zum historisch ersten Mal eine massenhafte Nutzung gemeinschaftlich geteilter, interaktiver Medien nicht nur möglich, sondern wirklich wird" (ebd., S. 10f.). Im Grunde zeigt sich schon an dieser Beobachtung die umfassende strukturelle Auswirkung des Multimediums Internet/Computer; vgl. Sick, Franziska (2008). „(Populär)Wissen und Gedächtnis: Zur Wissensorganisation und -distribution im Internet", in: *Siegener Periodicum zur Internationalen Empirischen Literaturwissenschaft,* Heft 24/2 (Schwerpunkt-Thema: *Populäre Kultur und soziales Gedächtnis. Theoretische und exemplarische Überlegungen zur dauervergesslichen Erinnerungsmaschine Pop*), S. 223–238 – auf die Popmusik in allen ihren Nuancen und Bereichen: „Die Medien im Web 2.0 hingegen sind das Medium, in dem die digitale Öffentlichkeit sich bildet – und in dem sie (weitgehend) auch bleibt: Anders als die elektronische der Massenmedien, hat die digitale Öffentlichkeit eben keine Leser, Hörer oder Zuschauer, die von ihr prinzipiell zu unterscheiden wären. Die Differenz lässt sich in einem medialen Umfeld, welches durch Partizipation der Menschen erst entsteht, so einfach eben nicht mehr ziehen." (Münker 2009, S. 73) Vgl. grundlegend zu Popmusik im/und Internet: Ahlers, Michael/Jacke, Christoph (2012). *Musik im Internet. Entwicklung, Trends und Perspektiven.* Deutscher Musikrat/Deutsches Musikinformationszentrum. Online verfügbar unter: http://www.miz.org/static_de/themenportale/einfuehrungstexte_pdf (1.12.2012). Verbindungen und Kooperationen von popmusikalischen Formaten mit anderen Medien- und Markenangeboten werden zudem immer evidenter: „The general situation is mirrored in the music industry where business models increasingly involve the telecommunications, computer games and advertising industries [...]. The sound recording is transformed from a physical object into digital content with a more virtual existence, as information that can be edited, shared and searched in new ways." Vgl. Holt, Fabian (2010). „The economy of live music in the digital age", in: *European Journal of Cultural Studies* 13, Nr. 2, S. 246. Insbesondere im Bereich der wachsenden Computer Games (online, offline) hat sich erwiesenermaßen ein neuer, großer Markt für Popmusik auf verschiedenen Feldern (Musik-Spiele, Musik in Spielen, Musik zu Spielen etc.) entwickelt; vgl. Tessler, Holly (2008): „The new MTV? Electronic Arts and 'playing' music", in: Karen Collins (Hrsg.). *From Pac-Man to Pop Music. Interactive Audio in Games and New Media.* Farnham, S. 13–25.

19 Malbon, Ben (1998). „The Club: Clubbing: Consumption, Identity and The Spatial Practices of Every-Night Life", in: Tracey Skelton/Gill Valentine (Hrsg.). *Cool Places. Geographies of Youth Cultures.* London/New York, S. 281.

die der britische Geograph und Werber Ben Malbon in seinen Studien zum ‚clubbing' auch als Kompensatoren für den Verlust von ‚socialising' an oder die Generierung zum Nicht-Ort von öffentlichen Plätzen (das Ende des Marktplatzes) nennt: „Public Spaces in the city often seem designed more for travelling through than for socialising within – more fleeting spaces than meeting places."[20] Clubs hingegen halten diese Reisenden für ein paar Stunden fest, egal wie ‚hart' die Tür regiert, ohne ihre Besucher zu fixieren, wobei auch hier, wie es der Werbeforscher Guido Zurstiege in einem Beitrag in Bezug auf Shopping Malls gezeigt hat, einiger personaler Aufwand vonnöten ist, um die Leichtigkeit und Illusion des atmosphärischen Club-„Flows" zu erzeugen.[21] Die Clubs selbst sind ebenso vorübergehend, machen allerdings immer wieder Station, sie orientieren sich an Trends und wandern etwa in Berlin alle paar Monate von Location zu Location (z. B. das *WMF*). Die dort gebildeten Communities treffen sich zwar nur temporär, dies aber in Serie.[22] Der natürlich immer auch kommerzielle Erfolg dieser Orte und Räume von und für Popmusik lässt sich vor allem in den letzten Jahren für den Bereich der Live-Musik im digitalen Zeitalter feststellen, wie dies etwa Fabian Holt für primäre Live-Ereignisse wie originäre Konzerte („live-live") oder Simon Frith für sekundäre Live-Performances wie Tribute Bands, Karaoke oder Popstar-Castings untersucht haben.[23] Auch Holt betont dabei die medienkulturellen Rahmungen: „Only by examining live music in its communicative context can we understand its capacities in the production of authenticity, festivity and social presence." [24]

---

20 Malbon 1998, S. 267. Vgl. Malbon 1998, S. 266–286, und Malbon, Ben (1999). *Clubbing. Dancing, Ecstasy and Vitality.* London/New York.

21 Vgl. Zurstiege 2008. Inwiefern die Besucher von Clubs unentgeltlich an deren Atmosphären mitarbeiten und dies von Seiten der Produktion kalkuliert wird, wäre zu diskutieren. Vgl. zu diesen Überlegungen im Hinblick auf den Vergnügungspark *Disneyland*, einen weiteren durchkommerzialisierten Ort: Legnaro, Aldo (2000). „Subjektivität im Zeitalter ihrer simulativen Reproduzierbarkeit: Das Beispiel des Disney-Konzerns", in: Ulrich Bröckling/Susanne Krasmann/Thomas Lemke (Hrsg.). *Gouvernementalität der Gegenwart. Studien zur Ökonomisierung des Sozialen.* Frankfurt am Main, S. 286-314.

22 Vgl. zu einem temporären und seriellen Szene-Ereignis die Ausführungen von Thomas Düllo zum *Burning Man Festival.* Vgl. Düllo 2008, S. 178–194. Vgl. zu popmusikalischen Räumen und Orten wie Städte, Studios, Pubs, Clubs (real) sowie Soundtracks, Musikclips, Radio und MP3/Downloading (virtuell) einführend auch: Brabazon, Tara (2012). *Popular Music. Topics, Trends & Trajectories.* London, S. 45–90.

23 Vgl. Holt 2010, S. 243–261. Vgl. Frith, Simon (2007). „Live Music Matters", in: *Scottish Music Review* 1, Nr. 1, S. 1–17. http://www.scottishmusicreview.org/index.php/SMR/article/view/9/8 (12.12.2010).

24 Holt 2010, S. 245.

Die Live-Tourneen etwa gewinnen in vielen Bereichen mehr und mehr an Bedeutung, da sie offenbar einen besonderen Mehrwert (und zudem eine weitere Verkaufs- und Werbeplattform für weitere Optionen und Anschlüsse an multimediale Verwertbarkeiten) bieten, da sie unmittelbar so etwas wie Körperlichkeit, Kollektivität, Echtzeit, Aura (Sinnlichkeit quantitativer und qualitativer Natur), Überraschung, Action und im wahrsten Sinn des Wortes ‚unmittelbar' außermediale Kommunikationen versprechen.[25]

Einen entscheidenden Einfluss auf die Club-Atmosphäre als Grundlage verschiedener Spielarten von Konsum (von Genussmitteln, von Medienangeboten, von Sound, von Kommunikation) hat die dort gespielte Musik, oder um es noch einmal in den Worten Malbons zu sagen:

> *Yet in each case it is the ability of music (and sound more generally) to create an* atmosphere *(an emotionally charged space) which is of crucial importance, for it is largely this* atmosphere *that the clubbers consume.*[26]

25 Vgl. zu Popmusik, Multimedia und Live-Performance KELLY 2007, demgegenüber zur Nutzung des Klangraums Internet bei Jugendlichen SCHORB 2012: Der Leipziger Medienpädagoge Bernd Schorb hat in seiner groß angelegten Studie *Klangraum Internet* mit einem vielköpfigen Forscherteam die Musik- und Mediennutzung von Teenagern untersucht und dabei u. a. die Vielseitigkeit des Aktionsraums Internet belegen können: In Bezug auf Musik wird das Netz genutzt zum Hören etwa in Webcasts, Simulcasts, bei den herkömmlichen Radiosendern, auf Videoplattformen und bei reinen Web-Radios. Ferner nutzen die Jugendlichen anhand von Mobiltelefonen und Smart Phones Musik, wobei hier Netzzugang und Multifunktionalität der Geräte eine zunehmend wichtige Rolle zu spielen scheinen. Vgl. KELLY, Jem (2007). „Pop Music, Multimedia and Live Performance", in: SEXTON, Jamie (Hrsg.). *Music, Sound and Multimedia. From the Live to the Virtual.* Edinburgh, S. 105–120; und SCHORB, Bernd (Hrsg.) (2012). *Klangraum Internet. Report des Forschungsprojektes Medienkonvergenz Monitoring zur Aneignung konvergenter Hörmedien und hörmedialer Online-Angebote durch Jugendliche zwischen 12 und 19 Jahren.* Leipzig. Ferner stellen die Forscher um Schorb fest, dass bisherige Medientechnologien weiterhin in neuen Medien konvergieren und Musik mit verschiedenen Geräten genutzt wird. Wo also bis in die achtziger Jahre eher LP, Single, Radio und sehr vereinzelt Fernsehen mediale Plattformen gerade für Popmusik waren, ist mittlerweile ein Medienkonglomerat um den Nutzer herum entstanden, was Popmusik-Rezeption prinzipiell ständig und überall ermöglicht und leicht macht, solange man die technischen Voraussetzungen hat. Wie Schorbs Studie und auch die eigenen Ausführungen zeigen (sollen), bleibt Popmusik ein prägender Bereich unserer Kultur, der nicht nur gesellschaftlich mittlerweile etabliert ist, sondern auch durch die verschiedenen Medien hindurch und insbesondere im Multimedium Internet/Computer – hierzu SICK 2008, S. 223–238 – ein wichtiger kommunikativer und kommerzieller Inhalt bzw. Anlass ist. Zugleich ist der ‚klassische' popmusikalische Kommunikationsprozess zwar noch in Form der Stufen Produktion, Distribution, Rezeption und (Weiter-)Verarbeitung erkennbar. Gleichzeitig haben sich aber Erosionen zwischen diesen Bereichen auf vollkommen neuartigen Plattformen entwickelt.

26 MALBON 1998, S. 271.

Diese Musik, dieser Sound eines Clubs ist verantwortlich für die Rahmung des von Böhme erwähnten Atmosphärischen, ja, populäre Musik hat dadurch sogar öffentliche Räume strukturiert und markiert und ist selbst auch dadurch wiederum alltäglich geworden.[27]

Zugleich ist die Musik in dreierlei Hinsicht auch das wichtigste Medienangebot des Clubs:

1. Als ein unendliches Gewebe aus sich ständig erneuernden und wiederholenden Narrationen, an denen viele beteiligt sind, animieren die Sounds und ihre Geschichten zum Konsum auf der Tanzfläche, aber auch eventuell zum späteren, erneuten Konsum der Tracks oder Songs neben der Tanzfläche und zu Hause. Sie stellen die Grundlage dar, die in Themenparks oder Genusstempeln benötigt wird, um die Einkaufsmaschinen zu unverdächtigeren Erzählmaschinen und deren Produktion von unverbindlichen Wirklichkeits-Landschaften[28] zu machen; sie erleichtern über ‚small talk' den Zugang zu Anschlusskommunikationen. Diese Erzählungen machen die Clubs erst zu jenen kommunikativen Maschinen, ebenso generieren die Clubs solche Erzählungen (Erzählmaschinen und Provokation von Anschlusskommunikationen).
2. Als Entlastung von Kommunikationszumutungen ersparen mitreißende Sounds zudem manch verbohrte Konversation, entlasten also vom ‚small talk' mit Hilfe des Tanzes („Beweg Deinen Hintern!"): *„Dancing might be seen as an embodied statement by the clubber that they will not be dragged down by the pressures of work, the speed and isolation of the city, the chilly interpersonal relations one finds in many of the city's social places."*[29]
3. Schließlich dienen die Sounds als Komplexitätsreduzierer, indem sie einen oft klar definierten Vorschlag für den Weg durch den nächtlichen

27 Vgl. Böhme, Gernot (2001). *Aisthetik. Vorlesungen über Ästhetik als allgemeine Wahrnehmungslehre.* München. Vgl. zu einem informativen Abriss der Entwicklung populärer Musik im Zusammenhang mit der Industrialisierung und Urbanisierung Wicke, Peter (2001). *Von Mozart zu Madonna. Eine Kulturgeschichte der Popmusik.* Frankfurt am Main. Zu Musik und Raum konkret vgl. ebd., S. 22–25.

28 Legnaro, Aldo/Birenheide, Almut (2005). *Stätten der späten Moderne. Reiseführer durch Bahnhöfe, shopping malls, Disneyland Paris.* Wiesbaden.

29 Malbon 1998, S. 271.

> Musik-Dschungel gestalten: Hier wird eben zum Beispiel ‚Minimal Techno' und nicht ‚Heavy Metal' gespielt. Hauptsächlich über den Konsum von Musik entstehen so in speziellen Clubs ganz eigene Gruppen von Besuchern, die keineswegs die Sounds sonderlich bewusst konsumieren, sondern die Situation zu einem kommunikativen Wechselspiel verschiedener Akteure machen: „*The clubbers consume each other – the clubbing crowd contains both the producers and the consumers of the experience and the clubbers are consuming a crowd of which they are a part; the club space comes to resemble a scene 'in which everyone is at once both actor and spectator'.*"[30]

Neben dem zentralen Medienangebot der Musik gibt es in den unterschiedlichen Clubs weitere Medienangebote, deren Rolle für Anschlusskommunikationen wichtig ist: der Flyer mit der nächsten Party am selben Abend, die Programmhefte der anderen Clubs, die „Quick-Response"-Codes mit diversen Infos und Werbungen, die Plakate der coolsten Konzerte, die „Visuals" oder die flackernden Fernsehschirme mit Musik-Clips, Spielfilmen oder Ankündigungen der kommenden Veranstaltungen.

Im Club fallen Produzent und Konsument in einzelnen Personen völlig ineinander. Eben noch Konsument etwa eines Longdrinks, bin ich in der darauffolgenden Kommunikation bereits Produzent in Form eines DJs, Tänzers oder Erzählers. Kurzum: Clubs erscheinen als geradezu exemplarische Knotenpunkte für das, was Hellmann[31] als Konsum zweiter Ordnung auf dem Markt der feinen Unterschiede bezeichnet:

> *Konsumkultur ist somit gekennzeichnet durch eine Vervielfältigung der Bedürfnisse und Wünsche, die sukzessive jede Erwartung an Beständigkeit und Begrenztheit untergräbt und das Moment der Phantasie und Stimulation immer stärker in den Vordergrund der Orientierung schiebt.*[32]

30 Ebd., S. 277.

31 Hellmann, Kai-Uwe (2004). „Alles Konsum, oder was? Der Kulturbegriff von Luhmann und seine Nützlichkeit für die Soziologie", in: Günter Burkart/Gunter Runkel (Hrsg.). *Luhmann und die Kulturtheorie.* Frankfurt am Main, S. 146.

32 Hellmann 2004, S. 151.

Diese Vervielfältigung stellt geradezu eine Herausforderung an Dichters Nachfolger in der Konsum- und Motivforschung dar.

Die Raumsoziologin Martina Löw hat in ihrer wegweisenden Studie[33] nun betont, dass das Schaffen eigener institutionalisierter (An-)Ordnungen im Raum ein zur Dominanzkultur gegenläufiges und somit gegenkulturelles Geschehen sei. Gerade im Hinblick auf Musik-Clubs sind solche subkulturellen Verräumungen[34] grundlegend, denn gerade diese arbeiten ständig an räumlichen, sozialen und kommunikativen Inklusionen und Exklusionen bestimmter Gruppen.

Besonders in Clubs geht es im Hinblick auf Vergesellschaftung um Dabei-Sein („in the house!") oder Draußen-Sein („out of bounds!"), wobei diese Grenze durch Kleidung, Sounds, Drogen und nicht zuletzt durch den Türsteher vermittelt wird. Innerhalb dieser Konsumkulturen im Sinne Hellmanns sind sehr wohl subkulturelle als gegenkulturelle und dennoch nicht unkulturelle Gruppen zu erkennen, die sich voneinander oder auch dem jeweiligen Mainstream absetzen und im Zuge dieser Bewegung selbst verwirklichen. So zum Beispiel ist die einstige Berliner *Love Parade*-Demonstration als wandelnder Club zwischenzeitlich zum kommerzialisierten Großereignis entdifferenziert worden („gemeinsam allein"), auf das die Individualisierungsmärkte reagiert haben, aus welchem sich dann aber wieder mit der *Fuck* bzw. *Hate Parade* eigene kleinere Gegenbewegungen mit stärkerem Gruppencharakter entwickelt haben. Die spielerischen Gegnerschaften differenzieren sich lediglich immer weiter in „Subs" und „Mains" der Konsumkulturen aus.[35]

Für genau diese Veränderungen sind Clubs wesentliche Beobachtungsplattformen. Wie beständig z. B. ein Musik-Stil und damit zusammenhängend auch ein Club selbst sein kann, liegt dabei im Management der sich latent verändernden Angebote seitens der Musikindustrie auf der einen und der genannten Bedürfnisse der Besucher auf der anderen Seite, kurzum der unterschiedlichen

33 Vgl. Löw, Martina (2001). *Raumsoziologie.* Frankfurt am Main, S. 227.

34 Vgl. Schwarzenegger, Christian (2008). „Das ‚Verräumen' der Orte. Konsum Dritter Orte als Ikonophagie", in: Kai-Uwe Hellmann/Guido Zurstiege (Hrsg.). *Räume des Konsums. Über den Funktionswandel von Räumlichkeit im Zeitalter des Konsumismus.* Wiesbaden, S. 142–155.

35 Vgl. ausführlich zum Gegen- im Dabeisein von Kultur und ihren Ebenen Jacke 2004.

pop-gesellschaftlichen Trends und Moden.[36] Die Konsumenten scheinen in Clubs besonders am Konsum des Konsums als Präsentationsplattform des Selbst und im Kollektiv orientiert zu sein:

> *It is here, in this creation of a space of their town, that we find resistance, not as a struggle with a dominant, hegemonic culture [...] or even as the fact of clubbing itself, but resistance as located in the most minute subtleties of clubbing, the ways of clubbing – its* arts de faire.[37]

Versteht man diese an Certeau[38] angelehnten Spielarten des alltäglichen (Konsum-)Handelns als mikropolitisch potentiell subversiv, lässt sich die für die *Cultural Studies* nicht untypische Argumentation des Aufstands im Kleinen, in der subversiven Lesart etwa, auch im Sinne Ben Malbons, nachvollziehen. Der Club scheint prädestiniert für solche Allianzen und Kämpfe: Hier können Identitäten kollektiv orientiert und individuell konstruiert gleichzeitig aus- und immer wieder spielerisch anprobiert werden, hier beginnt alles beim Ich auf der Tanzfläche, und dies über Malbons Argumentation hinaus nicht nur im Kleinen, also etwa dem Tanzen zu einem einzigen Song, sondern auch im ständigen Konstruieren der eigenen, individuellen und auch der Gruppen-Identität.[39]

Musik-Clubs, so kann vorläufig und allgemein festgehalten werden, sind also Zwischen-Orte, an denen regelmäßig auf ganz unterschiedliche Art konsumiert und kommuniziert wird, wobei beide Handlungstypen durch Medienangebote rund um den Nukleus Musik und ihre Resonanzräume motiviert werden. Dabei gibt es sowohl die Tendenz, Musik-Clubs zu serialisieren, also jeder Stadt oder jedem Landkreis seine Großraum-Disco zu bauen

36 Selbst wenn die Individualisierung extrem und insbesondere in sozialen Netzwerken selbst vermarktet wird, hofft man doch letztlich auf das Zusammenstellen eines Freundeskreises und gemeinsames Ausgehen mitsamt dem Erleben von Musik-Präsenz. Vgl. zu Partizipation, Kritik und Unterhaltung in der Mediengesellschaft Jacke 2009b, S. 175–194.

37 Malbon 1998, S. 280.

38 Vgl. De Certeau 1988.

39 Dass es bei diesen ‚Kämpfen' auch immer um die Vereinnahmung von örtlichem und klanglichem Raum in einem durchaus politischen Sinne geht, zeigen Club-Veranstaltungen queerer Gruppen. Vgl. generell zur Clubkultur Thornton, Sarah (1996). *Club Cultures. Music, Media and Subcultural Capital.* Hannover/London.

und somit vorhersehbar und verfügbar zu machen (speziell in den 1970er und 1980er Jahren), als auch den gegenläufigen Trend, ganz individuelle, hoch spezialisierte Clubs für kurze Zeit und manchmal illegal zu eröffnen, bei denen Außenstehenden überhaupt nicht klar ist, was genau an diesen Orten geschieht (vor allem in den 1990er und 2000er Jahren). Die Klientel ist sicherlich unterschiedlich, dennoch scheint bei beiden Möglichkeiten eine hohe Ritualisierung und Präsenz von Körperlichkeit eben gerade im Gegensatz zum heimischen Musikkonsum im Wohnzimmer gegeben, die „Effekte einer Körper-Grammatikalisierung erzeugen (eine beschränkte Zahl von Regeln produziert eine Unendlichkeit von Formen, die alle gewisse Grundzüge teilen)“,[40] wie es der Literaturwissenschaftler Hans Ulrich Gumbrecht für den Genuss von American Football im Stadion und im Fernsehen beobachtet hat.

Ortserfahrungen werden demnach verändert und neue Arten sozialer Interaktionssituationen geschaffen, in denen ganz unterschiedliche Potenziale von Flanieren, Wildern oder Reisen entstehen.[41] Für diese Orte greifen die von dem Kulturwissenschaftler und Kunst-Kurator Vitus Weh[42] aufgelisteten vier Kriterien heutiger Erlebniswelten, nämlich Unübersehbarkeit, Animation zum Umherwandeln, klare inhaltliche Linie und die Hauptattraktion. Diesen Nukleus der Orte, um den sich alle möglichen Geschichten und Erzählungen ranken, bildet im Fall des Musik-Clubs eben die Musik oder allgemeiner der Sound.

Die Medienevolution führt offensichtlich zu einer zunehmenden und mittlerweile in Teilen komplettierten Virtualisierung und somit zum Strukturwandel dieser Orte. Vom anfänglichen Einsatz von Medien an diesen Orten zum Zwecke der Aufmerksamkeitserregung und des Verkaufs der Kommunikation (Medialisierung) über die Ausrichtung dieser Orte auf Medien (Mediatisierung) lässt sich heute in gewissen Bereichen ein vollständiger Wechsel dieser Orte

40 Gumbrecht, Hans Ulrich (1998). „Die Schönheit des Mannschaftssports: American Football – im Stadion und im Fernsehen“, in: Gianni Vattimo/Wolfgang Welsch (Hrsg.). *Medien-Welten Wirklichkeiten.* München, S. 202.

41 Vgl. Moores, Shaun (2006). „Ortskonzepte in einer Welt der Ströme“, in: Andreas Hepp/Friedrich Krotz/Shaun Moores/Carsten Winter (Hrsg.). *Konnektivität, Netzwerk und Fluss. Konzepte gegenwärtiger Medien-, Kommunikations- und Kulturtheorie.* Wiesbaden, S. 189.

42 Vgl. Weh 2004, S. 33.

in die Medien beobachten (Virtualisierung).[43] Diese Virtualisierung steht für eine Zunahme der Auswahlmöglichkeiten bei gleichzeitiger Zeitverknappung für die eigentliche Aktion – die Auswahl ist die Aktion. Sicherlich findet eine solche Verschiebung in Nuancen auch im Fall der Musik-Clubs statt. Wir haben heute wesentlich mehr Möglichkeiten, uns statt in Clubs in virtuelle Räume zu begeben. Dennoch finden die Club-Abende nicht rein virtuell im Sinne einer medialen Konstruiertheit statt, sondern sind körperlich präsent.

Verschiedene Arten von Konsum werden an den hier vorgestellten Konsumorten von ganz unterschiedlichen Besuchern an den Tag (oder die Nacht) gelegt. Alle diese Orte ermöglichen Interaktion und stellen sehr divergierende Beziehungen her. Die Orte sind gemacht, das heißt inszeniert, um über die Herstellung, Darstellung und Kommunikation von Beziehungen zu vergesellschaften. Dass dieser Aspekt ge-*werblich* geplant ist und nicht zuletzt in einer aktiven Kaufbereitschaft – und sei es von Getränken, Tonträgern oder Fan-Artikeln – enden soll, heißt nicht, dass nicht auch dort laut Certeau eine Wilderung der Möglichkeiten durch den „gemeinen Mann",[44] dem der französische Historiker seine Überlegungen einst widmete, stattfinden kann.

4. Leichte Musik, leichtes Musikhören, leichte Analysen

Nachdem wir gesehen haben, wie ‚schwer', vernetzt und komplex Kommunikation in den verschiedenen Varianten an popmusikalischen Orten wiegen kann, bzw. wie sehr diese Orte Anlässe zu Kommunikation bieten, wollen wir noch einmal kurz genauer auf die auch dort gespielte, vermeintlich leichte Musik und das leichte Hören eingehen. Beides ist hier im Sinne von Vorhersehbarkeit und Anschlussfähigkeit gemeint: Musik muss schnell diverse Konsumanschlüsse schaffen wie Tanzen, Trinken, Sprechen, ohne zu stören, sie ist hier Mittelpunkt, ohne alles zu überstrahlen, wobei der Grad der Intensität auf der

43 Vgl. das Konzept der Mediatisierung in den Überlegungen des Kommunikationswissenschaftlers Friedrich Krotz, der alle drei hier genannten Ebenen unter diesen Begriff fasst und beschreibt, wie sich Mediatisierung ausweitet und „mit anderen Metaprozessen wie Modernisierung, Globalisierung und Ökonomisierung verschränkt". Krotz, Friedrich (2012). „Von der Entdeckung der Zentralperspektive zur Augmented Reality: Wie Mediatisierung funktioniert", in: Ders./Andreas Hepp (Hrsg.). *Mediatisierte Welten. Forschungsfelder und Beschreibungsansätze.* Wiesbaden, S. 51. Vgl. dazu auch die Fußnoten 5 und 8.

44 De Certeau 1988, S. 9.

Produktionsseite natürlich auch an den jeweiligen Ort und seinen Stil gekoppelt ist. Die Musik ist animierender Klangteppich, ohne die Gäste vollkommen zu beherrschen, denn es sollen ja eben nicht nur Musik und Raum konsumiert werden („Noch ein Getränk?"). Auch hier geht es mir darum, die Komplexität des Zusammenhangs zwischen Popmusik, Kommunikation und Medien aufzuzeigen, anstatt sich mit einem vorschnellen Einordnen zu begnügen.

Dass Popmusik und ihre Rezeptionen, Distributionen, Nutzungen und Weiterverarbeitungen außerordentlich komplex, widersprüchlich und mehrdeutig eingeschätzt und analysiert werden können, zeigen drei in jeder Hinsicht sehr unterschiedliche analytische Blicke, die ich hier mit etwas längeren Zitaten vorstellen möchte, um das mittlerweile weite Spektrum und die Intensität der wissenschaftlichen Beschäftigung mit Popmusik aufzuzeigen. Im Grunde werden diese gesampelt, ausgestellt und kommentiert, um auf diese Weise eine neue, fulminante Aussage zu konstruieren, ganz wie im Pop selbst.

Der Kunst- und Poptheoretiker Diedrich Diederichsen schrieb 1997 in der Zeitschrift *Spex* anlässlich eines Artikels zu den Musikern Beck, Mike Ink und Rockers Hi Fi über das Zeichensystem Popmusik:

> *Was ich schon kenne, verweist mich auf den Ort des Kennenlernens. Das bedeutet aber, dass jede Stufe der Erschließung nicht nur aus einem weiteren Kennenlernen des Stücks besteht, sondern gleichzeitig die schon bekannten, erinnerten Elemente als – Zeichen gewordene – Wiederholung mittransportiert. Diese wiederholten und schon bekannten, also wiedererkannten Elemente verweisen den Hörer immer automatisch an einen vergangenen Moment und einen anderen Ort, nämlich an den Ort, wo er sich diesen Teil erschloss, während die noch nicht aufgenommenen, noch nicht erschlossenen Momente auf die Gegenwart des Hörens verweisen, auf meine physische Anwesenheit hier und jetzt.*[45]

45 Diederichsen, Diedrich (1997). „Hören, Wiederhören, Zitieren. Vorschlag einiger Elemente einer Zeichentheorie der Popmusik aus aktuellem Anlass: Beck, Mike Ink, Rockers Hi Fi, in: *Spex. Das Magazin für Popkultur*, Heft 194, Nr. 1/1997, S. 43.

Diese Mischung aus bereits Bekanntem und daran anschließendem Neuen findet ihre Anwendung in Musikclubs, da genau hier dieser von Diederichsen beschriebene faszinierende Flow zwischen Jetztsein und Abdriften ständig erreicht werden soll. Der Film- und Fernsehwissenschaftler Hans-J. Wulff beschreibt in seiner Rezension des Bandes *Pop* von Thomas Hecken[46] das auch bei Diederichsen erwähnte Widersprüchliche, Komplexe und Spezifische an den Texten und Kontexten von Pop:

> *Werke, die man dem Pop zurechnen könnte, bleiben für alle zugänglich, sind (zumindest potenziell) nicht nur massenhaft hergestellt, sondern auch ubiquitär verteilt. Sie erfüllen auch weiterhin elementare soziale Funktionen, Identitäts- und Subjektivitätsmodelle anzubieten, soziale Distinktionen zu produzieren, schichten- oder gruppenspezifische Stile herauszubilden. Pop fragt nach dem Darüber hinaus, nach dem von Roland Barthes sogenannten punctum, nach dem Besonderen, das in einer als Pop zu bezeichnenden Aneignungsweise manifest wird. Die Kommerzialität der Objekte wird ebenso anerkannt wie die Serialität und Typizität der Formen, die einerseits eine spezifische ästhetische Form des kulturellen Gedächtnisses ausmachen wie aber auch – in der Erfahrung von Typischem und Abweichendem – eigene ästhetische Erfahrungen ermöglichen. Pop-Objekte sind ambivalent, spielen mit Strukturen der Offenheit und Unbestimmtheit, sind gerade darum auslegungsbedürftig.*[47]

Und schließlich entwirft der Literatur- und Medienwissenschaftler Ole Petras ein auf die Untersuchungen von Popmusik bezogenes transdisziplinäres Forschungsprogramm, welches die bei Diederichsen und Wulff genannten Pop-spezifischen Ambivalenzen und Attraktionen berücksichtigt:

46 Vgl. Hecken, Thomas (2009). *Pop. Geschichte eines Konzepts 1955–2009*. Bielefeld.

47 Wulff, Hans-J. (2010). „Thomas Hecken. Pop – Geschichte eines Konzepts 1955-2009. Rezension", in: *Medien & Kommunikationswissenschaft* 58, Nr. 1, S. 107f.

> *Stärker als in der bildenden Kunst, dem Theater oder Film ist der Rezipient eingeladen, sich an der Genese des Textes zu beteiligen und sein Selbstbewusstsein in der temporären Aussetzung alltagsweltlicher Normen zu riskieren. In gleicher Weise strukturiert das Patchwork der Zeichen das Klangereignis. Durch die symbiotische Verbindung von Klängen, die im Zeitstrahl zur Deckung gebracht werden, entsteht ganz wörtlich der Eindruck von Harmonie (etym. Fügung). So künden die unsere ästhetische Praxis durchziehenden Sanktifikationen der Kunst (sowie mancher Künstler) von einem Angebot der Sinnstiftung, welches die Kontingenz für einen kurzen Zeitraum, eben die prototypischen dreieinhalb Minuten des Popsongs, bewältigbar erscheinen lässt.*[48]

Alle drei Reflexionen verdeutlichen, wenn auch (oder gerade) aus unterschiedlichen Perspektiven, dass sich Überlegungen zu Pop jenseits des puren Spezialistentums (in der Popkultur selbst würde man wohl von ‚Nerdism' sprechen) besonders umfassend und eben multiperspektivisch anlegen lassen müssen. Um derart flexibel beobachten zu können, benötigt man nicht nur den latenten Zugang zu den Phänomenen, sondern schlichtweg ganz unterschiedliche Forschende, die sich im Idealfall auf einer gemeinsamen (wissenschafts-) theoretischen Basis treffen und von dort aus als Team und im Projekt arbeiten können. Diese Art von Projekten finden in der Popforschung hauptsächlich auf drei miteinander verwobenen Ebenen und nahezu automatisch, weil zwingend notwendig inter- und transdisziplinär statt, was hier ganz kurz skizziert werden soll: 1. auf der Makro-Ebene der Institutionen, also Popforschungen als inter- und transdisziplinäres Projekt, 2. auf der Meso-Ebene der Veranstaltungen, also der Lehr- und Forschungsprojekte, und 3. auf der Mikro-Ebene der Personen, also der Pop-Forschenden und -Studierenden selbst; ganz schön ‚heavy', auch für den Bereich der Analyse des Genres „Easy Listening" oder der „Muzak".

48 Petras, Ole (2011). *Wie bedeutet Popmusik. Eine synchrone Beschreibung popmusikalischer Zeichenverwendung*. Bielefeld, S. 281.

Doch zurück zum Material und seinen Kontexten: Im außerordentlich komplexen Medienverbund Popmusik[49] liegen also bei genauerem Blick zahlreiche Potenziale, um diesen selbst und ihn erst Recht im Anschluss an andere teil- oder sogar gesamtgesellschaftliche Entwicklungen zunächst beobachten und gegebenenfalls auch kritisieren zu können. Womit wir noch einmal bei der Musik selbst und vor allem ihrer Rezeption angelangt sind: Denn erst mit dem Entwickeln von adäquaten analytischen Theorien und Methoden gelangen wir näher an ein tieferes Verständnis des vermeintlich Oberflächlichen, Seichten und Leichten. Und selbst unter denjenigen – einige Namen sind hier genannt worden –, die sich schon seit längerem und auch institutionell mit Popmusik in ihren verschiedenen Ausprägungen beschäftigen,[50] gibt es einen enormen Bildungs- und Kooperationsbedarf, wie ihn auch Petras, Wulff und Diederichsen skizzieren.

Wir haben mit der Popkultur und -musik selbst begonnen, haben uns genauer angeschaut, an welchen Orten sie und die Kommunikationen um sie herum mitschwingen, um jetzt noch einmal kurz bei dieser Resonanz auf Seiten der Beobachter erster Ordnung (Rezipienten) und zweiter Ordnung (Journalisten, Wissenschaftler) zu verharren. Obwohl Popmusik und erst recht ihr Einsatz in werblichen Kontexten „fürs Wiederhören, Nachpfeifen, Interpretieren und Reproduzieren gemacht“[51] ist, wurde diesem Hören außerhalb von spezifischer Gehörbildung oder kommerziellem Branding vor allem von musik-, medien-, kommunikations- und kulturwissenschaftlicher Seite kaum Beachtung geschenkt – der Verfasser schließt seine eigene Wissenslücke hier ausdrücklich mit ein. Erst jüngst haben sich Sound-Forscher aus den genannten Wissenschaften intensiver daran gesetzt, den auch in der Popforschung selbst gänzlich vernachlässigten Resonanzraum, das Hören mit Ohr, Körper und Gehirn, zu

---

49 Vgl. den Beitrag von Diedrich Diederichsen in diesem Band sowie auch Diederichsen, Diedrich/Jacke, Christoph (2011). „Die Pop-Musik, das Populäre und ihre Institutionen. Sind 50 Jahre genug? Oder gibt es ein Leben nach dem Tod im Archiv? Ein Gespräch“, in: Christoph Jacke/Jens Ruchatz/Martin Zierold (Hrsg.). *Pop, Populäres und Theorien. Forschungsansätze und Perspektiven zu einem prekären Verhältnis in der Medienkulturgesellschaft.* Münster, S. 79–110.

50 Vgl. Diederichsen/Jacke 2011.

51 Diederichsen 1997, S. 43.

verstehen.[52] Unterschiedliche Popmusik kann in unterschiedlichen Situationen aufgrund von individuellen Erfahrungen, die sozial abgeglichen werden, unterschiedlich wahrgenommen werden: „The Pop of Heavy Listening".[53] Diese triviale Erkenntnis hat umfassende Auswirkungen. Denn auch im Feld der ‚Sound Studies' und Popforschungen selbst – siehe etwa die Überlegungen von Holger Schulze [54], Elena Ungeheuer [55] oder Jochen Bonz [56], oftmals im Anschluss an die 1977 erstmals publizierte wegweisende, aber Popmusik eher ignorierende und minder bewertende Studie *Die Ordnung der Klänge/The Tuning of the World* des Hörpädagogen und Komponisten R. Murray Schafer[57] – haben wir mit der Beobachtung, Analyse und Präsentation von so etwas wie einer Soziologie des Popmusik-Hörens[58] erst begonnen. So konstruktivistisch die Medienkulturforschungen (als welche die skizzierten Untersuchungen zusammengefasst werden können) und somit auch die Analysen von Pop mittlerweile veranlagt sein mögen,[59] so konservativ und linear verortet erscheinen dann eben auch wieder erste Überlegungen zur konkreten akustischen Resonanz und ihren medienkulturellen und kommunikativen Rahmungen und Verräumungen. Selbst Schafers freilich in die Jahre gekommene Studie löst zwar die Linearität von Ereignis und akustischer Wahrnehmung ansatzweise auf

52 Vgl. dazu etwa das internationale interdisziplinäre Forschungsnetzwerk „Sound in Media Culture: Aspects of a Cultural History of Sound": http://www.soundmediaculture.net/ (12.7.2013).

53 Vgl. Schulze, Holger (2012). „Ear Doom & Eye Candy. Die Twitter-Timeline sonifizieren", *De:Bug. Elektronische Lebensaspekte. Musik, Medien, Kultur & Selbstbeherrschung*, Heft 161, Nr. 4/2012, S. 39.

54 Vgl. Schulze, Holger (2008). „Über Klänge sprechen," in: Ders. (Hrsg.). *Sound Studies: Traditionen – Methoden – Desiderate.* Bielefeld, S. 9–15, und Schulze 2012, S. 38f.

55 Vgl. Ungeheuer, Elena (2008). „Ist Klang das Medium von Musik? Zur Medialität und Unmittelbarkeit von Klang in Musik", in: Dies. (Hrsg.). *Sound Studies: Traditionen – Methoden – Desiderate.* Bielefeld, S. 57–76.

56 Vgl. Bonz, Jochen (2011). „Soziologie des Hörens. Akustische Konventionalität und akustische Materialität als Kategorien subjektorientierter Popkulturforschung", in: Christoph Jacke/Jens Ruchatz/Martin Zierold (Hrsg.). *Pop, Populäres und Theorien. Forschungsansätze und Perspektiven zu einem prekären Verhältnis in der Medienkulturgesellschaft.* Münster, S. 113–138.

57 Schafer, Murray (2010). *Die Ordnung der Klänge. Eine Kulturgeschichte des Hörens.* Mainz, S. 162-182.

58 Vgl. sensu Bonz 2011.

59 Für einen derartigen medienkulturwissenschaftlichen Überblick zu Popmusik und Medien vgl. Jacke, Christoph (2009a). *Einführung in Populäre Musik und Medien.* Münster.

und bettet das Hören in individuelle und soziale Soundscapes[60] ein, dennoch werden erneut zumindest abgeschwächte Unterscheidungen zwischen immer noch hässlichen und ästhetischen Klängen oder besser Sounds gezogen wie auch zwischen E- und U-Musik: Populäre Musik vermarkte sich laut Schafer etwa durch Allgegenwart, Permanenz und übermäßige Lautstärke,[61] ein Aspekt, an dem sich ganz aktuell wiederum die neu entstehenden ‚Noise Studies' innerhalb von ‚Popular Music und Sound Studies' produktiv abarbeiten, die selbst im Übrigen wieder zwischen künstlerischem und störendem ‚Noise' differieren[62]. Oder aber Schafer konstatiert für den von ihm als „Moozak-Industrie" benannten Bereich funktionaler Musik: „Auf diese Weise soll ein nettes Umfeld erzeugt werden, das Unangenehmes maskiert und die oft geschmacklosen Inhalte unter einer ansprechenden Oberfläche verhüllt, wie es auch in der modernen Warenwelt gemacht wird."[63] So wenig wir in der Lage sind, diese akustischen Hörwelten zu analysieren, so inkompatibel scheinen bisher unsere wissenschaftlichen Theorien und Methoden zu einer übergreifenden Untersuchung dieser, ob sie nun in sich stimmig oder ambivalent erscheinen und erklingen, ob sie als kongruent oder laut Schafer[64] als schizophon

---

60 „Es gibt eine Gestaltbarkeit des Auditiven jenseits musikalischer Parameter. Die Welt der Laute, die alles Hörbare umfasst – Sprache, Klänge, Geräusch: zusammengefasst im Terminus ‚Sound' –, wird damit als Metakategorie postuliert, die die Kategorie der Musik zwar umfasst, aber auch übersteigt." Breitsameter, Sabine (2010). „Hörgestalt und Denkfigur. Zur Geschichte und Perspektive von R. Murray Schafers ‚Die Ordnung der Klänge'", in: Schafer, Murray R., *Die Ordnung der Klänge. Eine Kulturgeschichte des Hörens.* Mainz, S. 14. Und weiter: „Das Konzept Soundscape ist eine Hörgestalt, die in einer bestimmten Wahrnehmungshaltung gründet: in der auditiven Aneignung der Gesamtheit aller Schallereignisse eines Orts, Raums oder einer Landschaft, rundum und vollständig, bis auf den leisesten Laut. Eine Soundscape ist also die akustische Hülle, die den Menschen umgibt. Sie ist zudem eine Denkfigur, die das auditive Wahrnehmen reformuliert: Das von der Soundscape geforderte ‚Rundum-Hören' setzt sich ab von einer frontalen Rezeption, wie sie beim Lesen, in Bühnensituationen, beim stereofonen Hören (per Radio, Fernseher, Musikanlage) oder im traditionellen Schulunterricht gepflegt wird. Die frontale Rezeption ist, als Resultat der Schrift und der Guckkasten-Bühne, zur elementaren Wahrnehmungsgewohnheit geworden. An die Stelle dieses tradierten, linear geprägten Aneignungsmusters stellt Schafer sein audio-taktiles, lebensweltliches Modell." Breitsameter 2010, S. 15.

61 Vgl. Breitsameter 2010, S. 24f.

62 Vgl. Hegarty, Paul (2007). *Noise/Music. A History.* New York/London. ‚Noise' kann auch im Rahmen von Vorträgen zu ‚Noise Studies', wie jüngst in Paris bei einer Tagung der „Association for Cultural Studies", zu erheblichen Verwirrungen führen, wenn diese Präsentationen ungeplant lautstark durch eine Baustelle neben dem Hörsaal akustisch begleitet werden. Die ‚Noise'-Forscher blieben übrigens erstaunlich resistent, bevor sie die Geräusche dann doch bedingt und mittels ironischem Kommentar zumindest kurzzeitig beachteten und in das Panel integrierten.

63 Schafer 2010, S. 175.

64 Vgl. ebd., S. 162.

beschrieben werden, also als Abspaltung zwischen Laut und Kontext. Was genau verbirgt sich hinter den von Schafer erwähnten Masken, Oberflächen und Verhüllungen? Was sind geschmacklose Inhalte und nette Weisen? Und vor allem, wie spielen hier die verschiedenen angesprochenen Sinnebenen im Medienverbund Popmusik ineinander? Wie beeinflussen und erzeugen diese die von Schafer erwähnten Wahrnehmungs- und Verhaltensveränderungen?

> *Sind wir uns der weitreichenden Folgen bewusst, die unser gestalterisches, technisches, künstlerisches und gedankliches Handeln für die Hörerfahrungen hat, die wir in den nächsten Jahrzehnten und Jahrhunderten noch machen können – in unseren im höchsten Maße medial-artifizialisierten Gesellschaften? Eine Frage, die unseren Hörraum unmittelbar öffnet: weg von einem vermeintlichen Gegensatz der visuellen zur akustischen Kommunikation – hin zu einem weiterzielenden Projekt: die gesamte Welt der Artefakte in ihrer Vielfalt sinnlicher Wahrnehmungen als gestaltete zu begreifen.*[65]

Die Soundscapes im Rahmen von Popmusik sind in unterschiedlichen alltäglichen Hörsituationen außerordentlich unterschiedlich, wenn wir nur noch einmal an die bereits erwähnten Umkleidekabinen oder Clubbesuche denken. Und offensichtlich können bestimmte Genres von Musik nicht zwingend mit bestimmten Arten von (Zu-)Hören kurzgeschlossen werden, weil dafür die individuellen und sozialen Voraussetzungen schlichtweg zu komplex sind. Hier erinnert Schafers Einteilung in gerichtetes, konzentriertes Zuhören versus zerstreutes, massierendes, peripheres Hören doch sehr stark an Theodor W. Adornos „Typen musikalischen Verhaltens", an die sich übrigens bei ihm Überlegungen zur leichten Musik als Autonomie und Urteilsfähigkeit des Einzelnen untergrabende Musik anschließen.[66] Gleichzeitig deuten bestimmte Parameter im musikalischen Material auf intendierte Funktionen seitens der Produzenten zumindest hin. Welche Resonanzen in diversen Räumen und an

65 Schulze 2008, S. 15.

66 Vgl. Adorno, Theodor W. (1992). *Einleitung in die Musiksoziologie. Zwölf theoretische Vorlesungen.* Frankfurt am Main, S. 14–54. Zur Erinnerung: Schafers Studie ist im Original 1977 erschienen, Adornos „Einleitung in die Musiksoziologie" in der vorliegenden Form 1962.

verschiedenen Orten erzeugt werden, kann wohl nur in konkreten Analysen dieser festgestellt werden.

6. Fazit: Leichtes/Schweres

‚Offenhörbar' stehen wir in Bezug auf Popmusikforschung sowie die Räume, Orte und eine Soziologie des (wie auch immer gewichteten) Hörens immer noch ganz am (bekanntlich schweren) Anfang. Resonanzräume von Popmusik wurden hier analytisch nur skizziert, nun gilt es, konkrete Fallstudien in Angriff zu nehmen.

Der britische Musikologe und Komponist Stan Hawkins hat in seinen einführenden Überlegungen zu dem von ihm herausgegebenen, renommierten Kompendium *Pop Music and Easy Listening*[67] für die Erforschung von Popmusik und im weiteren Sinne ‚Easy Listening' einen Forderungskatalog aufgestellt: Berücksichtigung der Produktionstechnologien, die Evaluation der kulturellen Kontexte der jeweiligen Popmusik mit eigenen Begriffen, die Analyse der Mitformung der Pop-Ideologien durch kritische journalistische und akademische Diskurse und die Berücksichtigung von Beispielen, die die Schnittstellen zwischen der Musik selbst und den sie umgebenden kritischen Überlegungen aufzeigen.[68] Diesen Forderungen gilt es in nächster Zeit bei der Erarbeitung der angesprochenen Fallstudien nachzukommen.

Wie schwer und umfassend Popmusik im Verbund mit Kommunikation und Medien letztlich wiegen kann, ob nun bezüglich ihrer Räume und Orte oder ihrer Rezeption und Analyse, und wie sehr dieses gesellschaftliche Feld nach einer genauen, auch sinnlichen Beobachtung verlangt, dürfte hoffentlich mit den gemachten Ausführungen klar geworden sein. Wie schwer Popmusik letztlich emotional und rational in den Alltag der oder des Einzelnen, in Individualisierung und Vergesellschaftung zugleich eingreifen kann, hat Diedrich Diederichsen bereits vor 27 Jahren anlässlich eines *Spex*-Artikels[69] zu der

67 Vgl. Hawkins, Stan (Hrsg.) (2011). *Pop music and easy listening.* Farnham/Burlington.

68 Vgl. Hawkins, Stan (2011). „Introduction", in: Ders. (Hrsg.). *Pop music and easy listening.* Farnham/Burlington, S. XI–XXX, hier S. XI.

69 Die verstärkte Nennung von Diederichsen und der Zeitschrift *Spex* ergibt sich aus deren bedeutender Rolle, die beide für das Aufkommen eines ambitionierten Popjournalismus sowie für die Popforschung in Deutschland insgesamt gespielt haben (vgl. Jacke 2004, S. 166–181).

vermeintlich leichten Band (weil damals poppigen im Gegensatz zu Punk, New Wave und Industrial) Prefab Sprout treffend und beinahe poetisch beschrieben:

> *Warum hören wir Musik? Um nicht einsam zu sein. Die Musik kommt in der Nacht und sagt: Du bist nicht allein. Aber warum ist einer allein? Weil er ein kleiner Held ist, anders als die anderen. Die Musik muss also darüber hinaus sagen: Du bist anders als die anderen, gerade deswegen bist du allein, aber weil du anders bist, kannst du, nur du, mich verstehen; denn ich bin der einzige, der auf die gleiche Art anders ist wie du selbst. Und nur wir zwei sind Verbündete, in dieser Nacht.*[70]

70 DIEDERICHSEN, Diedrich (1985). „Wendy's Füße. Prefab Sprout", in: *Spex. Musik zur Zeit*, Nr. 9/1985, S. 20. Dieses Zitat ist in einer gekürzten Version auch Tobias Rüthers Buch *Helden. David Bowie und Berlin* (2011) vorangestellt. Vgl. RÜTHER, Tobias (2011). *Helden. David Bowie und Berlin.* Berlin.

Literatur

ADORNO, Theodor W. (1992). *Einleitung in die Musiksoziologie. Zwölf theoretische Vorlesungen.* Frankfurt am Main.

AHLERS, Michael/JACKE, Christoph (2012). *Musik im Internet. Entwicklung, Trends und Perspektiven.* Deutscher Musikrat/Deutsches Musikinformationszentrum. Online verfügbar unter: http://www.miz.org/static_de/themenportale/einfuehrungstexte_pdf (1.12.2012).

BÖHME, Gernot (2001). *Aisthetik. Vorlesungen über Ästhetik als allgemeine Wahrnehmungslehre.* München.

BONZ, Jochen (2011). „Soziologie des Hörens. Akustische Konventionalität und akustische Materialität als Kategorien subjektorientierter Popkulturforschung", in: Christoph JACKE/Jens RUCHATZ/Martin ZIEROLD (Hrsg.). *Pop, Populäres und Theorien. Forschungsansätze und Perspektiven zu einem prekären Verhältnis in der Medienkulturgesellschaft.* Münster, S. 113–138.

BRABAZON, Tara (2012). *Popular Music. Topics, Trends & Trajectories.* London.

BREITSAMETER, Sabine (2010). „Hörgestalt und Denkfigur. Zur Geschichte und Perspektive von R. Murray Schafers ‚Die Ordnung der Klänge'", in: R. Murray SCHAFER. *Die Ordnung der Klänge. Eine Kulturgeschichte des Hörens.* Mainz, S. 7–32.

DE CERTEAU, Michel (1988). *Kunst des Handelns.* Berlin.

DIEDERICHSEN, Diedrich (1985). „Wendy's Füße. Prefab Sprout", in: *Spex. Musik zur Zeit,* Nr. 9/1985, S. 20–23.

DIEDERICHSEN, Diedrich (1997). „Hören, Wiederhören, Zitieren. Vorschlag einiger Elemente einer Zeichentheorie der Popmusik aus aktuellem Anlass: Beck, Mike Ink, Rockers Hi Fi", in: *Spex. Das Magazin für Popkultur,* Heft 194, Nr. 1/1997, S. 43–47.

DIEDERICHSEN, Diedrich/JACKE, Christoph (2011). „Die Pop-Musik, das Populäre und ihre Institutionen. Sind 50 Jahre genug? Oder gibt es ein Leben nach dem Tod im Archiv? Ein Gespräch", in: Christoph JACKE/Jens RUCHATZ/Martin ZIEROLD (Hrsg.). *Pop, Populäres und Theorien. Forschungsansätze und Perspektiven zu einem prekären Verhältnis in der Medienkulturgesellschaft.* Münster, S. 79–110.

DÜLLO, Thomas (2008). „Temporary Community & Temporary Place. Burning Man und der inszenierte Anti-Konsum", in: Kai-Uwe HELLMANN/Guido ZURSTIEGE (Hrsg.). *Räume des Konsums. Über den Funktionswandel von Räumlichkeit im Zeitalter des Konsumismus.* Wiesbaden, S. 178–194.

Dünne, Jörg (2006). „Einleitung“, in: Ders./Stephan Günzel (Hrsg.). *Raumtheorie. Grundlagentexte aus Philosophie und Kulturwissenschaften.* Frankfurt am Main, S. 289–303.

Fisher, Mark (2009). *Capitalist Realism. Is There No Alternative?* Winchester/Washington.

Frith, Simon (2007). „Live Music Matters“, in: *Scottish Music Review* 1, Nr. 1, S. 1–17. Online verfügbar unter: http://www.scottishmusicreview.org/index.php/SMR/article/view/9/8 (12.12.2010).

Gumbrecht, Hans Ulrich (1998). „Die Schönheit des Mannschaftssports: American Football – im Stadion und im Fernsehen“, in: Gianni Vattimo/Wolfgang Welsch (Hrsg.). *Medien-Welten Wirklichkeiten.* München, S. 201–228.

Hawkins, Stan (Hrsg.) (2011). *Pop music and easy listening.* Farnham/Burlington.

Hawkins, Stan (2011). „Introduction“, in: Ders. (Hrsg.). *Pop music and easy listening.* Farnham/Burlington, S. XI–XXX.

Hecken, Thomas (2009). *Pop. Geschichte eines Konzepts 1955–2009.* Bielefeld.

Hegarty, Paul (2007). *Noise/Music. A History.* New York/London.

Hellmann, Kai-Uwe (2004). „Alles Konsum, oder was? Der Kulturbegriff von Luhmann und seine Nützlichkeit für die Soziologie“, in: Günter Burkart/Gunter Runkel (Hrsg.). *Luhmann und die Kulturtheorie.* Frankfurt am Main, S. 136-168.

Holt, Fabian (2010). „The economy of live music in the digital age“, in: *European Journal of Cultural Studies* 13, Nr. 2, S. 243–261.

Jacke, Christoph (2004). *Medien(sub)kultur. Geschichten – Diskurse – Entwürfe.* Bielefeld.

Jacke, Christoph (2008). „Verortungen des Dazwischen. Vergesellschaftung durch Kommunikation und Konsum an den popkulturellen Dritten Orten Musik-Club und Fußball-Stadion“, in: Kai-Uwe Hellmann/Guido Zurstiege (Hrsg.). *Räume des Konsums. Über den Funktionswandel von Räumlichkeit im Zeitalter des Konsumismus.* Wiesbaden, S. 159–177.

Jacke, Christoph (2009a). *Einführung in Populäre Musik und Medien.* Münster.

Jacke, Christoph (2009b). „‚Rektales Reinigungserlebnis‘. Unterhaltung und Medienkritik in Zeiten des latenten Als-ob“, in: Klaus Merten (Hrsg.). *Konstruktion von Kommunikation in der Mediengesellschaft. Festschrift für Joachim Westerbarkey.* Wiesbaden, S. 175–194.

Jenkins, Henry (1992). *Textual Poachers.* New York.

KELLER, Katrin (2003). „Legitimation durch Verachtung. Identitätskonstruktionen von (Anti-)Fans in distinktionskritischen Zeiten", in: Christoph JACKE/Guido ZURSTIEGE (Hrsg.). *Hinlenkung durch Ablenkung. Medienkultur und die Attraktivität des Verborgenen.* Münster/Hamburg/London, S. 107–119.

KELLY, Jem (2007). „Pop Music, Multimedia and Live Performance", in: Jamie SEXTON (Hrsg.). *Music, Sound and Multimedia. From the Live to the Virtual.* Edinburgh, S. 105–120.

KROEBER-RIEL, Werner/WEINBERG, Peter (2003). *Konsumentenverhalten.* München.

KROTZ, Friedrich (2012). „Von der Entdeckung der Zentralperspektive zur Augmented Reality: Wie Mediatisierung funktioniert", in: DERS./Andreas HEPP (Hrsg.). *Mediatisierte Welten. Forschungsfelder und Beschreibungsansätze.* Wiesbaden, S. 27–55.

LEGNARO, Aldo (2000). „Subjektivität im Zeitalter ihrer simulativen Reproduzierbarkeit: Das Beispiel des Disney-Konzerns", in: Ulrich BRÖCKLING/Susanne KRASMANN/Thomas LEMKE (Hrsg.). *Gouvernementalität der Gegenwart. Studien zur Ökonomisierung des Sozialen.* Frankfurt am Main, S. 286–314.

LEGNARO, Aldo/BIRENHEIDE, Almut (2005). *Stätten der späten Moderne. Reiseführer durch Bahnhöfe, shopping malls, Disneyland Paris.* Wiesbaden.

LÖW, Martina (2001). *Raumsoziologie.* Frankfurt am Main.

MALBON, Ben (1998). „The Club: Clubbing: Consumption, Identity and The Spatial Practices of Every-Night Life", in: Tracey SKELTON/Gill VALENTINE (Hrsg.). *Cool Places. Geographies of Youth Cultures.* London/New York, S. 266–286.

MALBON, Ben (1999). *Clubbing. Dancing, Ecstasy and Vitality.* London/New York.

MOORES, Shaun (2006). „Ortskonzepte in einer Welt der Ströme", in: Andreas HEPP/Friedrich KROTZ/Shaun MOORES/Carsten WINTER (Hrsg.). *Konnektivität, Netzwerk und Fluss. Konzepte gegenwärtiger Medien-, Kommunikations- und Kulturtheorie.* Wiesbaden, S. 189–205.

MÜNKER, Stefan (2009). *Emergenz digitaler Öffentlichkeiten. Die Sozialen Medien im Web 2.0.* Frankfurt am Main.

PETRAS, Ole (2011). *Wie bedeutet Popmusik. Eine synchrone Beschreibung popmusikalischer Zeichenverwendung.* Bielefeld.

PFALLER, Robert (2002). *Die Illusion der anderen. Über das Lustprinzip in der Kultur.* Frankfurt am Main.

RÜTHER, Tobias (32011). *Helden. David Bowie und Berlin.* Berlin.

SCHAFER, R. Murray (2010). *Die Ordnung der Klänge. Eine Kulturgeschichte des Hörens.* Mainz.

SCHORB, Bernd (Hrsg.) (2012). *Klangraum Internet. Report des Forschungsprojektes Medienkonvergenz Monitoring zur Aneignung konvergenter Hörmedien und hörmedialer Online-Angebote durch Jugendliche zwischen 12 und 19 Jahren.* Leipzig.

SCHULZE, Holger (2008). „Über Klänge sprechen", in: DERS. (Hrsg.). *Sound Studies: Traditionen – Methoden – Desiderate.* Bielefeld, S. 9–15.

SCHULZE, Holger (2012). „Ear Doom & Eye Candy. Die Twitter-Timeline sonifizieren", in: *De:Bug. Elektronische Lebensaspekte. Musik, Medien, Kultur & Selbstbeherrschung*, Heft 161, Nr. 4/2012, S. 38f.

SCHWARZENEGGER, Christian (2008). „Das ‚Verräumen' der Orte. Konsum Dritter Orte als Ikonophagie", in: Kai-Uwe HELLMANN/Guido ZURSTIEGE (Hrsg.). *Räume des Konsums. Über den Funktionswandel von Räumlichkeit im Zeitalter des Konsumismus.* Wiesbaden, S. 142–155.

SICK, Franziska (2008). „(Populär)Wissen und Gedächtnis: Zur Wissensorganisation und -distribution im Internet", in: *Siegener Periodicum zur Internationalen Empirischen Literaturwissenschaft 2008*, Heft 24/2 (Schwerpunkt-Thema *Populäre Kultur und soziales Gedächtnis. Theoretische und exemplarische Überlegungen zur dauervergesslichen Erinnerungsmaschine Pop*), S. 223–238.

STOREY, John (2003a). *Cultural Studies and the Study of Popular Culture.* Edinburgh.

STOREY, John (2003b). *Inventing Popular Culture. From Folklore to Globalization.* Oxford.

TESSLER, Holly (2008). „The new MTV? Electronic Arts and 'playing' music", in: Karen COLLINS (Hrsg.). *From Pac-Man to Pop Music. Interactive Audio in Games and New Media.* Farnham, S. 13–25.

THORNTON, Sarah (1996). *Club Cultures. Music, Media and Subcultural Capital.* Hannover/London.

UNGEHEUER, Elena (2008). „Ist Klang das Medium von Musik? Zur Medialität und Unmittelbarkeit von Klang in Musik", in: DIES. (Hrsg.). *Sound Studies: Traditionen – Methoden – Desiderate.* Bielefeld, S. 57–76.

WEH, Vitus (2004). „Die Architektur Dritter Orte. Über Kulturviertel, Fußballstadien und elektronische Salons", in: Doris ROTHAUER (Hrsg.). *Third Places: Fußball, Videospiele, Musikvideos in Graz-West.* Frankfurt am Main, S. 30–39.

WICKE, Peter (2001). *Von Mozart zu Madonna. Eine Kulturgeschichte der Popmusik.* Frankfurt am Main.

Wöhler, Karlheinz (2008). „Raumkonsum als Produktion von Orten“, in: Kai-Uwe Hellmann/Guido Zurstiege (Hrsg.). *Räume des Konsums. Über den Funktionswandel von Räumlichkeit im Zeitalter des Konsumismus.* Wiesbaden, S. 69–86.

Wulff, Hans-J. (2010). „Thomas Hecken. Pop – Geschichte eines Konzepts 1955–2009. Rezension“, in: *Medien & Kommunikationswissenschaft* 58, Nr. 1, S. 106–109.

Zurstiege, Guido (2008). „Der Konsum Dritter Orte“, in: Kai-Uwe Hellmann/Guido Zurstiege (Hrsg.). *Räume des Konsums. Über den Funktionswandel von Räumlichkeit im Zeitalter des Konsumismus.* Wiesbaden, S. 121–141.

Internetquelle:

„Sound in Media Culture: Aspects of a Cultural History of Sound“: http://www.soundmediaculture.net (12.7.2013).

Jan Ossowicz

„Bitte oszillieren Sie“ – Mediales Rauschen als Stilmittel in der (Pop-)Musik

„Bitte oszillieren Sie“ singt die Band Tocotronic auf ihrem 2010 erschienenen Album „Schall & Wahn“[1] und verweist mit diesem Werktitel zum einen auf den gleichnamigen Roman von William Faulkner und damit auch auf William Shakespeares Macbeth, der seinem Offizier Seyton auf die Botschaft, dass die Königin tot sei, entgegnet: „Leben [...] ist nichts mehr als eine Fabel, erzählt von einem Idioten, voll mit Schall und Wahn.“[2] Diese Übersetzung der Macbeth-Aussage ist zumindest die geläufigste in den Tocotronic-Plattenkritiken.[3] Und vielleicht mögen die Musikjournalisten mit ihrer Übersetzung der Macbeth-Aussage ja richtig liegen: Möglicherweise ist das Leben im Popuniversum wirklich eine erzählte Geschichte: Geschichte, gebildet aus Geschichten, die zu einem gewissen Anteil von einer Klangsprache erzählt werden, also von innovativen Sounds, verpackt in immer neue Songs, die damit narratologisch den Mythos vom „Soundtrack of our lives“ bilden.

Erzählt werden diese akustischen Geschichten von Idioten im Sinne des Illiteraten, nämlich den Laien, den genialen Dilettanten schriftloser Musik: den Popmusikern und Pop-Produzenten. Ihre Instrumente und Kompositionstechniken funktionieren ganz anders als die der Jahrhunderte alten traditionsreichen und schriftorientierten Musikkultur. Popmusik ist immer auch ein Resultat des technischen Fortschritts, gleichgültig ob die Musik instrumental, elektronisch oder digital hergestellt wird. Und auch private Tüfteleien in unzähligen Proberäumen und Studios dienen der Popmusik stets als

1 Tocotronic (2010). *Schall & Wahn*. Vertigo Records.

2 Im englischen Originaltext heißt es: „[...] Told by an idiot, full of sound and fury“.

3 Vgl. z. B. Möller, Mathias. „Nicht-Konsum ist Widerstand!“. http://www.laut.de/Tocotronic/Schall-Und-Wahn-(Album) (6.11.2011), oder Caspar, Michael. „Tocotronic – ‚Schall und Wahn‘“. http://www.visions.de/news/12023/Tocotronic-Schall-und-Wahn (6.11.2011).

Produktionsmittel. Damit lässt sich in ihr auch immer die Mediengeschichte und damit auch unsere eigene medienbestimmte Lebensgeschichte ablesen.

Gleichzeitig spielt Popmusik aber auch mit den Schwächen der Technik, dem Rauschen ihrer Vorgängermedien. Sie weicht von ihrer innovationsgesteuerten Akustiknorm im Laufe ihrer Entwicklung immer wieder radikal ab – stilisiert beispielsweise im Retro-Phänomen Kassetten, Schallplatten, Röhrenverstärker usw. – und ist damit im eigentlichen Sinne „Wahnsinn", also Abweichung von der Norm.

Popmusik steht somit immer zwischen akustischem Medienfortschritt und ver-rückter Medialität, zwischen „Schall und Wahn".

1. Von Schreibern und Sängern

Akustische Informationen im Allgemeinen sind immer medienabhängig, wenn man zunächst von einer naturwissenschaftlichen Mediendefinition ausgeht. In diesem Fall ist ein Medium ein Stoff, in dem sich Prozesse abspielen oder die als Übermittler und Transportvehikel für Stoffeigenschaften wirken.[4] Schallwellen benötigen stets ein solches Medium, um existent zu sein. Das ist für unsere Hörerfahrung in der Regel das Gasgemisch Luft, doch auch unter Wasser können wir beim Tauchen noch hören, auch wenn akustische Signale dort schon ganz anders klingen. Allein bezogen auf die physikalischen Grundlagen lässt sich daher sagen: Das Medium des Schalls bestimmt die Klangeigenschaft des Signals für den Hörer.

Das angeführte Beispiel des Unterwasserhörens zeigt: Wie wir hören, wenn wir von anderen Gasen als der Luft umgeben sind, wissen wir oft nicht. Und auch die Wirkungen von Festkörpern auf unser Hörempfinden können wir nur erahnen, etwa im Falle des Gehörschutzes, wie wir ihn von Rockkonzerten kennen. Durch ihn dringt immer noch Klang in unser Gehör, der sich aber ganz anders anhört, als wir es im Alltag gewohnt sind. Das „Ohropax" wird selbst zum akustischen Übertragungsmedium. Es verschließt die Ohren nicht vollständig wie etwa das Wachs in den Ohren von Odysseus' Gefährten,

4 Neumüller, Otto-Albrecht (2003). *Duden. Das Wörterbuch chemischer Fachausdrücke.* Mannheim/Leipzig/Wien/Zürich (Dank an Dennis Klink für diesen inhaltlichen Hinweis).

sondern ändert nur die Medialität. Trotz identischer Schallquelle erreicht uns ein anderer Klang.

Entscheidend für den Klang ist aber nicht nur das physikalische (Übertragungs-)Medium, sondern selbstverständlich auch das vorgelagerte Produktionsmedium, was besonders für die musikalische Ästhetik von höchster Bedeutung ist. Technisch und auch in Anknüpfung an Tocotronics Songtitel kann dieses Produzierende „Oszillator“ genannt werden.

Hinter einem Oszillator steht nicht unbedingt ein hoch komplexes elektronisches Gerät. Oszillieren heißt zunächst einmal Schwingen, Pendeln, und ein Oszillator ist nichts anderes als ein schwingungsfähiges System: Bei einer Trompete schwingt durch die Luft des Bläsers das Blech, bei einer Geige schwingen Saiten und Holz (der Resonanzraum), und in unserem Kehlkopf schwingen die Stimmlippen. Somit ist der Oszillator keine moderne Erfindung; vielmehr wurde er spätestens beim Ausstoß des ersten Urlautes durch unsere Vorfahren entdeckt und über Generationen bis zum Synthesizer weiterentwickelt.

Seit dem Moment seiner Entdeckung bastelt der Mensch daher unermüdlich an neuen Resonanzoszillatoren. Einer der ältesten bekannten ist eine 35.000 Jahre alte Flöte aus Geierknochen, die in einer Höhle in der Nähe von Ulm gefunden wurde.[5] Einer der wichtigsten Oszillatoren der Musikgeschichte war sicherlich dann die Violine mit ihren vielen Vorformen und Spielarten. Kaum ein anderes Instrument versinnbildlicht so sehr die schriftlich geprägte abendländische europäische Musiktradition, der wir in der Regel verhaftet sind.

Doch bis es zu einem mehrstimmigen Geigenkonzert kommen konnte, musste in der Musiktheorie noch viel passieren, bzw. sie musste sich überhaupt erst entwickeln, denn so lange ein Geiger das spielte, was ihm gerade einfiel und was er vom Hören kannte, war er nur ein Fiedler, ein Volksmusiker, ein Musikant, ein „populärer Idiot“. Das eigene Gedächtnis galt selten als verlässlicher Speicher für Akustisches. Musikalisch strukturierte Speicherung,

5 Vgl. o. V.: „Die erste Flöte der Welt“. http://derstandard.at/1245819978806/Die-erste-Floete-der-Welt (6.1.2012).

Organisation von Klängen und damit Komposition ließ es nur bei musikalischen Ausnahmetalenten wie zum Beispiel Mozart zu.[6]

Für andere musste ein angemessenes akustisches Speichermedium erfunden werden. Das war zunächst und für lange Zeit die Notenschrift. Sie erlaubte es zudem, Klänge nicht bloß zu speichern, sondern auch zu organisieren und damit auch zu komponieren.[7] Somit wurde das Notensystem indirekt auch zu einem Instrument, zur eigentlichen „Orgel" im Wortsinn. Denn mit der Möglichkeit zur Speicherung und Organisation musikalischer Abläufe kam es auch zu einer bedeutenden Klanginnovation, da nun die Mehrstimmigkeit insbesondere im Gesang ihren Siegeszug starten konnte.[8] Durch die Schriftlichkeit ging sie über die reine Improvisation heraus.[9] Der flandrische Mönch Hucbald erkannte als einer der ersten etwa im Jahre 880 n. Chr. dieses Medienpotenzial,[10] das vom Benediktinermönch Guido von Arezzo wenige Jahre später noch gesteigert wurde. Beide wurden damit zu Pionieren der Notenschrift. Außerdem gehörte er zu denjenigen, die schon früh den Graben zwischen „E"- und „U"-Kultur markierten und vertieften. Ein Zitat zeugt davon, wie groß der Unterschied zwischen Musiktheoretikern und Sängern ist: „Diese geben lediglich wieder, jene verstehen, was die Musik zusammenstellt. Denn wer etwas macht, was er nicht weiß, wird als Tier bezeichnet."[11]

Die Musikwelt war seither gespalten in Schriftlichkeit und Mündlichkeit. Um den Graben zu überbrücken, musste viel Zeit vergehen. Bis dahin erfanden die Menschen viele Oszillatoren, und neue Musikinstrumente sorgten für immer neue Klänge. Ebenso entwickelten sie immer neue Kompositionstechniken und damit verbundene Ästhetiken. Nicht zu unterschätzende klangliche Faktoren waren dabei immer auch Interpretationen sowie Resonanzräume. Die Komposition war aber seit der Erfindung der symbolschriftlichen Speicherung schriftlich dominiert.

---

6 Vgl. Kürschner, Wilfried (2012). *Kulturerinnerungen – Erinnerungskulturen. Mozart, Heine, Benn: Musik, Literatur, Denkmäler.* Berlin, S. 103.

7 Vgl. Dickreiter, Michael (1991). *Partiturlesen. Ein Schlüssel zum Erlebnis Musik.* Mainz/München, S. 44ff.

8 Vgl. ebd.

9 Vgl. Handschin, Jaques (1981). *Musikgeschichte im Überblick.* Wilhelmshaven, S. 153.

10 Vgl. Handschin 1981, S. 154f.

11 Zitiert nach: Heilmann, Anja (2007). *Boethius' Musiktheorie und das Quadrivium.* Göttingen, S. 358.

Speichermedium und Instrumente beeinflussten sich gegenseitig. Damit das Gespeicherte auf allen Instrumenten einigermaßen gleich klingen konnte, verlangte es nach einer einheitlichen Stimmung der Instrumente. Ab 1681 setzte sich die wohltemperierte Stimmung von Andreas Werckmeister durch,[12] mit der er die am beste geeignete Möglichkeit schuf, Medium und Oszillator aufeinander abzustimmen. Seine Idee war so gut, dass sie heute noch die Instrumentalisten der meisten Synthesizer in die gleichen Schranken verweist, wie einst Bach am wohltemperierten Klavier. Denn eine Temperatur, also eine „Abmessung“, ist immer auch eine Begrenzung.

Diese Begrenzung änderte sich erst mit der Erfindung des Oszillographen, einem Gerät, das das transkribiert, was ein Oszillator produziert. Im Falle der Resonanzoszillatoren war dies der Phon-Autograph von Eduard Léon Scott im Jahre 1857,[13] aus dem sich mit einigen Zwischenschritten Phonograph und Grammophon entwickelten.[14] Mündliches konnte nun direkt in Schriftliches umgesetzt werden. Klang war sichtbar geworden und sah ganz anders aus als bei Hucbald, Guido von Arezzo oder Bach.

Klang war in Graphen und Rillen sichtbar geworden und hatte sich neu materialisiert. Mit der Erfindung von Phonograph und Grammophon war es möglich geworden, nicht nur zu speichern, dass ein Klang „C“ gesungen werden sollte, sondern auch exakt wie, das heißt mit welcher Klangfarbe, exakten Dynamik und Interpretation. Kurz gesagt: Der allumfassende Klang wurde von nun an gespeichert und ist das, was in der neueren Forschungsliteratur vor allem im deutschsprachigen Raum als Sound bezeichnet wird.[15]

Mit der Speicherung der realen Sounds war die Zeit der *Sänger* angebrochen. Guido von Arezzo hätte sich das nicht träumen lassen. Ein wahrer Sängerkrieg konnte jetzt beginnen, denn von nun an war und ist jeder Sänger mit jedem anderen vergleichbar. Man muss nicht einmal zur selben Zeit gelebt haben.

---

12 Werckmeister, Andreas (1698). „Erweiterte Und verbesserte Orgel-Probe, Oder Eigentliche Beschreibung, Wie und welcher Gestalt man die Orgelwercke von den Orgelmachern annehmen, probiren, untersuchen und denen Kirchen liefern könne“. Digitalisat: http://digital.slub-dresden.de/id278954251 (6.1.2012).

13 Kittler, Friedrich (1986). *Grammophon, Film, Typewriter.* Berlin, S. 44.

14 Vgl. Kittler 1986, S. 44–128.

15 Vgl. z. B. Phleps, Thomas/Appen, Ralf von (Hrsg.) (2003). *Pop Sounds. Klangtexturen in der Rock- und Popmusik. Basics – Stories – Tracks.* Bielefeld.

Nur so kann Caruso – einer der ersten in der Sangesarena[16] – noch heute mit lebenden Rivalen verglichen werden. Seine vom Körper losgelöste Stimme überlebte ihn selbst, und nach seinem Tod wurde er eine Legende und sein Sound zum Mythos.

Carusos Speichermedium prägte die Musikkultur und führte einen Standard ein, der heute noch in den meisten aller Fälle eingehalten wird. Große klassische Kompositionen mussten neu arrangiert und gekürzt werden. Die Grammophonplatte bot nicht mehr Platz als circa dreieinhalb Minuten,[17] was heute die Durchschnittslänge der meisten Radiopopsongs ist.

Aber es war auch noch etwas ganz Anderes geboren: das Rauschen. Tontechniker nahmen ungewollt nicht nur Carusos strahlenden Tenor auf, sondern auch alles andere, was da noch war – Luftbewegungen, das Kratzen der Nadeln, die Eigenschaften des Speichermaterials. Dies alles gehörte eigentlich nicht zur Aufnahme, aber es war da. Somit versuchte jeder Tontechniker, das Beste aus seiner Aufnahme zu machen, zum Beispiel durch unterschiedliche Aufnahmeköpfe und unterschiedliche Schalltrichter.[18] Doch es konnte nichts helfen, das Rauschen lebt bis heute.

Technisches Rauschen entsteht, wenn viele ungeordnete Klänge aller möglichen Frequenzen sich zu einem großen Ganzen mischen.

Besser wurde der Signal-Rausch-Abstand ab ca. Mitte der zwanziger Jahre. Die Ära der elektronischen Klangaufzeichnung konnte beginnen.[19] Von nun an wurden akustische Wellen in elektronische Signale umgewandelt, um dann auf der Schallplatte gespeichert zu werden. Zu Hause beim Hörer passierte Selbiges dann umgekehrt. Elektronische Signale ließen sich besser und genauer bearbeiten.

Von nun an begann eine neue Etappe in der Geschichte der Klangaufzeichnung: Damit der Sängerkrieg ungestört weitergehen konnte, mussten

16 Vgl. Hoffmann, Frank W./Ferstler, Howard (2005). *Encyclopedia of recorded sound.* Bd. 1: *A–L.* New York, S. 167f.

17 o.V. „Die Schellackplatte, der Vorläufer der Vinylschallplatte". http://grammophon-platten.de/page.php?14 (19.8.2013).

18 Vgl. Smudits, Alfred (2003). „A Journey into Sound. Zur Geschichte der Musikproduktion, der Produzenten und des Sounds", in: Phleps, Thomas/Appen, Ralf von (Hrsg.). *Pop Sounds. Klangtexturen in der Rock- und Popmusik. Basics – Stories – Tracks.* Bielefeld, S. 65–94, hier S. 67ff.

19 Vgl. ebd.

Medien gefunden werden, die für einen möglich hohen Signal-Rausch-Abstand sorgten. Einige Stationen sollten das Tonband, die Hi-Fi-Schallplatte oder die Kompakt-Kassette mit Dolby-Rauschunterdrückung bilden. Dazu gesellten sich Medien, die wir schon lange vergessen haben, oder solche, die nie richtig bekannt wurden.

Unterbrochen wurde diese Evolutionskette des Rauschens durch die digitale Revolution. Digitale Medien versprachen den Hörern ein kristallklares Hörerlebnis. Damit es dazu kommen konnte, musste der Oszillograph endlich aufhören zu schreiben und musste das „calculare“, das (Be-)Rechnen, lernen.

2. Vom Rauschen

Mit dem Rauschen wird nicht allein das technische Rauschen der Schallplatte und Ähnlichem bezeichnet. 1948 entwickelte Claude Elwood Shannon in seiner „Mathematical Theory of Communication“[20] ein Modell zu Kommunikationsvorgängen. Shannon bezeichnete dabei sämtliche Störungen, die die zu kommunizierende Botschaft beeinflussen, als Rauschen.

Wer vor der Ära der Klangaufzeichnung ein Konzert besuchte, konnte es einigermaßen störungsfrei genießen. Für Störgeräusche sorgten höchstens andere Konzertbesucher oder Geräusche, die vielleicht von außen in den Konzertsaal dringen konnten.[21] Eine Klangaufnahme dagegen war zwar eine Sensation, aber auch eine Abweichung von der gewünschten Norm, denn „wahnsinnige“ Störsignale sorgten für ein Rauschen. Das mediale Rauschen sorgte für die Ungenauigkeiten in der medialen Wiedergabe.

Der unklare Sound ist typisch für analoge Medien und wird durch das Grundrauschen des Speichermediums selbst und durch das Rauschen, das beim Prozess der Aufnahme, Speicherung, Übertragung und Wiedergabe entsteht, beeinflusst. Viele Störungen sind durch die physikalischen Eigenschaften des Materials bestimmt, so zum Bespiel das Vinylknistern oder das Bandrauschen. Es bleibt aber nicht bei diesen primären Störungen. Physikalisch bedingt ist

---

20 Vgl. Shannon, Claude E./Weaver, Warren (1949). *Mathematical Theory of Communication.* Illinois.

21 Ein stiller Zuschauersaal, wie er heute oft vorausgesetzt wird, war lange Zeit nicht der Regelfall. Vgl. z. B. Fischer-Lichte, Erika (2004). *Ästhetik des Performativen.* Frankfurt am Main, S. 214ff.

auch der Alterungsprozess von Speichermedien, die für weiteres mediales Rauschen sorgen. So leiern Tonbänder aus und sorgen für zu hohe oder zu tiefe Wiedergaben. Schallplatten zerkratzen und verstauben und knistern dadurch noch intensiver, bis hin zum Sprung, der eine Wiedergabe fast unmöglich macht, es sei denn, man klopft kurz gegen den Plattenspieler, in der Hoffnung, dass die Nadel nur kurz weiter springt und nicht über die gesamte Schallplatte saust.

Doch nicht nur das Speichermedium sorgt für ein Rauschen, da auch der Aufschreibeprozess Störungen unterliegt. Viele Apparaturen, wie Mikrophone oder Mischpulte, sind im Tonstudio vor den Oszillographen geschaltet. Auf der Wiedergabeseite stehen äquivalent dazu Verstärker und Lautsprecherboxen in den Wohnzimmern. Durch all diese Geräte muss das anfängliche Schallsignal des Oszillators hindurchfließen, bevor es endlich in unsere Ohren und Bewusstsein gelangen kann. In jedem dieser Geräte und auf den Übertragungswegen können Störungen entstehen.

Bei den digitalen Medien verhält es sich anders, da das Endprodukt in unseren Ohren nicht mehr abhängig ist von der physikalischen Eigenschaft des Trägers. Dabei ist es gleichgültig, ob Daten magnetisch, elektronisch oder wie bei der CD optisch gespeichert werden. Entscheidender ist vielmehr das Datenformat, der Codec. Das Datenformat ist entweder lesbar oder nicht. Bei größeren Störungen entsteht ein „Read Error“, und „digitalen Wahnsinn“ unterbindet das System des binären Codes. Es sei denn, man bezeichnet absolute Stille auch als eine Form des Wahnsinns, da sie durch digitale Produktions-, Speicher- und Wiedergabemedien ermöglicht wird, obwohl es sie überhaupt nicht gibt („There‘s no such thing as silence“[22]). Garbage spielen beispielsweise mit diesem Effekt der digitalen Stille in ihrem Song „Supervixen“.[23] Kleine Cuts lassen den Hörer immer wieder für kurze Zeit in eine absolute Stille fallen.[24]

22 Kostelanetz, Richard (2003). *Conversing with John Cage.* New York, S. 70.
23 Erschienen auf: Garbage (1995). *Garbage.* Mushroom Records/Almo Sounds.
24 Vgl. Video Lectures: http://vimeo.com/lemstudios (19.8.2013).

Von der Macht

„Rock- Songs singen von der Medienmacht selber, die sie trägt“,[25] schrieb Friedrich Kittler, und lange sangen sie tatsächlich ausschließlich von der Macht. Das Tonband sorgte für eine kostengünstige Möglichkeit, Musik zu bearbeiten. Cut und Paste waren endlich in der Audiobearbeitung möglich. Sam Philipps erkannte als einer der ersten das Potenzial des Tonbands für den Popmarkt, das Elvis Presley auf diese Weise seinen charakteristischen Sound verlieh.[26]

Ein weiterer Pionier der Tonbandarbeit im Bereich der Popmusik war Les Paul, [27] der die nun mögliche Mehrspuraufnahme fast bis zum Exzess betrieb. Ein populäres Beispiel hierfür ist die Aufnahme von „How high the moon“ gemeinsam mit seiner Frau und musikalischen Partnerin Mary Ford. Diese Aufnahme wurde in der amerikanischen Fernsehsendung „Omnibus“ am 23.10.1953 vorgestellt. Da das Publikum derart moderne Klänge noch nicht gewohnt war und diese für die Hörer keine Signifikate zu sein schienen, widmete sich die Sendung auf humoristische Art generell Les Pauls Klangproduktion und zeigte viele seiner sonderbaren Geräte, die die Klänge erzeugten.

Das meiste wurde auf günstigen Singlepressungen herausgebracht. Die Single war kostengünstig und eignete sich somit ausgezeichnet für den schnelllebigen Popmarkt. Die 33 1/2-Platte dagegen bot sich für lange Aufnahmen aus der klassischen Musik an. Es ist deshalb auch nicht verwunderlich, dass sich aus dem Medium der klassischen Musik eine Kunstform entwickelte, die Diedrich Diederichsen mit der Sonatenhauptsatzform vergleicht, nämlich das Popalbum.[28] Dabei ist es nicht nebensächlich, wie und wo Stücke auf einer zweiseitigen LP angeordnet sind. Nach einigen Jahren Musikproduktion entwickelten sich Konventionen, die ähnlichen Strukturprinzipien gehorchten wie Satzfolgen in einer Sonate oder in einer Sinfonie.[29]

---

25 Kittler 1986, S. 170.

26 Vgl. Smudits 2003, S. 70.

27 Vgl. ebd., S. 69.

28 Diederichsen, Diedrich (2007). „Es ist die Wiedergeburt des Autonomen Künstlers im alten Sinne“, in: *Spex* 310, S. 62.

29 Ebd.

Platten wurden nicht komponiert, sondern produziert. Ganze Firmen entstanden dazu, wie die Musikverlage im Brill Building in New York.[30] Produzenten machten Medienmusik mit immer besseren Mikrophonen, Mischpulten und Aufnahmegeräten und suchten „Idioten" zum „Singen", die kurzzeitig zu Popstars avancieren konnten. Tonspezialist war damals schon Phil Spector, der spätere Baumeister der „Wall of Sound".[31]

1958 zitierte das Magazin „Der Spiegel" einen Vertreter der Schallplattenindustrie:

> *Wir wissen ja noch gar nicht, wie sich das Stereo-Geschäft in Deutschland anlassen wird. Wenn wir zu viel Stereo-Rummel machen, beunruhigen wir den Markt und müssen befürchten, daß der Absatz von normalen Langspielplatten gestört wird. [...] Stereo ist eben nur etwas für Feinschmecker.*[32]

Aber Stereo beunruhigte den Markt nicht, sondern zwei Kanäle für zwei Ohren beschallten das mittlerweile innovationsfreudigere Publikum durchaus passabel und zu dessen Wohlgefallen. Stereo erfüllte den Hörer nicht nur mit dem natürlichen Klang, mit dem es beworben wurde, sondern sorgte schnell auch für Stereoeffekte in der Popmusik.

Mit am auffälligsten sind die „Ping-Pong-Stereoeffekte" auf dem Album „Rubber Soul"[33] der Beatles aus dem Jahre 1965, bei denen der Gesang mal links, mal rechts ist. Unzählige Bands haben Ähnliches wiederholt, und zwischendurch haben Pink Floyd einen Hubschrauber auf dem Album „The Dark Side of the Moon"[34] durch die Köpfe ihrer Hörer fliegen lassen. Heute sind Hubschrauber im Raumklang Normalität, was bei fast jedem Kinobesuch deutlich wird. Jeder ist ein Feinschmecker.

Von der reinen Klangqualität her bewegte sich die Audiokassette natürlich unter dem Spitzenniveau, sie war aber das Medium für unterwegs und für

30 Vgl. Smudits 2003, S. 69.
31 Vgl. ebd., S. 65.
32 O. V. (1958). „Stereo-Geschäft. Der Ping-Pong-Effekt", in: *Der Spiegel*, Nr. 40, S. 70.
33 The Beatles (1965). *Rubber Soul*. Parlophone/Capitol/EMI.
34 Pink Floyd (1973). *The Dark Side of the Moon*. Harvest Records.

Jedermann, gleich ob zur Rezeption oder zur Produktion. Jeder konnte unter dem Motto „Hometaping is killing music“[35] sein eigenes „Album“ zusammenstellen. Nick Hornby schrieb nostalgisch 2001 in seinem Buch „High Fidelity“: „Ein Tape zu machen ist für mich wie einen Brief zu schreiben.“[36]

Diejenigen, die lieber selbst Musik produzierten, nutzen die Kassette als „Do-It-Yourself“-Medium. Aufnehmen und Kopieren/Produzieren war dank günstiger gewordener Produktionsmittel liberalisiert worden, weshalb die Kassette auch als Leitmedium der deutschen Punkbewegung fungierte.[37]

Neue Produktionsmedien gewannen nun an Dominanz. Der Synthesizer feierte seinen Siegeszug, und der Sampler vereinfachte das Remixen und das Einfügen von Versatzstücken aus älteren Medienzeiten, während sich das Rauschen aus verborgenen Plattenkisten wieder ankündigte.

Die CD schließlich versprach ein neues digitales Klangerlebnis, das nun zeitlich expandieren konnte. Über 70 Minuten Spielzeit standen 35 bis 40 Minuten der bis dahin tonangebenden Langspielplatte gegenüber. Diese „tragende Medienmacht“ musste erst einmal besungen werden, was vor allem Jazzmusikern[38] und Produzenten von Remixen gelang. Jazzmusiker konnten ihre langen Improvisationen spielen. Der Remix wiederum diente nicht nur als Füllmasse für Maxi-Singles, sondern sorgte auch in der deutschen Schlagermusik für Begeisterung. Passend zum Karneval veröffentlichte Wolfgang Petry am 11.11.1996 seine CD „Die Längste Single Der Welt 1“, die dreißig Minuten Hit-Mix nonstop garantierte. Jede Langspielplatte hätte durch ihre Mediennatur eine organische Halbzeitpause erzwungen.

Im digitalen Zeitalter ist alles produzierbar. Jeder kann singen, mixen und aufnehmen. Mit dem Medium PC, der spätestens in den 90er Jahren in fast alle Privathaushalte Einzug hielt, kann jeder „Idiot“ Musik machen. „Be your own music producer“ fordert beispielsweise die Werbung des Computerprograms „Magix Music Maker“ auf – jeder konnte nun oszillieren.

---

35 Kampagne der British Phonographic Industry.

36 Hornby, Nick (1995). *High Fidelity*. München, S. 95.

37 Vgl. Schneider, Frank (2008). *Als die Welt noch unterging. Von Punk zu NDW*. Mainz, S. 135–150.

38 Diederichsen 2007, S. 62.

Die eigentliche Revolution im Digitalen fand aber wahrscheinlich am 14. Juli 1995 statt, als sich das Fraunhofer-Institut für Integrierte Schaltungen nach jahrelanger Forschung auf eine Dateiendung festlegte: MP3 sollte das Gespenst der Musikindustrie heißen, als das es eigentlich überhaupt nicht vorgesehen war. Von nun an sollte nur noch „Bewusstes" in unser Gehör dringen, während alles, was wir nicht hören können, auch nicht mehr gespeichert wurde.[39]

Das Hörbewusstsein änderte sich tatsächlich aber erst nach der Guerillaphase der MP3 in den Gräben von Napster, Emule usw. in den 2000er Jahren, nach denen die MP3 im Establishment von Amazon und Apples iTunes angekommen ist. Und wieder singen die Rock- und Popstars davon: Das Intro eines Popsongs ist sicherlich so wichtig wie nie zuvor geworden. In einer Minute und dreißig Sekunden muss bei iTunes vom Künstler das Wichtigste mitgeteilt worden sein, um den potenziellen Käufer davon zu überzeugen, 1,29 Euro auszugeben.

Die Medienmacht bestimmt demnach den Gesang – die Lebensfabel wird nicht nur vom Schall erzählt, sondern auch von seinen Medien.

4. Von der Ohnmacht

Rock-Songs singen zwar von der Medienmacht selber, die sie trägt; sie singen aber auch von ihrer Ohnmacht. Immer wieder sehnt man sich innerhalb von Popproduktionen danach zurück, wie es einmal im Vorgängermedium geklungen hat, und erst durch diesen Rückblick, der nicht selten nostalgisch geprägt ist, wird das Rauschen hörbar. Mit der Einführung der elektronischen Klangaufzeichnung klang die mechanische auf einmal dünn und blechern schrill: Unproduzierte Aufnahmen klingen effektlos und einfach, Monoaufnahmen dumpf, und alte Kassetten rauschen und leiern, während alte Schallplatten knistern und knacken. Im Zeitalter digitaler Medien sehnt sich die Musikindustrie nach analogem Rauschen, aber auch digitale Störungen werden ästhetisiert.

---

39 Vgl. GÖRNE, Thomas (2011). *Tontechnik.* München, S. 198ff.

Viele Musiker und Produzenten versuchten einst mit ihren Geräten zur Klangproduktion und Aufnahme einen Klang zu erzeugen, der so gut war wie bei einem Livekonzert.[40] Dies war ein Gedanke, der noch aus der klassischen Konzerttradition stammte. Das Konzert war der eigentliche Kunstgenuss, die Platte nur ein Hilfsmittel, das Konzert in die Wohnzimmer zu verlagern. Also musste alles getan werden, um die Technik zu verbessern, da es unmöglich war, einfach ein Konzert mitzuschneiden. Damit eine Aufnahme gut klang, musste viel Zeit in einem Studio verbracht werden.

Elvis Presley, einer der frühen Vertreter der neuen „Sound Culture“, hatte den Großteil seines Klangs der Studioproduktion zu verdanken. Anders später die Folk-Musiker der 1960er Jahre wie Joan Baez oder Bob Dylan: Ihr Programm war Authentizität und nicht Medienmanipulation im Studio. Die Authentizität wurde durch Livealben in die Jugendzimmer der Welt hinausgetragen.

Kunstfiguren wie der „King“ trafen nicht mehr den vormedialen Sound der Zeit. Und so ging Elvis 1970, also 14 Jahre nach seinem Debütalbum, einen Schritt zurück und veröffentlicht ein Livealbum. Längst von neuen Vertretern der Popkultur eingeholt, konnte dieses Album der neuen Hippiebewegung wahre Authentizität zeigen. Elvis Presley streifte sich das nun als konform geltende Medienkorsett ab und atmete und hustete ins Mikrophon, während seine Fans grölten. Fast jedes Jahr folgte nun ein weiteres Livealbum. Die Figur Elvis Presley, die im Studio geboren und mit Hilfe akustischer Medien groß wurde, verließ nach und nach die Popwelt mit Livealben.

Es kam auf der Seite der Produktionsmedien aber auch zu einem Rückschritt. Bands wie The Kingsmen, The Seeds und The Sonics verweigerten sich der modernsten Aufnahmetechnik und spielten ihre Songs so ein, als wären sie sofort im Proberaum mitgeschnitten worden. Was technisch eigentlich möglich gewesen wäre, zeigen Produktionen der Beatles zur selben Zeit. Auch hier sollte Authentizität zum Ausdruck gebracht werden.[41] So ähnlich wurde es auch für das Album „The Velvet Underground & Nico“ gemacht. Velvet Underground

40 Vgl. SMUDITS 2003, S. 79.

41 Vgl. APPEN, Ralf von (2003). „The Rougher the Better“, in: Thomas PHLEPS/Ralf von APPEN (Hrsg.). *Pop Sounds. Klangtexturen in der Rock- und Popmusik. Basics – Stories – Tracks.* Bielefeld, S. 101–122, hier S. 102.

produzierten ihr Album an zwei Tagen. Im Vergleich dazu wurde das „Sgt. Pepper"-Album der Beatles in 700 Studiostunden zusammengebastelt.[42]

Der Rückgriff auf ältere Produktionsmedien ist seitdem normal geworden, und das nicht nur beim zirkulär auftretenden Garage-Rock, sondern bei allen Retroproduktionen. Jan Delay beispielsweise benuzte bei der Produktion seines Albums „Wir Kinder vom Bahnhof Soul" bei jedem Song ein anderes Mikrophon, das jeweils aus der Ursprungszeit der imitierten Musikrichtung stammte.[43] So verwundert es auch nicht, dass Musikequipment-Kataloge zahlreiche Nachbauten von Musikproduktionsmitteln anbieten, wobei alles das, was nicht nachzubauen oder zu teuer ist, sich dank digitaler Technik nachahmen lässt.

Der Retro-Effekt in der Musik wird meistens durch mediales Rauschen hergestellt. Medien, gleichgültig ob Speicher- oder Produktionsmedien, stehen für eine ganz bestimmte Zeit, in der sie am häufigsten benutzt wurden. Im Rückblick haben alle Medien ihr genuines Rauschen. Das Rauschen ist der Fingerabdruck eines Mediums und durch die Rekonstruktion eines Rauschens wird nicht nur eine ganz bestimmte Medienassoziation hergestellt, sondern auch gleichzeitig auf eine ganz bestimmte Zeit Bezug genommen.

Das populärste Rauschen ist sicherlich die verzerrte Gitarre. Der verzerrte Gitarrensound ist fast in jeder Spielart der Rockmusik in den vergangenen Jahrzehnten wiederzufinden und kaum wegzudenken, auch wenn es immer wieder Gegenentwicklungen gab. Mit der zunehmenden Akzeptanz von Rockmusik wurde auch der wilde Gitarrensound zwischenzeitlich als Konformismus verschmäht, und trotzdem konnte er sich immer wieder durchsetzen. Verzerrte Gitarren überlebten bisher jede Pop-Revolution, und der verzerrte Sound fand auch in andere Musikstile, wie in die elektronische Musik, Eingang. Es scheint ein Gesetz zu sein: Der verzerrte Sound ist physikalisch akustische Anti-Konformität, denn das Geräusch, das durch ungeordnete, chaotische Schallwellenzusammensetzung entsteht, stört unentwegt das Hauptsignal der Gitarre. Der verzerrte Sound ist also nicht nur Störung auf intentionaler Ebene,

42 Vgl. ebd.

43 Vgl. hierzu den Film *Jan Delay & Disko No. 1 – Nächste Station Bahnhof Soul* (Manuel Unger, Deutschland, 2009).

sondern schon auf physikalischer Mikroebene. Im digitalen Zeitalter lässt sich aber auch das Chaos berechnen und jeder ungeordnete Sound rekonstruieren.

Das Digitale, was anscheinend kein Rauschen mehr besitzt, kann nahezu jedes Rauschen imitieren und versteckt sich dabei immer wieder im Gewand analoger Medien. Selbst die scheinbare Stille, die als größte Errungenschaft digitaler Medien gelten kann, wird immer wieder analogisiert. Digitale Stille ist das Unnatürlichste für den Menschen, denn Stille ist eigentlich nicht hörbar. Selbst in absoluter Stille hört der Mensch sein eigenes Blutrauschen. Ein beliebtes analoges Gewand ist Plattenknistern, das wie ein Kaminfeuer für das nötige Wohlbefinden bei der Rezeption der digitalen Medien sorgt. Massive Attack überbrücken in ihrem Song „Exchange“[44] die digitale Stille mit dem bekannten Schallplattengeräusch.[45] Ein aktueller Fall digitaler Rausch-Nostalgie ist die Neuauflage des Samplers „Fairlight CMI-30A“.

In digitalen Medien ist ein Rauschen kaum noch möglich, da es allein ein Ja und ein Nein gibt und ein Rauschen oft zum „Read Error“ führt. Mediales Rauschen im nahezu gewohnten Sinne entsteht vor allem bei niedrigeren Bitraten. Ansonsten scheint das Digitale oft zu rauschfrei zu sein, weshalb in der digitalen Musikproduktion nicht selten Humanizer eingesetzt werden, die das Rauschfreie mit (menschlichen) Fehlern „verbessern“ sollen. Menschliche Fehler machen das digitale Medium sinnlicher. Damit werden digitale Medien wieder fast vormedial. Die vermeintlich menschliche Interpretation bestimmte ein musikalisches Werk in Zeiten konzertanter Aufführungen in entscheidener Weise. Und so heißt es heute wieder für Medien, Humanizer und deren menschliche Programmierer: Bitte oszillieren Sie! Denn die Abweichung, die Ungenauigkeit ist für musikalische lebendige (Pop-)Geschichten wesentlich. Zur Popmusik gehört, dass sie von der Medienmacht singt, aber eben auch von ihrer Ohnmacht.

44 Erschienen auf: Massive Attack (1998). *Mezzanine*. Circa/Virgin Records.

45 Vgl. Video Lectures: http://vimeo.com/lemstudios (19.8.2013).

Literatur

APPEN, Ralf von (2003). „The Rougher the Better", in: Thomas PHLEPS/Ralf von APPEN (Hrsg.). *Pop Sounds. Klangtexturen in der Rock- und Popmusik. Basics – Stories – Tracks.* Bielefeld, S. 101–122.

DICKREITER, Michael (1991). *Partiturlesen. Ein Schlüssel zum Erlebnis Musik.* Mainz/München.

DIEDERICHSEN, Diedrich (2007). „Es ist die Wiedergeburt des Autonomen Künstlers im alten Sinne" (Interview), in: *Spex* 310, S. 62–65.

FISCHER-LICHTE, Erika (2004). *Ästhetik des Performativen.* Frankfurt am Main.

GÖRNE, Thomas (2011). *Tontechnik.* München.

HANDSCHIN, Jaques (1981). *Musikgeschichte im Überblick.* Wilhelmshaven.

HEILMANN, Anja (2007). *Boethius' Musiktheorie und das Quadrivium.* Göttingen.

HOFFMANN, Frank W./FERSTLER, Howard (2005). *Encyclopedia of recorded sound.* Bd. 1: *A – L.* New York.

HORNBY, Nick (1995). *High Fidelity.* München.

KITTLER, Friedrich (1986). *Grammophon, Film, Typewriter.* Berlin.

KOSTELANETZ, Richard (2003). *Conversing with John Cage.* New York.

KÜRSCHNER, Wilfried (2012). *Kulturerinnerungen – Erinnerungskulturen. Mozart, Heine, Benn: Musik, Literatur, Denkmäler.* Berlin.

NEUMÜLLER, Otto-Albrecht (2003). *Duden. Das Wörterbuch chemischer Fachausdrücke.* Mannheim/Leipzig/Wien/Zürich.

o. V. (1958). „Stereo-Geschäft. Der Ping-Pong-Effekt", in: *Der Spiegel,* Nr. 40, S. 70.

PHLEPS, Thomas/APPEN, Ralf von (Hrsg.). *Pop Sounds. Klangtexturen in der Rock und Popmusik. Basics – Stories – Tracks.* Bielefeld 2003.

SCHNEIDER, Frank (2008). *Als die Welt noch unterging. Von Punk zu NDW.* Mainz.

SMUDITS, Alfred (2003). „A Journey into Sound. Zur Geschichte der Musikproduktion, der Produzenten und des Sounds", in: Thomas PHLEPS/Ralf von APPEN (Hrsg.) (2003). *Pop Sounds. Klangtexturen in der Rock- und Popmusik. Basics – Stories – Tracks.* Bielefeld, S. 65–94.

SHANNON, Claude E./WEAVER, Warren (1949). *Mathematical Theory of Communication.* Illinois.

WERCKMEISTER, Andreas (1698). *Erweiterte Und verbesserte Orgel-Probe, Oder Eigentliche Beschreibung, Wie und welcher Gestalt man die Orgelwercke von den Orgelmachern annehmen, probiren, untersuchen und denen Kirchen liefern könne.* Digitalisat: http://digital.slub-dresden.de/id278954251 (6.1.2012).

Internetquellen

CASPAR, Michael: „Tocotronic – ‚Schall und Wahn‘“ http://www.visions.de/news/12023/Tocotronic-Schall-und-Wahn (6.11.2011).

LEMSTUDIOS: Video Lectures: http://vimeo.com/lemstudios (19.8.2013).

MÖLLER, Mathias: „Nicht-Konsum ist Widerstand!“. http://www.laut.de/Tocotronic/Schall-Und-Wahn-(Album) (6.11.2011).

o. V. „Die erste Flöte der Welt“ http://derstandard.at/1245819978806/Die-erste-Floete-der-Welt (6.1.2012).

o. V. „Die Schellackplatte der Vorläufer der Vinylschallplatte.“ http://grammophon-platten.de/page.php?14 (12.8.2013).

Diskografie

Garbage (1995). *Garbage.* Mushroom Records/Almo Sounds.

Massive Attack (1998). *Mezzanine.* Circa/Virgin Records.

Pink Floyd (1973). *The Dark Side of the Moon.* Harvest Records.

The Beatles (1965). *Rubber Soul.* Parlophone/Capitol/EMI.

Tocotronic (2010). *Schall & Wahn.* Vertigo Records.

Filmografie

Jan Delay & Disko No. 1 – Nächste Station Bahnhof Soul (Manuel UNGER, Deutschland, 2009).

Autorenverzeichnis

Diedrich Diederichsen war in den 80er Jahren Redakteur und Herausgeber von Musikzeitschriften und dann in den 90er Jahren Gastprofessor oder Lehrbeauftragter u. a. in Frankfurt, Stuttgart, Pasadena, Offenbach, Gießen, Weimar, Bremen, Wien, St. Louis, Köln, Los Angeles und Gainesville. 1998–2006 war er als Professor für Ästhetische Theorie/Kulturwissenschaften an der Merz-Akademie, Stuttgart, tätig, bevor er 2006 als Professor für Theorie, Praxis und Vermittlung von Gegenwartskunst an das Institut für Kunst- und Kulturwissenschaften der Akademie der Bildenden Künste, Wien, berufen wurde.

Kathrin Dreckmann, M. A., ist Doktorandin und wissenschaftliche Mitarbeiterin am Institut für Medien- und Kulturwissenschaft der Heinrich-Heine-Universität Düsseldorf. Im Sommer 2009 beendete sie ihr Studium der Germanistik, Geschichte und Philosophie an der Düsseldorfer Universität. Ihre Forschungsschwerpunkte sind die Medialität und Materialität von Akustik sowie die Kultur- und Speichergeschichte des Akustischen.

Wolfgang Ernst studierte Geschichte (besonders Theorie und Didaktik), Klassische Archäologie und Altphilologie (Latein) an den Universitäten zu Köln, London und Bochum. Er wurde mit einer Arbeit über ein museumshistorisches Thema promoviert. Seine Habilitation verfasste er über die deutschen Gedächtnisagenturen im 19. und 20. Jahrhundert. Er forschte am Kulturwissenschaftlichen Institut (Essen) und am Deutschen Historischen Institut in Rom. Es folgten eine Dozententätigkeit an der Universität Leipzig (1991/92) sowie die wissenschaftliche Mitarbeit an der Kunsthochschule für Medien in Köln. Nach diversen medienwissenschaftlichen Vertretungsprofessuren in Paderborn, Weimar und Bochum bekleidet Ernst seit 2003 den Lehrstuhl für Medientheorien am Institut für Musikwissenschaft und Medienwissenschaft der Humboldt-Universität zu Berlin.

Christoph Jacke, Dr. phil., geb. 1968, ist Professor für Theorie, Ästhetik und Geschichte der Populären Musik im Studiengang „Populäre Musik und Medien“ am Fach Musik an der Universität Paderborn. Darüber hinaus ist er Begründer und Sprecher der „AG Populärkultur und Medien“ in der „Gesellschaft für Medienwissenschaft (GfM)“, Mitglied im Wissenschaftlichen Beirat des „Arbeitskreises Studium Populärer Musik (ASPM)“ und Mitglied des Advisory Board der „International Association for The Study of Popular Music/Branch Deutschland/Österreich/Schweiz (IASPM/D-A-CH)“. Aktuelle Buchpublikationen: „Pop, Populäres und Theorien. Forschungsansätze und Perspektiven zu einem prekären Verhältnis in der Medienkulturgesellschaft“ (LIT 2011, hrsg. mit Jens Ruchatz und Martin Zierold), „ShePop. Frauen. Macht. Musik!“ (Telos 2013, hrsg. mit Thomas Mania, Sonja Eismann, Monika Bloss und Susanne Binas-Preisendörfer), „Einführung in Populäre Musik und Medien“ (LIT 2013, 2. Auflage), „Texte zur Theorie des Pop“ (Reclam 2013, hrsg. mit Charis Goer und Stefan Greif). Weitere Publikationen und Infos siehe www.christophjacke.de.

Dirk Matejovski ist Professor am Institut für Medien- und Kulturwissenschaft der Heinrich-Heine-Universität Düsseldorf. Zuvor war er Geschäftsführer des Wissenschaftszentrums Nordrhein-Westfalen in Düsseldorf. Seine Forschungsschwerpunkte sind, neben Acoustic Studies, Geschichte und Theorie der Medien und Kultur- und Medientechniken der Serialität.

Helga de la Motte-Haber, geb. 1938, studierte Psychologie (1957–1961, Abschluss mit dem Diplom) und Musikwissenschaft (1962–1967, Abschluss mit der Promotion). Der Habilitation an der Technischen Universität (TU) Berlin 1971 mit dem Lehrgebiet Systematische Musikwissenschaft folgten 1972–1978 eine Professur an der Pädagogischen Hochschule Köln und 1978–2004 eine Professur an der TU Berlin. Helga de la Motte-Haber ist Ehrenmitglied in der Deutschen Gesellschaft für Musikpsychologie und der Gesellschaft für Musikforschung. Schriften in Auswahl: Musikpsychologie. Eine Einführung (1972); Psychologie und Musiktheorie (1978); Handbuch der Musikpsychologie

(1985); Musik und Bildende Kunst (1990); Die Musik von Edgard Varèse (1993); Herausgebertätigkeit: Klangkunst (1999); Musik des 20. Jahrhunderts (2000); Mitherausgeberin des „Handbuchs der Systematischen Musikwissenschaft in vier Bänden" (2007) und des „Lexikons der Systematischen Musikwissenschaft" (2010).

Annika Olbrisch, M. A., ist Doktorandin und wissenschaftliche Mitarbeiterin am Institut für Medien- und Kulturwissenschaft der Heinrich-Heine-Universität Düsseldorf. Bevor sie ihren Master in Medienkulturanalyse an der Düsseldorfer Universität absolvierte, studierte sie Literary, Cultural and Media Studies an der Universität Siegen. Schwerpunkte ihrer Forschung sind die Verbindungen von Okkultismus und modernen Medien, insbesondere hinsichtlich auditiver Medienkulturen.

Jan Ossowicz, M. A., ist wissenschaftlicher Mitarbeiter und Doktorand am Institut für Medien- und Kulturwissenschaft der Heinrich-Heine-Universität Düsseldorf. Zuvor studierte er Germanistik und Musikwissenschaft an der Düsseldorfer Universität und der Robert-Schumann-Hochschule Düsseldorf. Seine Forschungsschwerpunkte sind: Musik/Klang als Medium, Popmusikwissenschaft, Soundkulturen, Popkultur, Punk im Rheinland, Musik und Alltagskultur.

Holger Schulze ist Gastprofessor an der Humboldt-Universität zu Berlin und leitet das DFG-geförderte Sound Studies Lab. Für das Haus der Kulturen der Welt in Berlin ist er als Kurator tätig. In den 2000er Jahren hat er an der Universität der Künste Berlin den ersten Studiengang zu den „Sound Studies" aufgebaut und geleitet. Er ist Herausgeber der Buchreihe „Sound Studies" im transcript-Verlag und Mitbegründer der „European Sound Studies Association". Holger Schulze schreibt u. a. für „Texte zur Kunst", „de:Bug" und „Positionen" und produziert Radiofeatures für Deutschlandradio Kultur.

Raphael Smarzoch, geb. 1981, studierte Musikwissenschaft, Anglistik und Kunstgeschichte in Köln. Er arbeitet als Autor und Journalist für die ARD und verschiedene Musikmagazine. Sein besonderes Interesse gilt allen nicht kanonisierten Gegenwartskulturen.

Sigrid Weigel, Prof. Dr. Dr. h. c., seit 1999 Direktorin des Zentrums für Literatur- und Kulturforschung in Berlin, ist Autorin etlicher Monographien (u. a. über Benjamin, Bachmann, Kulturelles Gedächtnis, Genea-Logik), zahlreicher Beiträge zu einzelnen Autoren (u. a. Kleist, Heine, Freud, Warburg, Scholem, Arendt, Susan Taubes) und zu kulturwissenschaftlichen Themen wie Gedächtnistheorie, Stimme, Märtyrerkultur, Säkularisierung, Erbschaftskonzepte und Bildwissenschaft. Sie hat in Hamburg, Zürich und Berlin gelehrt, gehörte dem Leitungsgremium des Kulturwissenschaftlichen Instituts Essen an und war Direktorin des Einstein Forums.